V&R

Heike Baum/Helia Schneider

Für das Kind ergibt es Sinn!

Herausforderndes Verhalten in Kita und Kindertagespflege verstehen und begleiten

VANDENHOECK & RUPRECHT

Bibliografische Information der Deutschen Nationalbibliothek:
Die Deutsche Nationalbibliothek verzeichnet diese Publikation in der Deutschen Nationalbibliografie; detaillierte bibliografische Daten sind im Internet über https://dnb.de abrufbar.

Satz: SchwabScantechnik, Göttingen
Druck und Bindung: BALTO print, Vilnius
Printed in the EU

Vandenhoeck & Ruprecht Verlage | www.vandenhoeck-ruprecht-verlage.com

ISBN 978-3-525-40042-5

Inhalt

1 Vorbemerkung und Begriffsklärung

In unserem Berufsalltag als Fortbildungsreferentin und Supervisorin hören wir gehäuft von den pädagogischen Fachkräften, dass es immer mehr Kinder mit »auffälligem Verhalten« gebe, die sie in ihren Einrichtungen der Kindertagesbetreuung[1] in vielerlei Hinsicht stark herausfordern würden. Auch die Begrifflichkeiten »grenzwertiges Verhalten«, »Problemverhalten«, »schwierige Kinder«, »verhaltenskreative Kinder« bis hin zu »verhaltensgestörte Kinder« sind zu vernehmen. Fragen wir nach, wie genau dieses Verhalten aussieht, erhalten wir Beschreibungen wie: laut, frech, handgreiflich, wild, aggressiv, andere störend, sehr ruhig und schüchtern, respektlos, nicht still sitzen könnend, sich nicht an Regeln haltend und mehr. Mit diesen Begriffen wird von Fachkräften, die in Kitas und der Kindertagespflege arbeiten, zum Ausdruck gebracht, dass die Kinder sich nicht so benehmen, wie es in der jeweiligen Situation erwünscht ist, dass ihr Verhalten von der Norm abweicht und nicht den Erwartungen der Erwachsenen entspricht. Die Bewertung hierbei ist eindeutig: Das Verhalten der Kinder ist nicht willkommen. Es ist nicht richtig! Das fordert uns heraus. Im pädagogischen Feld kann seit einiger Zeit eine Entwicklung Richtung ressourcenorientiertes Denken beobachtet werden, was sich in solchen Aussagen noch nicht widerspiegelt. Jedoch fällt uns auf, dass eine erste Sensibilisierung und ein erstes Umdenken vom defizitorientierten Denken (»das Kind hat eine Störung«) in Richtung, »einen guten Grund« des Kindes für sein Verhalten anzunehmen, stattgefunden hat. Fachkräfte sprechen von »besonderen Kindern«, »Kindern mit besonderen Bedürfnissen« oder »verhaltensoriginellen Kindern«.

Ausgehend davon, dass Kinder als Subjekte Konstrukteur:innen ihres eigenen Lebens sind, scheint es eine Suchbewegung um eine Begrifflichkeit zu sein, die kompetenz- und ressourcenorientiert ist und auch das Individuum betont.

---

1 Kurz: Kita. Damit sind Einrichtungen für Kinder bis als auch für Kinder über drei Jahre, inklusive der Kindertagespflege, beschrieben.

Hierbei sind die Fachkräfte stark mit ihrer eigenen Haltung zum Thema konfrontiert. Als wir bei der Familienberaterin und familylab-Trainerin Dr. Nicole Wilhelm auf den Begriff der »herausgeforderten Kinder« stießen und die Definition dazu lasen, konnten wir sofort in starke Resonanz damit gehen. Statt auf Kinder, deren Verhalten wir als herausfordernd erleben, so zu reagieren, dass wir versuchen, sie zu anderen Verhaltensweisen zu bringen, sollten wir die Perspektive wechseln und uns fragen, was die Kinder herausgefordert hat, sich so zu verhalten. Nicole Wilhelm beschreibt: Es handelt sich um Kinder, die in ihrem Leben herausgefordert sind. Sie vermissen etwas für ihre Entwicklung dringend Benötigtes oder sie erleben einen Schmerz, den sie kaum ertragen können. Das Verhalten von Kindern, die auf diese Weise herausgefordert sind, ist als Botschaft zu verstehen, und die Anpassungsleistung, diese zu entschlüsseln, muss von uns Erwachsenen erbracht werden (vgl. Wilhelm, 2022).

Wir werden in diesem Buch jedoch auch von »Kindern, die sich herausgefordert fühlen«, »Kindern, die herausgefordert sind«, oder »Kindern, die herausforderndes Verhalten zeigen«, sprechen. Wir meinen damit immer, dass es einen guten Grund für das Verhalten gibt und es in der Verantwortung des Erwachsenen liegt, diesen herauszufinden. Unser Grundverständnis lautet: *Jedes Verhalten von Kindern ergibt einen Sinn und ist aus der Sicht des Kindes richtig, auch wenn Erwachsene das Verhalten nicht für angemessen halten.*

Kinder als herausgefordert zu beschreiben, ist der Versuch, den Kindern kein Etikett des Fehlverhaltens anzuheften, sondern deutlich zu machen: Kinder kooperieren mit ihrer sozialen Umwelt und geben immer ihr Bestes. Sie kommen sozial kompetent auf die Welt und kooperieren so lange, wie sie können. Erst wenn sie so in Not geraten, dass sie nicht mehr zur Kooperation fähig sind, gehen sie in den Widerstand und zeigen herausforderndes Verhalten. »Herausforderndes Verhalten« und »herausgefordertes Verhalten« sind Bewertungen, jedoch jeweils in einem anderen Wertesystem begründet. Uns liegt daran, das Verhalten von Kindern nicht abzuwerten, sondern nach dem »guten Grund« dafür zu suchen.

Ob sich ein Kind in einer Situation herausgefordert fühlt oder nicht, kann nur das Kind selbst entscheiden. Wir Erwachsenen sind immer aufgefordert, Kindern kein Etikett zu verpassen und damit der Gefahr eines stigmatisierenden Schubladendenkens zu erliegen. Wenn wir von »Kindern, die sich herausgefordert fühlen«, sprechen, erkennen wir an, dass es eine Ursache dafür gibt, was diese Reaktion ausgelöst hat. Damit kommt zum Ausdruck: Das Kind ist ein Individuum mit vielen unterschiedlichen Eigenschaften. Es befindet sich in Beziehungen mit seiner Umwelt, mit Menschen, Dingen, Orten und auferlegten

Ordnungen, die ihm bisweilen das Gefühl geben können, überwältigt oder überfordert zu sein, also eine zu starke Herausforderung zu erleben. Es muss uns Erwachsenen nicht einleuchten, dass das Kind sich so fühlt. Es fühlt, was es fühlt, daran ist nicht zu rütteln, ob wir das berechtig finden oder nicht. Gefühle sind nicht an rationalen Merkmalen zu messen. Mit diesem Buch wollen wir einen Blick darauf werfen, was Kinder im (Kita-)Alltag herausfordern kann (▸ **Kapitel 2**) und wie stark das mit unserer Beziehungsgestaltung (▸ **Kapitel 2.1**) zusammenhängt. Gute Beziehungen zu haben, ist für uns Menschen wichtig, weil sie uns Sicherheit und Vertrauen geben und unser positives Selbstbild stärken. Gute Beziehungen geben den Kindern eine wichtige Stabilität, die Stress mildern kann und damit auch die Herausforderungen, die Kinder im Alltag erleben, im Sinne der Resilienz leichter bewältigen lässt. Um die Qualität von Beziehungen beschreiben zu können, ist es für uns unumgänglich, sich dabei mit den Themen Gleichwürdigkeit, Integrität und Kooperation zu beschäftigen. Das Interview mit Nicole Wilhelm (▸ **Kapitel 2.2.**) ergänzt unsere Überlegungen dazu. Die Rahmenbedingungen, die Kinder in Kitas vorfinden und die sie vor vielerlei Herausforderungen stellen können, beschreiben wir in ▸ **Kapitel 2.4**. Hier knüpfen wir an die oben beschriebenen unterschiedlichen Interpretationen an, also dass Kinder exakt dieselbe Situation unterschiedlich erleben können. Dies bedeutet, dass wir die Situation vielleicht anders interpretieren, als das Kind sie empfindet, oder dass wir gar nicht danach fragen, was in einem Kind vorgeht, sondern nur danach, ob es unseren Vorstellungen folgt.

Wenn Finn zum Morgenkreis muss, obwohl er gerade lieber weiter im Bauraum sein Projekt verfolgen will, findet er das doof. Vielleicht verweigert er sich nun im Morgenkreis, stöhnt laut auf und antwortet nicht, wenn er an der Reihe wäre, etwas zu erzählen. Vielleicht legt er sich unter den Stuhl, um zu zeigen, dass er nicht hier sein will. Alda hat auch keine Lust auf den Morgenkreis, aber sie zuckt nur mit den Schultern und macht mit, findet mit der Zeit vielleicht sogar Freude daran. Es ist wichtig, jedes einzelne Kind in der konkreten Situation in den Blick zu nehmen. Nicht der verbindliche Morgenkreis fordert jedes Kind heraus, sondern Finn an *diesem* Morgen, da er engagiert an seinem Bauprojekt gearbeitet hat und dabei unterbrochen wurde. Da dies jeden Tag unterschiedlichen Kindern so gehen kann, ist der verbindliche Morgenkreis zu hinterfragen.

Uns Erwachsenen geht es natürlich nicht anders. Auch wir fühlen uns durch das Verhalten von Kindern mal mehr oder mal weniger herausgefordert: Manche Fachkraft kommt mit Finn im Morgenkreis an ihre Grenze und geht mit ihm in den Konflikt (»Jetzt setz dich mal richtig hin und hör auf zu stören!«), eine andere Fachkraft lässt Finn in seinem »Beschwerde-Modus« und ignoriert sein Handeln. Wieder eine andere merkt, dass Finn sich nicht auf den Morgenkreis einlassen kann, fragt nach und lässt ihn selbstverständlich in den Bauraum zurückkehren.

Was bringt Kinder in eine Situation, sich herausfordernd zu verhalten? Was geht dem voraus? Was behagt ihnen nicht, was stört oder überfordert sie? Eine häufige Ursache ist Stress. Er kann von zu Hause aufgrund familiärer Situationen kommen oder in der Kita entstehen, wo er sich im Laufe des Kita-Alltags aufbaut oder sich in bestimmten Situationen bildet (z. B. beim Ankommen am Morgen, bei kleinen Übergängen/Mikrotransitionen, bei Lautstärke). Auch unangenehme Gefühle, Konflikte und der Umgang der Fachkräfte untereinander können zu Stress führen.

Deshalb ist es eine zentrale Aufgabe von pädagogischen Fachkräften, im Team zu überlegen: Wann und wie verursacht unsere Tagesstruktur bei den Kindern Stress? Wie gehen wir mit Regeln um? Wie begleiten wir Kinder in ihren Emotionen? Wie gestalten wir Beziehung? Was bedeutet stressreduzierende Pädagogik für uns? Wie gestalten wir die Räume? Welche Angebote werden den Kindern gemacht? Ideen und Anregungen dazu finden Sie ebenfalls in ▸ **Kapitel 2.4**.

Ganz automatisch stellt sich nun die Frage, was eigentlich eine bedürfnisorientierte Pädagogik ausmacht. In ▸ **Kapitel 3** lesen Sie dazu ganz praktische Beispiele und erhalten weitere Anregungen, wie wir Kinder mit dieser pädagogischen Grundhaltung weniger herausfordern und Stress im Kita-Alltag minimieren können. Ein wesentlicher Faktor ist dabei die Sprache (▸ **Kapitel 3.1**). Es macht einen großen Unterschied, ob wir Kindern in einer warmen Sprache sagen, was uns wichtig ist (»Josua, ich möchte wirklich nicht, dass du die Bücher durch den Raum wirfst, sie gehen dabei kaputt«), oder ob wir adultistisch[2] bestimmen, was die Kinder machen sollen (»Josua, ich hab' es dir jetzt schon hundertmal gesagt, dass du das lassen sollst, du bist doch schon alt genug.«). Wir alle kennen Kinder, die durch eine chronische Krankheit, eine Behinderung oder sonstige Herausforderungen einen eigenen Stress in die Kita mitbringen, und manchmal gehen damit Bedürfnisse einher, die Fachkräfte besonders in den Blick nehmen sollten. Im ▸ **Kapitel 3.4** gehen wir exemplarisch auf sechs dieser Herausforderungen ein. Kinder mit einer Autismus-Spektrum-Störung, Kinder mit Fluchterfahrung, trans* Kinder und hochsensible Kinder sowie organische Ursachen für herausgefordertes Verhalten und die Nachwirkungen der Coronapandemie.

---

2 Adultismus beschreibt die Diskriminierung von Kindern durch Erwachsene aufgrund des Alters.

Herausgeforderte Kinder sind für Fachkräfte häufig auch eine Herausforderung. In unserer Seminar- und Beratungsarbeit hören wir häufig von grenzüberschreitendem oder gewalttätigem Verhalten gegenüber Kindern. In ▶ **Kapitel 4** beschäftigen wir uns deshalb mit dem Kinderschutz insbesondere in Situationen, in denen Kinder herausgefordert sind. Es ist uns wichtig, auch die Fachkräfte mit ihren Herausforderungen in den Blick zu nehmen. In ▶ **Kapitel 5** sind deshalb die Hauptthemen, wie Fachkräfte mit ihren eigenen Glaubenssätzen (z. B. »Kinder müssen folgen«) umgehen können (▶ **Kapitel 5.1**) und wie es gelingen kann, die eigene Integrität zu schützen (▶ **Kapitel 5.2**). Komplettiert wird dieses Kapitel durch ein Interview mit Gerhard Fleischer zum Thema »Resilienz für pädagogische Fachkräfte« (▶ **Kapitel 5.3**).

Kinder kommen nicht allein in die Kita. Sie bringen ihre Familiennetzwerke mit. Der Blick darauf, was diese herausfordert und wie eine gute Kooperation mit den wichtigsten Bezugspersonen der Kinder in ihrem familiären Rahmen gelingt, wird in ▶ **Kapitel 6** beschrieben. Dabei stellen wir den Bezug zur systemischen Betrachtung von Familien und dem Familienrucksack her und zeigen beispielhaft vier Herausforderungen auf, mit denen Erziehungspersonen heute konfrontiert sind (▶ **Kapitel 6.1** und ▶ **Kapitel 6.2**).

Hinweis: Wenn wir von pädagogischen Fachkräften schreiben, meinen wir immer auch Personen, die in der Kindertagespflege arbeiten. Wenn wir das Wort Kita benutzen, wollen wir die Kindertagespflege im Sinne des Oberbegriffes »Kindertagesbetreuung« in beiden Betreuungsformen miteinbeziehen.

Ergänzend zum Buch erhalten Sie einen Padlet-Zugang. Auf dem Padlet stehen Ihnen diverse Unterlagen als Download zur Verfügung. In den jeweiligen Kapiteln wird darauf hingewiesen. Mit untenstehendem QR-Code gelangen Sie zum Padlet. Das Passwort lautet: »Gleichwürdigkeit«.

https://tinyurl.com/22hrmx4w

2 Was fordert Kinder heraus

»Aus Kindersicht«: Das fordert mich heraus

- *Luka:* Ich bin ganz wütend, wenn ich um halb acht schon Hunger habe und noch nicht frühstücken darf.
- *Mira:* Mir ist manchmal alles zu laut und zu viel und dann will ich gar nicht in der Kita sein.
- *Finn:* Ich finde es voll blöd, wenn ich zum Morgenkreis muss und eigentlich will ich weiter mit den Dinos spielen.
- *Liliana:* Ich bin so traurig, wenn meine Freundin nur mit den anderen Kindern spielt.
- *Basim:* Die Erzieherin sagt manchmal zu mir, dass ich deutlich sprechen soll, dabei kann ich Deutsch noch nicht so gut.
- *Samira:* Ich bin eifersüchtig, dass die Erwachsenen immer meiner Zwillingsschwester zuhören und nicht mir.
- *David:* Wenn Erwachsene meine Körpersprache nicht verstehen, macht mich das verzweifelt.
- *Sünne:* Wenn ich beim Spielen ganz vertieft bin und nichts mehr um mich herum mitkriege und dann gestört werde, macht mich das sauer und das zeige ich dann auch.
- *Lena:* Am liebsten laufe ich barfuß im Garten, der Erzieher sagt dann immer, ich darf nur mit Schuhen raus, das ist total gemein.
- *Frieda:* Vor dem Mittagessen bin ich immer so müde, ich soll aber wach bleiben und mitessen, da muss ich immer weinen.
- *Buba:* Als mich die Biene gestochen hat, hat die Erzieherin gesagt, das sei Karma, da haben alle Erwachsenen gelacht und ich habe gar nicht verstanden, warum, dann bin ich ganz traurig geworden.
- *Achmed:* Als ich mich mal als Mädchen verkleidet habe, hat die Erzieherin die Augen verdreht und dann mit ihrer Kollegin getuschelt. Das fand ich fies.
- *Josua:* Als wir im Bauraum Zoo gespielt haben, wollte ich der Verkäufer im Kiosk sein, aber ich durfte mir nichts aus dem Kaufladen im Rollenspiel-

zimmer holen, weil das dort bleiben soll. Da bin ich in meine Höhle gegangen und habe nicht mehr Zoo gespielt. Ich hatte keine Lust mehr.
- *Maja:* Der Lukas hat mich gestern geschlagen und das habe ich meiner Erzieherin gesagt, die meinte dann nur, ich soll ihm sagen, dass ich nicht geschlagen werden will. Dabei wollte ich doch getröstet werden.

Diese Beispiele stammen zu einem Großteil aus den Berichten von Fachkräften. Für dieses Buch wurden sie etwas bearbeitet und angereichert.

2.1 Beziehung gestalten

Praxisbeispiel: Laura, Mohamad und Leonie - verschiedenen Bedürfnissen in der Ankommenszeit gerecht werden

Leonie, 2,8 Jahre alt, hat sich gerade neu in der Kita Wirbelwind eingelebt. Sie kommt jeden Morgen mit ihrem Kuschelaffen fest im Arm, sucht sofort nach ihrer Bezugserzieherin Laura und möchte mit ihr spielen, ein Buch anschauen oder ein Lied singen. Sie möchte am liebsten in einen Eins-zu-eins-Kontakt gehen und Laura erstmal für sich allein haben. Sie kennt das von zu Hause, da sie keine Geschwister hat und viel exklusive Zeit mit ihren Eltern verbringen kann, wie diese Laura berichteten. Leonie äußert sowohl verbal als auch mit Körperkontakt, dass sie »in Beziehung« mit Laura sein möchte, und sie bringt Spielgegenstände oder Bücher zu ihr. Sie gestaltet die Beziehung aktiv mit. Wenn es Laura nicht gelingt, dieses Bedürfnis zu erfüllen, weint Leonie und zieht sich zurück. Laura hat bereits das nächste Kind, das neu in die Kita kommt, den 2,5-jährigen Mohamad, der sie sehr in Anspruch nimmt. Die Tandemeingewöhnung mit ihrem Kollegen Marc ist nicht so wie geplant gelungen, da es viele Krankheitsfälle gab und er öfter in einer anderen Gruppe aushelfen musste. Zudem ist Leonie immer wieder an einzelnen Tagen krank, was dazu führt, dass sie sich manchmal schlecht von ihrem Vater lösen kann, der sie morgens bringt. Leonie wird zunehmend stiller, zieht sich öfter zurück oder steht für sich allein im Raum und schaut sich um. Im Moment nimmt sie noch keinen Kontakt zu anderen Kindern auf. Sie besucht das erste Mal eine Kita, war während der Pandemie viel allein zu Hause und ist es noch nicht gewohnt, in Kindergruppen zu sein.

Laura ist gestresst davon, dass sie für zwei Kinder zur gleichen Zeit da sein muss. Einerseits will sie sich intensiv um das nächste Kind, was neu aufgenommen wird, kümmern, da sie aus professioneller und fachlicher Sicht weiß, wie wichtig diese Anfangszeit ist. Andererseits nimmt sie wahr, dass Leonie sie eigentlich auch noch stark braucht. Ihr ist bewusst, dass Leonie mit einer bestimmten Vorstellung von Beziehungsgestaltung in die Kita kommt, die sie innerlich aufgrund ihrer Erfahrungen zu Hause verankert hat.

Laura ist gefordert, sowohl eine Beziehung zu Mohamad aufzubauen als auch die bereits bestehende Beziehung zu Leonie zu festigen. Dieses Dilemma spürt sie als starke Ambivalenz und nimmt dieses Gefühl mit in den Feierabend.

In diesem Praxisbeispiel, was Ihnen sicherlich bekannt vorkommen dürfte, sind sowohl die Pädagogin als auch das Kind mit einer schwierigen Situation konfrontiert. Für beide wäre es gut und wichtig, dass sie der noch wachsenden Vertrauensbeziehung Zeit und Raum geben könnten.

Laura und Leonie – eine Möglichkeit, wie Laura reagieren könnte

Laura könnte in ihrem Team um Entlastung bitten und die Absprache treffen, dass ihr Kollege Marc in der nächsten Zeit nicht in anderen Gruppen aushilft. Sie könnte in Erwägung ziehen, die Ankommenszeit mit Mohamad auf eine spätere Zeit am Tag zu verschieben, sodass sie zuerst Leonie begrüßen und in die Gruppe begleiten kann.

Und am Morgen? Leonie wird morgens von ihrem Vater in die Kita gebracht. Laura nimmt sie in Empfang, hockt sich vor sie, schaut ihr in die Augen, lächelt und sagt: »Guten Morgen, Leonie, schön, dass du da bist, darüber freue ich mich. Und du hast wieder deinen Affen mitgebracht. Guten Morgen, Affe.« Laura macht eine Pause, um Leonies Reaktion zu beobachten. Diese streckt ihr vielleicht den Affen hin oder lächelt zurück. Nun kann Laura sagen: »Schau, der Mohamad ist auch schon da, er ist noch nicht lange bei uns in der Kita und er hält meine Hand. Möchtest du ein Buch mit uns anschauen, Leonie?« Laura wartet erneut kurz ab und schaut, ob Leonie auf das Angebot eingeht oder etwas anderes signalisiert. Angenommen Leonie nickt, könnte Laura sagen: »Ich möchte gern mit euch beiden das Buch anschauen. Da vorne in der Kuschelecke suchen wir uns einen schönen Platz.« Sie könnte noch hinzufügen: »Magst du uns eins aussuchen, Leonie? Mohamad und ich gehen schon mal zum Sofa.«

In diesem Fall hätte Laura sowohl eine Ankommenssituation gestaltet, in der sie in einem kurzen Moment den Aufmerksamkeitsfokus ganz bei Leonie hatte. Gleichzeitig hat sie ihr bewusst gemacht, dass sie Mohamad integrieren möchte, da er noch nicht lange in der Kita ist. Dann schlägt sie eine mögliche Lösung vor (gemeinsam ein Buch anzuschauen) und hat ihr eine Brücke gebaut, damit Leonie in den Kita-Alltag finden kann. Sie hat mit ihrem Beziehungsangebot die anspruchsvolle Situation des morgendlichen Übergangs für alle integrierend gestaltet. In der Kuschelecke kann sie feinfühlig reagieren, wenn Leonie ein Berührungs- oder Nähebedürfnis hat, und vielleicht einen Arm um sie legen oder sie sogar auf den Schoss nehmen (und dies Mohamad entsprechend kommunizieren, der in dem Moment vielleicht neben ihr sitzen könnte). Dies gilt es individuell und je nach Reaktion der Kinder zu entscheiden.

Die Familienberaterin und Autorin Nicole Wilhelm schreibt: »Wie wir Beziehung gestalten, das erlernen wir wie eine Sprache« (Wilhelm, 2019, S. 13). Welche Beziehungssprache hat Leonie erlebt? Wie sind Leonies Eltern und andere primäre Bezugspersonen auf ihre Bedürfnisse eingegangen, wie haben sie ihre Beziehungsangebote und -bemühungen wahrgenommen und beantwortet? Und welche Qualität hatten all diese Interaktionen?

Es ist ein Unterschied, ob wir ein Kind im Übergang in die Kita begleiten, was bereits Erfahrungen mit anderen Kindern gemacht hat, oder eines, das dies noch nicht erlebt hat.

Was für Beziehungserwartungen Kinder an Fachkräfte in der Kita stellen, ist also stark davon geprägt, was sie in ihrem bisherigen Leben bereits für Beziehungserfahrungen gemacht haben, sowohl mit den erwachsenen Bezugspersonen (auch über die Eltern hinaus) als auch mit anderen Kindern.

Auch wir Erwachsenen sind in unserem Verhalten von unseren Beziehungserfahrungen, die wir als Kind gemacht haben, geprägt. Wurden wir wahrgenommen, wenn wir »Zugehörigkeit und Beziehung tanken wollten«? Wurden unsere Bedürfnisse gesehen und befriedigt? Wurden wir angemessen getröstet? Wie wurde mit uns gesprochen? Welche Beziehungsbotschaften haben wir vernommen – verbal und nonverbal? Welche Beziehungen zu anderen Kindern hatten wir?

Interessantes aus der Forschung

Auch im Kontakt mit bereits vertrauten Menschen setzen sich Kinder immer wieder »neu in Beziehung«. So tauschen Babys mit ihren Betreuungspersonen beständig – oft nur für Millisekunden – Blicke aus. Und immer wenn sie sich in ihrem gemeinsamen Augenraum begegnen, werden im Gehirn der beiden Partner:innen aktivierende und gefühlsverstärkende Hormone (Endorphine) ausgeschüttet. Diese beständige Resonanz und Synchronisierung über die Sinne und über Gefühle hilft dem Baby beim Lernen und bei der Anpassung an die Lebensbedingungen außerhalb des Mutterleibs (vgl. Renz-Polster, 2022, S. 273).

Bindung und Beziehung – die Diskussion heute

Die Bindungsforschung bezeichnet die Beziehung von Babys und Kleinkindern und den ihnen vertrauten Personen, die sie regelmäßig versorgen, als Bindung.

> »Die klassische Bindungstheorie geht davon aus, dass Bindung vor allem dadurch entsteht, dass Kinder Erwachsene als sichere Basis erleben. Mittlerweile ist wissenschaftlich jedoch belegt, dass Bindung und Beziehung auch eine ›Leistung‹ des Kindes sind. Bindung entsteht in einem wechselseitigen Prozess und wird dem Kind nicht von Seiten des Erwachsenen als Versorgungsleistung zur Verfügung gestellt. Das Kind muss den Drahtseilakt zwischen dem Bedürfnis nach Geborgenheit und Autonomie bewältigen. Autonomie in sozialer Verbundenheit kann sich entwickeln, wenn ein Kind zum einen Nähe erlebt und zugleich Freiraum für sein Forschen erfährt, wenn es selbstwirksam sein möchte.« (vgl. Renz-Polster, 2017, S. 10)

Die Bindungsforschung stützte sich in ihren Beobachtungen anfangs vor allem auf Rhesusaffen und Schimpansen – beides Arten, in denen ausschließlich die Mutter für den Nachwuchs sorgt. Leicht verständlich, dass sie zunächst einmal auch bei uns Menschen die Mutter als den »natürlichen« und möglicherweise ausschließlichen Bindungspartner des Kindes ansahen. Berichte von Ethnolog:innen jedoch zeichneten ein anderes Bild: Bei den Efe in Zentralafrika zum Beispiel werden Säuglinge von verschiedenen Müttern gestillt und auch in anderen Völkern werden Babys selbstverständlich von anderen Erwachsenen mitversorgt – den Vätern, älteren Geschwistern, den Großeltern oder anderen Clanmitgliedern. Dies legt ein neues Bild auf menschliche Bindung nahe, das mit dem traditionellen Mutterbild wenig zu tun hat.

Babys kommen mit einem Bindungsprogramm auf die Welt, was nicht auf eine einzige Person zugeschnitten ist. Das heißt aber nicht, dass das Bindungsprogramm des Kindes wahllos ist, denn schon nach wenigen Wochen beginnt es, eine Bezugsperson zu bevorzugen (zumal noch, wenn es müde, hungrig, krank oder gestresst ist). Meist diejenige Person, mit der es am meisten zusammen ist, in der Regel also die Mutter (vgl. Renz-Polster, 2022, S. 277 f.).

Darüber hinaus sorgt Bindung auch für die Einpassung des Kindes in den jeweils vorgegebenen kulturellen Rahmen. Die Behandlung durch dic ihm vertrauten Menschen vermittelt ihm ja ebenfalls, welche »Beziehungsheimat« es generell in seinem Leben zu erwarten hat und wie Beziehungen funktionieren. Werden diese auf Übermacht oder Kontrolle aufgebaut oder basieren sie auf Vertrauen und lassen sich gemeinsam gestalten? Das Kind erfährt, ob es eine Stimme hat und gehört wird oder ob es »hörig« sein soll. Kurz, in seinem Bindungssystem lernt ein Kind auch die in seiner Kultur vorherrschenden Herrschaftsverhältnisse kennen – mitsamt der ihm darin zugeschriebenen Rolle (vgl. Renz-Polster, 2022, S. 273).

Kinder kommen mit der Fähigkeit auf die Welt, in einen Dialog zu gehen und ihren Teil zur Beziehungsgestaltung beizutragen. Zunächst geschieht das über den Körper, die Mimik, die Gestik, die Körpersprache und Laute, kleine Mikrozeichen wie beispielsweise einen weggedrehten Kopf, ein Lächeln, ein Ausstrecken der Hände oder ein Strampeln. Diese Feinzeichen »lesen« und interpretieren zu lernen, ist eine der wichtigsten Aufgaben von Bezugspersonen, die Beziehungen mit Kindern gestalten.

Definition Beziehungsheimat

Welche Beziehungserfahrung erlebe und verinnerliche ich? Was für Beziehungsangebote und -botschaften bekomme ich? Wie wird auf meine Beziehungsangebote und -versuche reagiert? Was für eine »Beziehungsmuttersprache« erlebe und verinnerliche ich?

Podcast mit Herbert Renz-Polster zur Entwicklung von Kindern aus evolutionsbiologischer- und geschichtlicher Perspektive

https://dreijahrewach.podigee.io/15-the-evolution-will-be-supervised

Beziehungs- und Resonanzerfahrung prägen das Selbst

Die ersten Beziehungs- und Resonanzerfahrungen helfen einem neugeborenen Kind, nach und nach eine Ahnung davon aufzubauen und zu verinnerlichen, welche Beziehungen mit wem möglich sind und wie sich das unterscheidet, je nach Person, mit der sie zu tun haben. Hierbei sind die Atmosphäre und Qualität der Resonanzerfahrungen von größter Bedeutung. Gelingt es Erwachsenen, die psychischen und physischen Bedürfnisse, die Wünsche und Gefühle junger Kinder zu erkennen, entsprechend zu befriedigen und feinfühlig und liebevoll zu reagieren und die Beziehung wertschätzend und voller Respekt zu gestalten, wird sich das Selbstbild des Kindes entsprechend positiv entwickeln. Wenn Kinder hingegen Erwachsene erleben, die nicht gut mit ihnen umgehen und sie infolgedessen einen Mangel an Beziehungserfahrungen erleben, wird auch das ihr Selbstbild und ihre gesamte Entwicklung prägen. Die Art, wie die Erwachsenen mit den Kindern in Resonanz gehen – auf sprachlicher und nicht-sprachlicher Ebene, enthält eine *indirekte Beziehungsbotschaft* darüber, was das Kind wert ist, und dies wirkt sich direkt auf das Selbstwertgefühl des Kindes aus. Auch ältere Geschwisterkinder oder andere Kinder gestalten dieses Geschehen aktiv mit.

Die Beziehungsbotschaft von Bezugspersonen kann lauten:
- Du bist gut und liebenswert, genau so, wie du bist.
- Du bist in unserer Welt willkommen.
- Wir freuen uns, dass es dich gibt und du bei uns bist.
- Du darfst jederzeit deine Bedürfnisse, Wünsche und Gefühle zum Ausdruck bringen.
- Du darfst immer zeigen, wie es dir geht, auch wenn es dir mal nicht gut geht.
- Jedes Gefühl ist in Ordnung und angenommen.
- Wir versuchen, immer eine gute Lösung für dich und uns zu finden.
- Wir sind immer für dich da und versorgen dich mit allem, was du brauchst, so gut wir können.
- Wir schauen, dass es dir gut geht und du dich wohlfühlst.

Im Kind kann sich verankern: Ich bin willkommen. Ich werde geliebt. Ich bin gut, genau so, wie ich bin. Meine Bedürfnisse und Wünsche werden gesehen und befriedigt. Ich darf hier sein, ich darf auch zeigen, wenn es mir nicht gut geht, alle Gefühle sind in Ordnung, meine Bezugspersonen versuchen alles, damit ich mich wohlfühle.

Die Beziehungsbotschaft von Bezugspersonen könnte aber auch lauten:
- Du gehst uns auf die Nerven und bist anstrengend und herausfordernd.
- Warum weinst du denn schon wieder?
- Was willst du denn?
- Was ist jetzt schon wieder los?
- Immer das gleiche mit dir, du raubst mir echt den letzten Nerv.
- Ich kann mich nicht ständig nur um dich kümmern.

Das Kind verinnerlicht in diesem Fall möglicherweise: Ich bin den anderen zu viel. Ich bin für die anderen anstrengend. Ich bin lästig. Mit mir scheint etwas falsch zu sein. Mit mir stimmt etwas nicht, ich muss anders sein, damit ich geliebt werde. Ich sollte lieber nicht mehr zeigen, was mit mir los ist, ich ziehe mich lieber zurück.

Der Neurowissenschaftler und Kinder- und Jugendpsychiater Joachim Bauer beschreibt die Bedeutung der Berührung, der Art der Resonanz, in die die Bezugsperson mit dem Kind geht, beim Berühren oder Tragen, Hinlegen oder Aufnehmen. Alles ist Kommunikation und Dialog. Kinder spüren jederzeit, wie dieses Beziehungsgeschehen gestaltet ist, genervt, grob und ungeduldig oder achtsam, liebevoll und feinfühlig. Alle diese Erfahrungen werden im neuronalen Körpergedächtnis gespeichert: »Der Körper besitzt die Fähigkeit, auf soziale Erfahrungen mit biologischen Veränderungen zu reagieren oder, anders ausgedrückt, Psychologie in Biologie zu verwandeln« (Bauer, 2021, S. 24; vgl. ebd., S. 28 ff.). Wie wir mit Kindern umgehen, prägt ihre physische und psychische Entwicklung von Geburt an – genauso wie ihre Beziehungsheimat.

Beziehungen von Kindern untereinander

Dank vielfältiger Forschungsergebnisse und Publikationen wissen wir, dass bereits junge Babys in den ersten Wochen und Monaten in spezifischer Weise auf andere Babys reagieren. So konnte beobachtet werden, dass sie schauen, horchen und den Blickkontakt des anderen Kindes suchen. In ihrer körperlichen Ausdrucks- und Kontaktform von Bewegung, Mimik, Gestik, Blicken und Lauten wurde Interesse an Gleichaltrigen festgestellt. Sie vermögen auch schon früh, zwischen dem Schreien von sich selbst und dem eines anderen Babys zu unterscheiden, und sie können schon im Alter von drei Monaten Erwachsene, ältere Kinder und Babys deutlich voneinander abgrenzen. Babys sind von Anfang an sozial orientiert und dies bezieht sich nicht nur auf Erwachsene, sondern auch auf andere ältere Kinder und vor allem auf Gleichaltrige. Sie sind von Geburt an auf Dialog mit ihrer gesamten Umwelt eingestellt und ihre Äußerungs- und Annäherungsformen sind als sozial ausgerichtete Absichten anzuerkennen. Das ist ihre Ausdrucksweise, aktiv und aus sich heraus Beziehung mitzugestalten (vgl. Schneider/Wüstenberg, 2021, S. 31 f.).

»Beziehungen sind die Grundlage von Entwicklung und Lernen. Kommunikation und Interaktion, wie sie Peers miteinander entwickeln, unterscheiden sich in Struktur, Dynamik und zum Teil auch in den Inhalten von denen mit Erwachsenen«, schreiben die Wissenschaftlerinnen und Autorinnen Kornelia Schneider und Wiebke Wüstenberg (Schneider/Wüstenberg, 2021, S. 49).

Während in den Interaktionen zwischen Erwachsenen und Kindern eine Art asymmetrische Grundstruktur besteht, in der die oder der Erwachsene in der Regel die Führung, Anleitung, Hilfestellung oder Strukturierung der Situation übernimmt, ist dieses Kompetenz- und Machtgefälle unter gleichaltrigen Kindern ungefähr ausgeglichen. In Spielen haben sie so die Möglichkeit, in gleichrangigen Kooperationen auszuhandeln und miteinander nach Lösungen zu suchen. Alle beteiligten Kinder haben dabei den gleichen Einfluss. Dieses wechselseitige Miteinander besteht aus einer Handlung des einen Kindes, was eine Reaktion bei dem anderen Kind auslöst, die wiederum eine Antwort darauf hervorruft. Wenn sie sich auf diesen Prozess einlassen, lernen sie in diesen Beziehungen, dass sie eigene Wünsche und Interessen einbringen und vertreten können. Sie lernen die »Sprache« des Gegenübers zu entziffern, die Sichtweise des anderen zu erkennen und diese mit der eigenen abzugleichen. Außerdem zu verstehen, was das andere Kind möchte, und Teilschritte seines Handelns wahrzunehmen, wozu auch gehört, dass Sichtweisen oder Spielinhalte geteilt oder Kompromisse gefunden werden müssen.

Kinder wechseln sich in der Regel bei gemeinsamen Aktivitäten ab und verlassen sich darauf, dass ein Spiel durch weitere Vorschläge fortgeführt werden kann. Gelingt das nicht befriedigend, geht es darum, Kontroversen zu verhandeln. Das aufeinander bezogene Handeln der Gleichaltrigen ist durch ein Aufeinander-Eingehen und Einbringen neuer Spielideen, Rituale, Bewegungsvariationen oder auch Konfliktlösungsstrategien, die sie gemeinsam erproben, gekennzeichnet (vgl. Schneider/Wüstenberg, 2021, S. 51 f.)

Abbildung 1: Kinder agieren sozial mit Gleichaltrigen (KI-generiertes Foto)

Praxisbeispiel: Minous Lätzchen

Die 2,7-jährige Emily nimmt sich ein Lätzchen und läuft damit zu der 1,8-jährigen Minou. »Ich helfe dir, ja?«, sagt sie und beginnt, Minou das Lätzchen umzubinden. Minou bleibt stehen und lässt Emily machen. Als diese versucht, den Knoten zu binden und diesen sehr festzieht, bewegt Minou den Kopf nach vorne, greift mit der Hand an den Hals und protestiert mit Lauten. Es scheint ihr weh zu tun. Emily reagiert sofort. »Willst du lieber alleine machen?«, fragt sie und lässt das Lätzchen los. Minou dreht sich um, lächelt Emily an und schüttelt den Kopf. Diese probiert es noch einmal und ist vorsichtiger dabei. Als sie an den Punkt kommt, wo es darum geht, den Knoten zu machen, schaut sie sich nach der Fachkraft um und fragt: »Kannst du helfen?«

Gleichwürdigkeit, Integrität, Kooperation

Der 2019 verstorbene dänische Familientherapeut und Pädagoge Jesper Juul prägte den Begriff der Gleichwürdigkeit und meinte damit eigentlich ein neues Bild vom ganzen Menschen. Es sagt aus, dass jeder Mensch von Geburt an die gleiche Würde besitzt. In der Konsequenz haben alle Menschen – *und damit auch* die jüngsten *Kinder* – die gleiche Würde, unabhängig von Geschlecht, Herkunft, Alter, Aussehen, Religion, sexuellen Vorlieben, Kultur oder Verhalten.

Damit zusammenhängend haben Wünsche, Bedürfnisse, Gefühle, Wertvorstellungen und Handlungsweisen von Erwachsenen und Kindern den gleichen Wert. Es fällt uns oft schwer, das zu respektieren, und wir machen Unterschiede zwischen den Bedürfnissen, Wünschen, Gefühlen und Verhaltensweisen von Kindern und denen von Erwachsenen. Nicht selten sind die der Erwachsenen »mehr wert« und das, was sie sagen, hat mehr Gewicht und gilt als richtig. Gleichwürdigkeit ist ein Maßstab dafür, wie ich Menschen sehe, wie ich ihnen begegnen und wie ich mich in Beziehungen jeglicher Art verhalten möchte. Sie ist gebunden an eine grundlegende Haltung. Wenn ich zum Beispiel darauf achte, mich meinen Mitmenschen gegenüber nichtdiskriminierend zu verhalten, bin ich in der Gleichwürdigkeit. Werte ich jemanden ab, verhalte ich mich nicht gleichwürdig. Wir würden uns wünschen, dass Gleichwürdigkeit im Miteinander als selbstverständlich gelebt wird.

Das Bobby Car

Nicole Wilhelm beschreibt zum Thema Gleichwürdigkeit zu Beginn ihres Buches »Miteinander leben« folgendes Beispiel:

> »Stell dir vor, du gehst mit deinem zweijährigen Kind auf den Spielplatz. Es parkt sein Bobbycar zu deinen Füßen und spielt im Sand. Da kommt ein anderes Kind und will auf das Bobbycar steigen. Dein Kind kommt sofort angerannt, hält das Lenkrad fest und sagt: ›Meins!‹ Viele Eltern sagen dann so Dinge wie: ›Schau doch mal, das Kind will es nur mal ausleihen ... es will nur eine Runde über den Spielplatz fahren, es bringt es gleich zurück. Du spielst doch sowieso im Sand, und du hast dir doch den Bagger ausgeliehen ...‹ Stell dir jetzt eine andere Situation vor: Du bist bei dir zuhause und kochst gerade, da klingelt es an der Tür. Davor steht ein junger Mann und sagt: ›Könnten Sie mir bitte Ihre Autoschlüssel geben? Ich bräuchte nämlich mal Ihr Auto.‹ Entrüstet sagst du: ›Ich kenne Sie doch gar nicht, ich will Ihnen mein Auto nicht geben!‹ Dann kommt dein Partner dazu und meint: ›Aber Schatz, du brauchst es doch gerade nicht, wir kochen doch jetzt eh ...‹« (Wilhelm, 2019, S. 9 f.)

Dieses Beispiel kann auf der einen Seite bewirken, dass man denkt: »Stimmt, das ist eigentlich das gleiche und warum bewerten wir es überhaupt unterschiedlich!« Oder aber wir denken vielleicht: »Das ist definitiv ein Unterschied, ein echtes Auto hat doch einen ganz anderen Wert als ein Bobby Car.« Nicole Wilhelm versucht konsequent, wenn es um das Thema Gleichwürdigkeit geht, die Dinge sowohl auf der Ebene der Kinder als auch auf der Ebene der Erwachsenen zu betrachten. Hierbei lässt sich sehr schnell feststellen, dass man oft nicht gleichwürdig denkt und handelt. Wieso wird zum Beispiel von Kindern (leider häufig) immer noch verlangt, etwas zu probieren (und damit etwas abgelehntes, ungewolltes in eine Körperöffnung einzuführen), was es definitiv nicht probieren möchte (sich sogar gegebenenfalls davor ekelt), wenn wir Erwachsenen in der gleichen Situation selbstverständlich für uns in Anspruch nehmen, eine Speise abzulehnen und nicht zu probieren, wenn wir sie nicht ansprechend finden? Warum werden so häufig Unterschiede zwischen Kindern und Erwachsenen gemacht?

Aus unserer Fortbildungspraxis

Wir arbeiten gern mit den folgenden, sicherlich vielen Lesenden bekannten Alltagsbeispielen, um in das Thema »Gleichwürdigkeit« einzuführen. Unter der Aufforderung »Besprechen Sie das Beispiel unter den Aspekten: 1. Wie bewerten Sie die beiden Szenen? 2. Was unterscheidet die Szenen? 3. Was ist in beiden Szenen gleich?« gehen die Teilnehmenden zu zweit jeweils zu einem Beispiel in die Diskussion:

Erzieherin Ivi, 23 Jahre, sagt zu Tom, vier Jahre: »Bevor du in den Garten gehst, gehe bitte auf die Toilette.«

Leiterin Simone, 44 Jahre, sagt zu ihren Fachkräften: »Geht bitte alle vor der Teamsitzung auf die Toilette.«

Erzieherin Sinja, 43 Jahre, nimmt Joshua, drei Jahre, beim morgendlichen Ankommen den Schnuller weg und tut ihn mit den Worten »Den brauchst du hier nicht, wenn du ihn willst, fragst du mich« in sein Fach.

Leiterin Katja, fünfzig Jahre, sammelt zu Beginn eines Arbeitstages in der Kita alle Handys der Mitarbeiter:innen ein und sagt: »Die braucht ihr heute nicht, wenn ihr sie wollt, müsst ihr mich fragen.«

Erzieherin Jana, 35 Jahre, schaut Felix, zwei Jahre, mitten im Gruppenraum hinten in die Hose und sagt: »Ich glaube, du hast einen Kaka drin, puh, der stinkt aber.«

MAV-Vertreterin Gaby, 36 Jahre, geht zu Beginn einer Dienstbesprechung zu allen Kolleg:innen, hebt ihre Arme hoch und riecht unter ihren Achseln. Dann sagt sie zu Danny: »Puh, das stinkt, komm mal mit, ich mach mal Deo drauf«.

Erzieher Kai, 26 Jahre, sagt zu Louisa, fünf Jahre: »Das wird alles probiert, das schmeckt gut.«

Die Trägervertreterin Frau Michelsen, 58 Jahre, geht beim Mitarbeitersommerfest mit einem Teller, auf dem alle Komponenten des Buffets angerichtet sind, zu Mitarbeiter Hanno, 37 Jahre, und sagt: »Das probieren sie jetzt alles, das schmeckt gut.«

Erzieherin Heide, 50 Jahre, streichelt Noah, zwei Jahre, beim Vorbeigehen über den Kopf und sagt: »Na, mein Süßer ...«

Leiterin Daniela, 38 Jahre, streichelt ihrem Kollegen Dennis, 53 Jahre, über den Kopf und sagt: »Na, mein Süßer …«

Erzieher Florian, 25 Jahre, ermahnt in der Garderobe alle Kinder, ihre Matschhosen und Jacken anzuziehen, draußen im Garten sei es kalt.

Leiter Linus, 33 Jahre, ermahnt seine Kolleg:innen, eine Regenhose und eine Jacke anzuziehen, draußen im Garten sei es kalt.

Erzieherin Lara, 28 Jahre, weist die Kinder im Kreis darauf hin: »Setzt euch ordentlich hin und zappelt nicht rum und hört zu, keinen Quatsch machen!«

Leiter Oliver, 59 Jahre, weist sein Team zu Beginn der Dienstbesprechung darauf hin: »Setzt euch ordentlich hin, kein Gezappel, zuhören und keinen Quatsch machen!«

Erzieherin Anja, 23 Jahre, sagt zu Rikki, vier Jahre: »Lass mich mal an deinen Händen riechen, ob du sie auch wirklich mit Seife gewaschen hast.«

Leiterin Lisa, 48 Jahre, sagt vor der Dienstbesprechung zu ihrer Kollegin Hanna, 36 Jahre: »Lass mich mal an deinen Händen riechen, ob du sie auch wirklich mit Seife gewaschen hast«

Erzieherin Gudrun, 47 Jahre, setzt Charlotta, vier Jahre, zur Strafe vor die Tür in die Garderobe, weil sie den Morgenkreis gestört hat, indem sie ihrer Freundin Johanna, vier Jahre, etwas zugeflüstert hat.

Leiterin Kaja, 46 Jahre, schickt Mitarbeiterin Fiona, 39 Jahre, vor die Tür, da sie in der Dienstbesprechung ihrer Kollegin Sandra, 35 Jahre, etwas zugeflüstert hat.

Weitere Beispiele finden Sie auf dem Padlet.

Wie geht es Ihnen, wenn Sie diese Beispiele lesen? Haben Sie diese Sätze selbst schon gehört oder vielleicht auch teilweise schon benutzt? Wenn wir in unseren Fortbildungen damit arbeiten, erleben wir aufschlussreiche, spannende Diskussionen zum Thema Gleichwürdigkeit und unweigerlich kommen die eigene Prägung in der Biografie und die Beziehungsgestaltung in der eigenen Kindheit zum Vorschein.

Sich *allen* Menschen gegenüber gleichwürdig zu verhalten, ist aus unserer Sicht ein lohnenswertes Ziel, das zu einer gelungenen Beziehungsgestaltung beitragen wird

Praxisbeispiel auf Erwachsenenebene

Im Team der Kita Zauberwald holt Erzieherin Ramona regelmäßig während des Frühstücks mit den Kindern ihre Colaflasche aus dem Spind und trinkt daraus. Kita-Leitung Tobias, der sich gleichwürdig verhalten möchte, will keine abwertenden Kommentare vor den Kindern machen. Er wird Ramona in einem Eins-zu-eins-Gespräch mit einer fragenden Haltung zur Reflexion unter dem Aspekt der Vorbildfunktion, die sie vor den Kindern hat, anregen, die zu ihrer Profession als pädagogische Fachkraft gehört.

Praxisbeispiel auf Kinderebene

Der sechsjährige Cebrail und der fünfjährige Sahad möchten heute nicht frühstücken, weil sie die Höhle unter der zweiten Ebene mit den Tüchern noch nicht ganz abgedunkelt haben, wie sie dem Kindheitspädagogen Simon eifrig erklären. Sie fügen hinzu, dass sie auch gar keinen Hunger haben und schon zu Hause gefrühstückt hätten. Simon respektiert diesen Wunsch. Er bietet den Jungen eine alternative Lösung an: »Falls ihr doch Hunger habt, könntet ihr ja auch in der Höhle frühstücken.« In diesem Moment bleibt eine gleichwürdige Beziehung bestehen, Cebrail und Sahad fühlen sich ernst genommen, wertgeschätzt und können ungestört ihren Plan weiterverfolgen.

Anders – und nicht gleichwürdig – wäre es, wenn Simon sagen würde: »Nein, ihr beiden, ihr wisst ja, dass wir bis zu einer gewissen Zeit frühstücken und die ist gleich rum. Bitte dunkelt eure Höhle später weiter ab.« Simon akzeptiert den Wunsch der Kinder nicht und besteht auf das Einhalten von Regeln, die häufig nicht mit den Kindern vereinbart, sondern von Erwachsenen gemacht wurden. In diesem Moment kann die gleichwürdige Beziehung beschädigt werden, denn die Botschaft, die bei den Kindern indirekt ankommt, ist: »Das, was wir tun, wird nicht für wichtig gehalten, unsere Bedürfnisse und Wünsche sind nicht wichtig.« Das könnte bei den Kindern bewirken: »Wir müssen und sollten uns fügen und kooperieren, sonst werden wir vielleicht nicht mehr gemocht oder sogar aus der Gemeinschaft ausgeschlossen oder bestraft, und das Risiko gehen wir nicht ein.« Abgesehen davon wäre Simons Verhalten in der nicht-gleichwürdigen Variante des Beispiels adultistisch, also Macht ausübend, grenzverletzend und nicht partizipativ.

Eng verknüpft mit der Gleichwürdigkeit sind die Begriffe der Integrität und der Kooperation und deren Inhalte. Beide sind wesentlich, wenn wir über Beziehungsgestaltung reden, auch vor dem Hintergrund von herausforderndem Verhalten bei Kindern. Integrität beinhaltet nach Wilhelm: die Wahrung meiner physischen (körperlichen) und psychischen (seelischen) Grenzen, aber auch, dass ich mir selbst und meinen Bedürfnissen und Vorstellungen darüber, wie ich leben möchte, treu sein kann. Und dass ich mein Handeln nach den für mich wichtigen Werten ausrichten kann (vgl. Wilhelm, 2019, S. 49 u. 72).

Um die Integrität meines Gegenübers zu wahren, ist es notwendig, dass ich mich gleichwürdig verhalte. Ob das gelingt, hängt auch davon ab, ob in meinen Beziehungen meine Beweggründe und Auffassungen vom Gegenüber ebenfalls als gleichwürdig angesehen werden.

Simon wahrt die Integrität von Cebrail und Sahad und akzeptiert ihren Wunsch, weiterzumachen. Er verhält sich entsprechend des Werts der Gleichwürdigkeit. Wenn Simon hingegen auf die Einhaltung der Regeln bestanden hätte, wäre die Integrität der Kinder verletzt und die Beziehung zwischen den dreien möglicherweise geschädigt worden.

Kita-Leiter Tobias wahrt die Integrität von Ramona, indem er weder vor den Kindern noch im Eins-zu-eins-Gespräch beschämende oder anklagende Sätze äußert und seine Meinung über das Cola-Trinken kundtut. Letzten Endes ist es Ramonas Entscheidung, ob sie Cola trinken will. Tobias darf sich darüber kein Urteil erlauben. Er darf lediglich aus professionellen Gründen (Vorbildfunktion) den Zeitpunkt infrage stellen.

Aus meiner Fortbildungspraxis (Helia Schneider)

In Fortbildungen nutze ich ein Bild von Nicole Wilhelm, um die Begriffe Integrität und Gleichwürdigkeit verständlich zu machen (vgl. Wilhelm, 2019, S. 72): Ich stelle mich hin und lege mit etwas Abstand ein Seil um mich herum. Dann beschreibe ich den Teilnehmer:innen, dass dies mein Garten mit Zaun ist und ich in der Mitte in meinem Haus lebe. Dort lebe ich mit meinen Werten, Vorstellungen, Haltungen, meiner Fähigkeit, Grenzen zu ziehen, für mich zu sorgen und mit meinem Lebensstil, sodass es mir gut geht. Ich erwähne zum Beispiel, dass mir Sport und gute Ernährung sehr wichtig sind und es eines meiner Ziele ist, dass ich möglichst nachhaltig leben möchte. Das Haus steht sinnbildlich für meine persönliche Integrität.

Das Seil um mich herum ist der Gartenzaun um mein Haus. Er stellt meine Grenze dar. Sowohl psychisch als auch physisch. Diese Grenze wahrt meine

Integrität. Wenn nun jemand ungefragt über den geschlossenen Zaun klettert und, ohne zu klingeln oder zu klopfen, ins Haus eintritt, wird meine Integrität verletzt. Das könnte in meinem Fall ein Mensch sein, der meinen Lebensstil nicht akzeptiert, sich darüber lustig macht oder ihn mit verletzenden Kommentaren ins Lächerliche zieht.

Abbildung 2: Ein Bild für Integrität: Haus mit Gartenzaun

Je nach Person und Intensität der Beziehung, ist die Grenze mal enger oder auch lockerer. Und je nach Mensch, verletzt einen eine Grenzüberschreitung mehr oder weniger. Der Zaun ist quasi »flexibel«.

Vielen Erwachsenen gelingt es in den meisten Fällen, anderen Menschen zu sagen, wenn sie ungebeten »in ihr Haus eingebrochen sind« und eine Grenze übertreten haben. Sie sorgen für sich und wahren ihre Grenzen. Tatsächlich gelingt dies jedoch unterschiedlich gut und ist wieder abhängig davon, was sie in ihrer Kindheit für Erfahrungen machen durften, ob sie gleichwürdig behandelt wurden, ob sie in ihrer Integrität verletzt wurden oder diese gewahrt wurde.

Stellen wir uns den schlimmsten Fall vor: Wenn – im Bild des Hauses mit dem Zaun bleibend – das Fenster eingeschlagen, die Tür eingetreten und möglicherweise das Mobiliar zerstört wurde, dann ist etwas kaputt gegangen, was nicht mehr so leicht zu reparieren ist. Hier wurde die Integrität massiv verletzt und der Beziehung massiv geschadet (▸ Kapitel 5.2, Grenzen)!

Selbstreflexion – beantworten Sie für sich folgende Fragen:
- Wurde ich als Kind gleichwürdig behandelt? Von wem, von wem nicht?
- Wurden meine Wünsche, Bedürfnisse und Gefühle ernst genommen?
- Wie haben die Erwachsenen um mich herum reagiert, wenn ich Wünsche, Bedürfnisse und Gefühle geäußert habe, die nicht den ihren entsprachen?
- Wie wurde mir mitgeteilt, wenn ein Wunsch oder Bedürfnis nicht erfüllt werden konnte?
- Durfte ich auch »nein« sagen, welche Konsequenzen hatte das?
- Wurde meine Integrität gewahrt? Wie? Von wem? Von wem nicht?
- Welche Erwachsenen haben meine persönlichen Grenzen gewahrt? Welche nicht?
- Welche Grenze wurde immer wieder übergangen? Warum?
- Welche persönlichen Grenzen habe ich heute als Erwachsene:r beruflich, privat?
- Habe ich Erwachsene erlebt, die mir liebevoll und integritätswahrend ihre eigene Integrität und Grenze gezeigt haben, ohne mir das Gefühl zu geben, etwas falsch zu machen?
- Sehe ich Zusammenhänge zwischen meiner Kindheit und meinem Verhalten als Fachkraft heute, wenn ich an das Thema Beziehungsgestaltung denke?

Wie zeigen Kinder, dass ihre Integrität verletzt wurde?

Kinder können uns oft noch nicht gut verbal mitteilen, ob ihre Integrität verletzt wurde. Sie zeigen es jedoch meistens mit ihrer Körpersprache sehr deutlich, wenn sie beschämt oder enttäuscht wurden und traurig, verärgert oder resigniert sind, wenn sie nicht gehört oder verstanden wurden, wenn ihre Bedürfnisse, Wünsche oder Gefühle übersehen oder missinterpretiert wurden. Sie zeigen Ohnmacht, wenn Erwachsene ihnen gegenüber Macht ausüben. Im folgenden erhalten Sie einen Überblick, wie körpersprachliche Zeichen einer Integritätsverletzung aussehen können.

Körpersprache in Mimik, Gestik, Körperhaltung und Handlung:
- Arme hängen lassen,
- Kopf hängen lassen,
- Schultern hängen lassen oder nach hinten sinken lassen,

- Hände zu Fäusten ballen,
- auf die Lippe beißen,
- gegen etwas treten,
- etwas werfen,
- spucken,
- zwicken,
- hauen,
- kratzen,
- beißen,
- etwas festhalten,
- an den Haaren ziehen,
- an Kleidung ziehen,
- etwas zerstören,
- etwas abwehren, sich zur Wehr setzen,
- weglaufen, sich verstecken,
- den Körper hin und her schaukeln,
- Luft anhalten,
- Kopf wegdrehen,
- sich abwenden,
- Lippen zusammenkneifen,
- sich selbst stimulieren, um sich zu beruhigen (stereotype Bewegungen),
- Selbstverletzung,
- Autoaggression,
- Ohren zuhalten,
- Augen zuhalten,
- sich zurückziehen,
- sich verstecken.

Verbale oder stimmliche Äußerungen:
- schreien,
- schimpfen,
- weinen,
- jammern,
- klagen,
- Erwachsene nachahmen,
- Worte der Erwachsenen wiederholen,
- fluchen,
- Schimpfwörter benutzen.

Abbildung 3: Sich die Ohren zuzuhalten kann bedeuten: Du verletzt gerade meine Integrität

Praxisbeispiel: Integritätsverletzung gegenüber Kindern

André, vier Jahre alt, hat sein Lieblingsspielzeug von zu Hause mitgebracht: eine Spiderman-Puppe aus Stoff. Bei seiner Tagesmutter wurde dazu die Regel besprochen, dass jedes Kind Spielsachen von zu Hause mitbringen darf, aber selbst dafür verantwortlich ist. Als André auf die Toilette muss, lässt er seinen Spiderman in seinem aus Legosteinen gebauten Weltall liegen. Fiete sieht diesen und beginnt, mit ihm zu spielen. Als André zurückkommt, greift er sofort nach dem Spiderman und sagt entrüstet: »Hey Fiete, das ist meiner, gib her!« Fiete antwortet: »Aber du warst gar nicht da, ich will auch mal mit dem spielen.« André erwidert: »Das ist aber meiner, den hab ich von zu Hause mitgebracht, den hat meine Patentante mir geschenkt, gib her.« Beide Kinder halten den Spiderman fest und ziehen daran. Tagesmutter Iris hat die Situation beobachtet. Sie mischt sich ein und sagt: »Fiete, du weißt genau, dass wir hier die Regel haben, Kindern nichts wegzunehmen, du willst ja auch nicht, dass man dir dein Spielzeug wegnimmt. Und du, André, bist selbst schuld, du hättest den Spiderman nicht einfach liegen lassen dürfen, dann ist klar, dass so etwas passiert. Du weißt ja, dass wir die Regel vereinbart haben, dass ihr selbst für das Spielzeug verantwortlich seid, was ihr von zu Hause mitbringt. Dann musst du es halt in dein Fach bringen, wenn du nicht willst, dass andere Kinder damit spielen.« Mit einer zerknirschten

Miene lässt Fiete den Spiderman los, wendet sich ab und gibt dem Legoweltall von André noch einen Tritt, sodass es kaputt geht. André drückt den Spiderman gegen seine Brust, aus seinen Augen kommen Tränen.

André und Fiete zeigen mit ihrem Verhalten beide, dass Iris ihre Integrität verletzt hat. Ihre Körpersprache, das Weinen und das Treten gegen das Legoweltall könnten ausdrücken: So wie du mit uns sprichst, ist es nicht in Ordnung, wir fühlen uns nicht verstanden, wir hätten etwas anderes gebraucht, geh nicht so mit uns um.

Aus der Neurowissenschaft wissen wir, dass bei Beschämungen und verbal verletzendem Verhalten das Schmerzzentrum im Gehirn des Kindes anspricht.

> »Wenn Kinder für ihr Handeln kritisiert werden, wird ihr Schmerzzentrum getriggert. Wir haben nur ein einziges Schmerzzentrum, und egal, ob ich ein Kind trete (körperlicher Schmerz) oder ob ich es kritisiere (sozialer Schmerz), im Gehirn wird das Schmerzzentrum alarmiert und Adrenalin wird ausgeschüttet.« (Wilhelm, 2019, S. 52)

Die Du-Botschaften von Iris, das Moralisierende (»wir haben hier die Regel«), Belehrende (»du willst doch auch nicht, dass ...):«, Kritisierende (»du bist selbst schuld«) wird ziemlich sicher von den Kindern als Integritätsverletzungen wahrgenommen werden und kann die Beziehung zu den Kindern schädigen.

Wie hätte Iris alternativ reagieren können?

Zunächst einmal hätte sie beobachten und abwarten können, ob die beiden Jungen den Konflikt allein lösen. Häufig gelingt Kindern dies, weil sie sozial kompetent geboren werden. Wenn sie zudem entsprechend liebevoll und kompetent in der Entwicklung ihrer Konfliktlösungskompetenz und der sozial-emotionalen Entwicklung begleitet wurden und gute Vorbilder haben, braucht es die Einmischung Erwachsener viel seltener, als angenommen wird. Falls die Kinder signalisieren (z. B. durch einen Blick zu Iris), dass sie Unterstützung in der Konfliktlösung brauchen, könnte sie hingehen und zunächst einmal die Situation beschreiben: »Ich sehe, ihr haltet beide den Spiderman fest, ihr wollt beide damit spielen, stimmt's?« Damit benennt sie die möglichen Wünsche der Kinder. Die Kinder reagieren entsprechend, Fiete wird wahrscheinlich bejahen, während André betont, dass es sein Spiderman ist. Iris könnte spiegelnd bestätigen und zu André sagen: »Der ist dir ganz arg wichtig, der Spiderman, und du willst nicht, dass Fiete damit spielt.« Zu Fiete könnte sie sagen: »Du findest ihn auch toll und wolltest mit ihm spielen, als André auf dem Klo war.« Damit fühlen sich die Kinder in ihren Wünschen und Gefühlen gesehen. Da Iris davon ausgehen kann, dass sie an einer Lösung interessiert und zu einem entsprechenden Dialog in der Lage sind, könnte sie sagen: »André, es ist dein Spiderman, und du entscheidest.« Wenn André darauf besteht, allein mit dem Spiderman zu spielen, sollte Iris das im Sinne der Gleichwürdigkeit akzeptieren und sagen: »In Ordnung, es ist dein Spiderman.« Zu Fiete könnte sie sagen: »Fiete, André möchte seinen Spiderman für sich haben, sollen wir gemeinsam schauen, ob wir etwas für dich finden, was dir Spaß machen könnte?« Wenn sie in seiner Mimik und Körpersprache noch ein mögliches Gefühl von Unzufriedenheit erkennt (z. B. Traurigkeit, Enttäuschung, Frust), kann sie dieses ebenfalls noch benennen. Mit diesem Verhalten hilft Iris den Kindern, ihre Integrität zu wahren und ihren »Gartenzaun und ihr Haus« zu schützen.

Sehen Sie die Parallelen zum Bobby-Car-Beispiel?

Bei solchen Beispielen kommt in den Fortbildungsgruppen häufig die Frage: »Aber was ist, wenn es der Spiderman aus der Einrichtung gewesen wäre und nicht der private von einem Kind? Manche Sachen gibt es halt nur einmal und die Kinder sollen ja auch Teilen und Abwechseln lernen!« Unsere Antwort lautet dann: Und trotzdem hätte Iris von André nicht verlangen dürfen, den Spiderman abzugeben und zu teilen. Sie könnte, falls die Jungen keine eigene Lösung gefunden hätten, in einen Dialog gehen und mit ihnen gemeinsam eine Lösung überlegen, mit der es allen gut geht. Kinder lernen das Teilen nicht über moralischen Druck, sondern weil sie es wollen und Empathie und soziale Kompetenz in ihnen angelegt sind. Die interessierte, nicht manipulierende Frage »Habt Ihr eine Idee für eine Lösung?« bewirkt bei vielen Kindern, dass sie um eine soziale und empathische Lösung bemüht sind.

Mit der Vorstellung und Forderung, »Kinder sollen Teilen und Abwechseln lernen«, werden sie zum Objekt gemacht. Zum Objekt der Erwartungen und Vorstellungen von Erwachsenen und wie sie sich »zu benehmen« haben. Wenn wir uns so verhalten, geraten wir aus der Gleichwürdigkeit.

Praxisbeispiel: Integritätsverletzung unter Kolleg:innen

Kindheitspädagogin Kati hat, nachdem ein Kind den Wunsch geäußert hatte, Schnecken beobachten zu wollen, mit einigen interessierten Kindern ein Terrarium aufgestellt. Ihre Kollegin Heidi äußerte in einer Teamsitzung Zweifel an der Idee. Alle anderen im Team stimmen aber dafür. Sie leihen Bücher in der Bibliothek und schauen mit Kati am PC im Teamzimmer kleine Erklärvideos an, was bei der Fütterung und Pflege zu beachten ist und welche Tiere gemeinsam gehalten werden können. Die Kinder sammeln Schnecken, Heuschrecken und Käfer und richten ihnen ein schönes Zuhause ein. Sie kümmern sich liebevoll und übernehmen begeistert Verantwortung. Die Tiere bekommen Namen und werden intensiv beobachtet, studiert, gemalt und fotografiert.

Eines Tages kommt Katis Kollegin Heidi im Flur auf sie zu und sagt: »Ich kriege echt die Krise mit diesen ekligen Viechern, ich verstehe nicht, warum du das so toll findest und auch noch die Kinder mit dem Kram ansteckst. Ich finde es nicht schlimm, wenn die eingehen, die haben hier drin nichts verloren, die gehören raus in die Natur.« Kati ist perplex und kann im ersten Moment nicht antworten. Dann sagt sie: »Heidi, ich will nicht, dass du so mit mir redest, und bitte dich, professionell damit umzugehen und den positiven Aspekt zu betrachten! Wir können uns gern zusammensetzen und noch einmal darüber sprechen und du schilderst mir, was für dich ein gangbarer Weg wäre.«

Kati ist eine Person, der es gelingt, ihre Integrität gut zu schützen und für sich zu sorgen. Sie lässt sich nicht ungleichwürdig behandeln, also jemanden einfach in ihren Garten, geschweige denn in ihr Haus einbrechen. Ihr gelingt es sogar, ihrer Kollegin Heidi wertschätzend zu antworten und sie zu einem Gespräch einzuladen.

Jemand anderes hätte vielleicht mit einem Gegenangriff reagiert und zum Beispiel geantwortet: »Geht's noch, du tickst doch nicht richtig, wünschst den Tieren den Tod! Geh zum Therapeuten und lass dir mal helfen.« Mit dieser Reaktion wäre wiederum eine Integritätsverletzung von Heidi einhergegangen und eine gleichwürdige Beziehung immer mehr verunmöglicht worden.

Praxisbeispiel: Integritätsverletzung von Kindern gegenüber einer Pädagogin

Einige Kinder spielen im Gruppenraum Baustelle und dabei entstehen sehr laute Bagger,- Kran- und Baustellengeräusche. Erzieherin Sanny ist sehr geräuschempfindlich. Sie hat sich schon einen professionellen Hörschutz anfertigen lassen, den sie heute vergessen hat. Sie sagt zu den Kindern: »Ich sehe, ihr spielt gerade Baustelle und bohrt mit dem Presslufthammer. Jetzt ist es für meine Ohren gerade zu laut. Könntet ihr versuchen, ein bisschen leiser zu bohren, geht das? Ich habe dummerweise heute meine Ohrstöpsel vergessen, sonst würde es mir nicht so viel ausmachen.« Die Kinder spielen weiter, Luzia nimmt einen Hammer und beginnt kräftig auf ein Stück Holz zu hämmern. Völlig in ihrem Tun versunken, merken sie nicht, wie Sanny gequält das Gesicht verzieht und seufzt.

Sanny ist im Konflikt mit sich: Wahrt sie ihre Grenze und sorgt für ihre Integrität? Vor dem Hintergrund des Wissens, dass Kinder sich nicht »böse oder provozierend« verhalten und mit Absicht laut sind oder Sannys Wunsch ignorieren, sondern dass sie schlicht ihrer ernsthaften »Arbeit« – dem Spiel – nachgehen und völlig im Prozess sind, möchte sie professionell und gleichwürdig reagieren. Da Sanny weiß und reflektiert hat, dass sie auch als Vorbild fungiert, was das Wahren der eigenen Grenze und Integrität angeht, dass es dabei aber darauf ankommt, dies in gleichwürdiger Weise und in einer »warmen Sprache«, wie Jesper Juul es nennt, zu tun (▸ Kapitel 3.1), geht sie nochmals zu den Kindern. Sie sucht den Blickkontakt und sagt: »Ich brauche mal euren Rat. Ich habe gerade Schmerzen in meinen Ohren, die finden den Baustellenlärm nämlich ganz schön laut. Ich sehe, dass ihr gerade hämmern und mit dem Presslufthammer arbeiten müsst. Ich möchte euch bitten, jetzt auf der Baustelle kurz eine Arbeit zu machen, die nicht so laut ist. Für meine Ohren ist es im Moment wirklich zu viel und es ist für mich ganz schwer auszuhalten, das tut richtig weh hier innen drin. Ich weiß, das wird euch vielleicht ärgern und ich möchte es trotzdem so. Später, wenn ich im Bistro bin, könnt ihr alle lauten Arbeiten machen, in Ordnung?«

Die Kinder protestieren kurz. »Wir müssen das aber jetzt bohren und hämmern«, sagt Junis. Sanny antwortet: »Ich sehe, dass es euch wichtig ist, jetzt zu hämmern und zu bohren, und ich möchte es trotzdem so, weil ich noch kurz hier im Bauraum bin. Welche Arbeit könnte denn auf der Baustelle noch gemacht werden? Oder könnten die Bauarbeiter eine Vesperpause machen?« Die Kinder überlegen und eins schlägt vor: »Wir könnten auch erst die Fenster messen.« »Ja, und ich kann die Erde umgraben«, sagt ein anderes, und schon legen sie los. »Ich danke euch sehr«, sagt Sanny. »Ich sage euch Bescheid, wenn ich ins Bistro gehe und Kemal herkommt, der hat keine Probleme mit den Ohren.«

Die Kinder kooperieren, weil sie sich von Sanny gleichwürdig behandelt fühlen, und Sanny hat für sich gesorgt und die Kinder nicht beschämt. Nicole Wilhelm schlägt vor, das Wort »aber« mit dem Wort »und« zu ersetzen (vgl. Wilhelm, 2019, S. 97). Damit werden beide Wünsche und Bedürfnisse nebeneinander gestellt und nicht der Wunsch oder das Bedürfnis des Erwachsenen automatisch als wichtiger und richtiger bewertet. Mit dem kleinen Wörtchen »und« hat Sanny also ihren Wunsch, dass die Kinder erst einmal etwas Leiseres tun, und den Wunsch der Kinder, weiter zu hämmern und zu bohren, nebeneinander gestellt und trotzdem Verantwortung übernommen und für die Wahrung ihrer Grenze gesorgt.

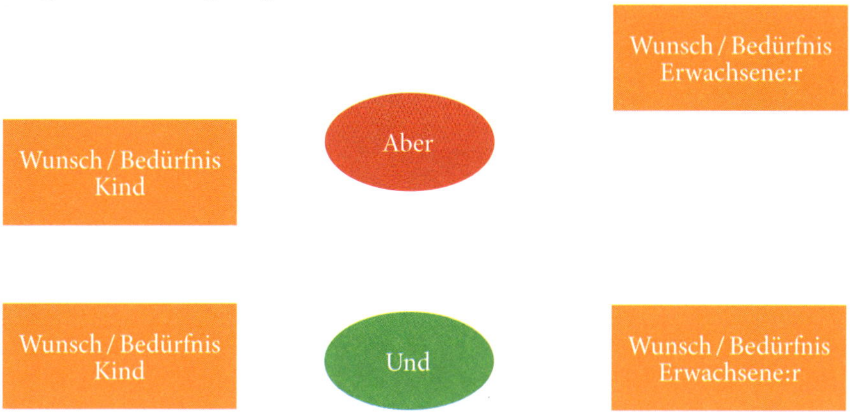

Abbildung 4: Mit »Und« statt »Aber« Wünsche nebeneinander stellen

Kinder verletzten unsere Integrität nie mit Absicht oder weil sie böse sind, uns provozieren oder unsere Grenzen »testen« wollen. Das wird ihnen leider viel zu oft unterstellt. Mit diesen Annahmen sind wir noch in der alten »Gehorsamskultur« und im »alten Bild vom Kind« unterwegs, wie Nicole Wilhelm es passend nennt.

Indem wir ihnen gute Vorbilder sind und sie ermutigen, für ihre Integrität einzustehen, lernen sie es umso besser. Das bedeutet im Umkehrschluss aber auch unbedingt, dass wir ihre Integrität wahren und achten und uns gleichwürdig verhalten müssen. Hier besteht bei vielen Erwachsenen noch Entwicklungsspielraum und es ist eine große Lernaufgabe.

Nicole Wilhelm sagt dazu:

> »Um ein gutes Gleichgewicht zu finden zwischen unseren eigenen Wünschen und Bedürfnissen und denen der anderen, trägt jeder Mensch einen Kompass in sich, den nur er selbst ablesen kann. Dieser Kompass hilft uns beim Navigieren in diesem inneren Konflikt: Wann sage ich ja zu mir, wann ja zum anderen? Wichtig ist es, Kinder zu begleiten, ihren inneren Kompass abzulesen, denn jeder kann nur seinen eigenen Kompass ablesen. Oft denken wir, wir könnten auch den unserer Kinder ablesen, doch das stimmt nicht. Niemand kennt dich so gut wie du selbst. Nur du kannst wissen, was du brauchst und was dir gut tut. Das ist auch bei Kindern so.« (Wilhelm, 2019, S. 149)

Hinweis: Jedes Verhalten der Erwachsenen, was verletzend, grenzüberschreitend oder sogar gewaltvoll ist, geht mit der Verletzung der Integrität einher (▸ **Kapitel 4, Kindeswohl, Kinderschutz**). Bedürfnisse, Wünsche und Gefühle zu missachten, ist immer integritätsverletzend und kann zu herausgefordertem Verhalten von Kindern führen.

Kinder werden sozial kompetent geboren, sie gehen meistens in die Kooperation

Wir Menschen kommen ausgestattet mit einem biologischen System auf die Welt, was uns zu sozialen Wesen macht: den Spiegelneuronen. Sie sind unsere biologische Grundlage dafür, dass wir bereit sind, in Beziehung zu gehen, zu kooperieren, ein soziales Wesen zu sein und Empathie zu entwickeln. Dafür braucht es jedoch ein entsprechendes Gegenüber! Kinder würden ihre ersten Lebensjahre ohne die Unterstützung, Versorgung und Begleitung Erwachsener gar nicht bewältigen können.

Nicole Wilhelm schreibt, dass Kinder *sozial kompetent* geboren sind. Damit ist nicht gemeint, dass sie von Anfang an alle Sozialregeln der Gemeinschaft kennen und beherrschen, sondern von Geburt an den Drang und auch die Fähigkeit haben, all das zu entwickeln, was sie dafür brauchen. Wenn wir ihnen feinfühlig und empathisch begegnen und ihnen Raum und Zeit für ihre Entwicklung geben und sie die Welt kennenlernen können, ziehen sie daraus ihre eigenen rationalen und vernünftigen Schlüsse und entwickeln Empathie, Gemeinschaftssinn und Eigenverantwortung (vgl. Wilhelm, 2022, S. 13).

Kinder sind von Anfang an kompetent in allem, was sie tun, auch wenn die eine oder andere Fähigkeit und Fertigkeit sich noch in der Entwicklung befindet.

Kinder wollen mit anderen Menschen in Beziehung sein, sie wollen ein gutes Miteinander gestalten und strengen sich an, ihre Mitmenschen glücklich zu machen. Bereits dann, wenn sie die Worte dafür noch gar nicht kennengelernt haben. Ein eindrückliches Beispiel dafür ist die unterschiedliche Entwicklung, die sehr junge Kinder machen. Lorenzo nimmt zum Beispiel sehr genau wahr, wann die Erwachsenen um ihn herum leuchtende Augen bekommen. Der Vater von Lorenzo strahlt, wenn er lautiert, und lautiert häufig mit und spiegelt ihn dadurch. Er gibt ihm Resonanz. Die Mutter von Fien dagegen freut sich vor allem, wenn Fien anfängt, sich zu drehen. Sie unterstützt das, indem sie das Auto um das Kind herum fahren lässt, damit Fien motiviert ist, sich zu drehen, um das Auto greifen zu können. So nimmt Fien indirekt wahr: »Mein Tun scheint wichtig zu sein.« Es bekommt durch die Reaktion der Erwachsenen eine Bedeutung. Und weil die Person für das Kind bedeutsam ist, wird das Kind in der Folge verstärkt Anstrengungen unternehmen, dieses Tun zu wiederholen und weiter auszubauen. Das Ergebnis kann sein, dass Lorenzo vermutlich früh mit dem Sprechen beginnt, während Fien vielleicht zuerst das Laufen erlernt.

Dies ist eine erste Form der Kooperation von Kindern mit uns Erwachsenen. Wir könnten das auch so übersetzen: »Lieber Papa, ich habe gesehen, dass dich meine Sprechübungen glücklich machen, deshalb werde ich weiter fleißig lautieren, damit wir das gemeinsame Glück noch oft erleben.«

Vertrauen in die Kinder haben

Wenn wir das Verhalten von Kindern unter dem Aspekt betrachten, dass es eine Botschaft darüber enthält, wie es dem Kind geht, und wenn wir davon ausgehen, dass es sozial kompetent auf die Welt kommt und für die Gemeinschaft gut und wertvoll sein möchte, dann entwickelt sich von selbst ein neuer Blick auf Kinder und ihr Verhalten.

Die Traumapädagogin und Therapeutin Wilma Weiß hat das Konzept des »guten Grundes« geprägt (vgl. Weiß, 2021, S. 14). Immer wenn ein Kind ein Verhalten zeigt, was für uns zunächst nicht nachvollziehbar ist, gilt es, sich zu fragen: Welchen *guten Grund* hat das Kind für sein Verhalten? Wozu tut es das? Welches mögliche unerfüllte Bedürfnis steckt dahinter? Kinder wollen anderen nicht von sich aus schaden.

Gehe ich mit dieser Haltung in Resonanzbeziehungen, nehmen wir nicht so leicht an, dass ein Kind etwas tut, um uns zu »provozieren« oder »zu ärgern« oder um unsere »Grenzen zu testen«. Mit dieser Haltung bin ich bereit, jederzeit nach dem Sinn hinter dem Verhalten zu fragen und die Botschaft des Verhaltens zu entschlüsseln, um zu schauen: »Welche Anpassungsleistung muss *ich* als Erwachsene:r bringen, damit du, Kind, ein bestimmtes Verhalten nicht mehr brauchst, mit dem du vielleicht deine Not, dein Unwohlsein oder deinen Mangel zum Ausdruck gebracht hast, weil du es anders einfach im Moment nicht vermagst?« Die Verantwortung liegt bei uns Erwachsenen.

Wichtige Grundbedürfnisse von Menschen sind Zugehörigkeit und Verbundenheit, und Kinder tun alles, um in einer Gemeinschaft aufgehoben zu sein. Sie wollen es den Erwachsenen recht machen, sie wollen für die anderen wertvoll sein, etwas Sinnvolles beitragen und gleichzeitig natürlich auch ihr Überleben sichern.

Ihre Kooperationsbemühungen und -leistungen zeigen uns Kinder in unterschiedlichster Form. Sowohl »sich fügen«, »nachgeben« oder »folgsam sein« als auch ein einfaches Anlächeln, mitmachen oder etwas nachahmen können als Zeichen von Kooperation gewertet werden. Kinder machen so lange mit, wie es ihnen möglich ist, erst wenn es gar nicht mehr geht, schlagen sie »Alarm« und zeigen mit dem entsprechenden Verhalten an, dass sie in Not sind.

Die Gefahr im Kita-Alltag ist, dass wir Kooperationsbereitschaft nicht mehr wahrnehmen, wenn Kinder auf eine Art kooperieren, bei der sie ihren eigentlichen Wunsch oder ihr Bedürfnis übergehen. Sie fügen sich dem, was die oder der Erwachsene sagt oder will, weil diese:r mehr Macht hat und das Kind die Zuneigung, Anerkennung und Bestätigung nicht verlieren will oder weil es gar keine Chance auf ein Veto hat. Kinder erleben oft ein Dilemma zwischen »Soll/Darf ich es *mir* recht machen und zu meinem Wunsch oder meinem Bedürfnis stehen und damit meine Integrität wahren?« oder »Will ich Teil der Gemeinschaft sein und stelle mein Bedürfnis hintan?«.

Wenn Kinder zu oft Kooperationsleistungen erbringen, bei denen ihre Integrität eigentlich verletzt wird, werden sie zu angepassten, folgsamen Kindern, die schlimmstenfalls mit gewalttätigen Erwachsenen kooperieren und dies als »Beziehungsheimat« verinnerlichen. Vor allem jüngeren Kindern gelingt es noch nicht, ihre Integrität selbstständig zu wahren. Sie können – im Bild des Hauses— noch nicht sagen: »Hey, brich nicht in mein Haus ein! Klingel gefälligst oder frag, ob du reinkommen darfst!« Sie zeigen es durch ihr Verhalten, meist nonverbal durch Körpersprache, Mimik und sonstige Handlungsweisen. Damit stehen sie für sich ein, sie handeln nicht aus böser Absicht oder wollen jemandem schaden – sie können nicht anders.

Praxisbeispiel: Kooperation eines Kindes, bei dem die Integrität verletzt wird

Mia, drei Jahre alt, sitzt am Esstisch und schöpft sich mit der Kelle Suppe aus der Schüssel. Sie nimmt nur eine kleine Menge in die Kelle auf, lässt die Suppe langsam in ihr Schälchen fließen und schaut fasziniert zu. Konzentriert achtet sie darauf, nichts zu verschütten, und probiert verschiedene Schüttgeschwindigkeiten aus. In der Schüssel ist bereits eine kleine Menge Suppe. Da sagt Kinderpflegerin Gabriele zu ihr: »So, Mia, jetzt wollen andere Kinder auch noch schöpfen, iss jetzt schon mal das, was du schon hast«, und nimmt ihr die Kelle aus der Hand. Mia streckt kurz die Hand nach der Kelle aus und sagt: »Ich will noch mehr«, aber Gabriele hat diese schon einem anderen Kind gegeben. Mias Gesicht zeigt Enttäuschung und Frust, ihre Mundwinkel gehen nach unten. Nach einer Weile nimmt sie den Löffel und fängt an, zu essen. Als Gabriele zu ihr schaut, schaut sie sie an und sagt: »Schmeckt gut.«

Gabrieles Verhalten ist adultistisch, also aus der überlegenen Position von Erwachsenen heraus Macht ausübend. Einem Kind einfach einen Gegenstand aus der Hand zu nehmen, ist kein feinfühliges, responsives Verhalten. Gabriele verletzt mit ihrem Ignorieren von Mias Bedürfnis nach Selbstständigkeit und Autonomie ihre Integrität. Sie mischt sich ein, übt ihre Entscheidungsmacht aus und unterbricht Mias selbstständiges Tun. Sie übersieht ihre Versuche, für sich einzustehen und ihrem Wunsch Ausdruck zu verleihen (»ich will noch mehr«), und auch ihre Selbstwirksamkeitserfahrung beim Schütten und Schöpfen nimmt sie nicht wahr. Mia zeigt mit ihrer Mimik, dass ihre Integrität verletzt wurde. Jedoch kooperiert sie, indem sie anfängt zu essen und dann sogar zu Gabriele »schmeckt gut« sagt. Hinter dieser Aussage könnte stecken: »Bin ich noch Teil der Gruppe? Gehöre ich noch dazu? Hast du mich noch lieb? Ist alles wieder gut?«

Diese kleinen Situationen passieren im Alltag häufig. Aus Gabrieles Perspektive mag es in diesem Moment darum gehen, die Essenssituation – die mit zu den stressigsten im Tagesverlauf gehört – möglichst gut und reibungslos zu gestalten. Kein Kind soll lange warten müssen. Sie wünscht sich, dass alle drankommen, jede:r genug zu essen bekommt und die Suppe gerecht verteilt wird. Auch Gabriele kann nicht pauschal eine böse Absicht für integritätsverletzendes Verhalten unterstellt werden, sie ist ebenfalls geprägt und beeinflusst von verschiedenen Faktoren.

Wie könnte Gabriele gleichwürdig reagieren?

Hätte Gabriele die Reaktion von Mia sensibel bemerkt, hätte sie sagen können: »Oh, es tut mir leid Mia, ich war gerade zu schnell, du warst noch gar nicht fertig mit Schöpfen. Weißt du was, ich hole einfach noch eine Schüssel mit Suppe und eine Kelle dazu, dann könnt ihr Kinder parallel schöpfen und habt mehr Zeit.«

Praxisbeispiel: Kooperation von Kindern, wenn die Integrität nicht verletzt wird

Amelie, fünf Jahre alt, hat mit Jussuf, 4,5 Jahre alt, im Rollenspielbereich die Verkleidungssachen aus der Truhe geholt. Sie zieht den Ritterhelm auf und nimmt sich das Schwert und den Schild. »Wir spielen gleich kämpfen, du musst noch das Drachenkostüm anziehen und dann gehen wir in die Burg [= zweite Ebene]«, sagt Amelie zu Jussuf. Dieser greift gerade nach dem Kleidungsstück, als die Auszubildende Katinka ihnen zuruft: »Aufräumen ihr beiden, jetzt ist Gartenzeit, ab in die Garderobe und Schuhe anziehen!« Die Kinder beschweren sich und sagen, dass sie weiterspielen wollen, die Burg brauchen und dort kämpfen müssen, weil der Drache in die Burg eindringen will. Da kommt Erzieher Claudius dazu und sagt zu den beiden: »Ich habe eine Idee: Ihr könntet die Sachen zum Kämpfen und alles, was ihr braucht, mit rausnehmen und draußen kämpfen, da haben wir nur keine Burg. Aber ihr könntet mal schauen, was draußen eure Burg sein könnte, okay? Wenn ihr was braucht, sagt ihr es mir und wir schauen, was es für eine Lösung gibt. Heute kann leider kein Kind drinnen bleiben, weil wir nicht genug Erwachsene sind, das tut mir leid.« Die Kinder stimmen sofort zu und rennen in die Garderobe.

Claudius hat auf der Basis einer guten, bestehenden, gleichwürdigen Beziehung eine Lösung gefunden und die Kinder haben sofort kooperiert. Ihr eigentlicher Wunsch wäre gewesen, drinnen zu spielen, aber da sie mit Claudius in einer guten Beziehung sind, dieser sie nicht beschämt hat und ihren Wunsch, das Rollenspiel weiterzuspielen, gesehen und gewürdigt hat, konnten sie problemlos kooperieren.

Selbstreflexion – beantworten Sie für sich folgende Fragen:

- An welche Situationen aus meiner Kindheit oder Jugend erinnere ich mich, als ich gegen meinen Willen kooperiert habe, also das gemacht habe, was die Erwachsenen von mir wollten, ohne meinen Wunsch zu berücksichtigen? Wie hat sich das angefühlt?
- Welche Kompromisse wurden mir vorgeschlagen?
- Wie oft und in welchen Situationen verlange ich als Fachkraft im Kita-Alltag, dass Kinder kooperieren, und übe (unbewusst) die erwachsene Deutungs- und Entscheidungsmacht aus? Mit welchem Ziel?
- Wie kann ich das Ringen der Kinder um die Wahrung ihrer Integrität erkennen? Wie kann ich ihnen helfen, diese zu stärken?
- Wie zeigen mir die Kinder, wenn ihre Integrität verletzt wurde (Körpersprache, Feinzeichen)?
- In welchen Situationen in unserem Alltag zeigen Kinder, dass ihre Integrität verletzt wurde? Was heißt das für uns?
- Tauschen wir uns im Team über solche Themen aus?

Praxistipp für Ihr Team

Bilden Sie Lerntandems und treffen Sie sich regelmäßig zu zweit, um sich anhand konkret erlebter Beispiele über diese wichtigen Themen und Fragen auszutauschen.

Praxisbeispiel: Kindern helfen, ihre Integrität zu wahren

Tagesmutter Nesrin ist mit den Kindern, die sie betreut, in den nahegelegenen Wald gegangen, es ist Januar und sehr kalt. Zwei Mädchen in der Gruppe sind Schwestern. Die eine, Eunike (5 Jahre alt), hat ihre Fingerhandschuhe ins Seitenfach von Nesrins Rucksack gesteckt und sie gebeten, diese zu tragen. Ihre große Schwester Amalia (6,5 Jahre alt) hat keine Handschuhe dabei. Mit Stöcken, Moos und Laub wird eine »Bärenhöhle« gebaut. Das geht ohne Handschuhe besser. Auf dem Rückweg nimmt sich Amalia nach einer Weile Eunikes Handschuhe aus dem Seitenfach von Nesrins Rucksack und möchte sie anziehen. Eunike sagt: »Nein, das sind meine.« Amalia überhört den Einspruch. Da sagt Nesrin zu ihr: »Eunike möchte es nicht, dass du ihre Handschuhe nimmst. Du hast kalte Hände, kann das sein? Ich habe eine Idee: Ich gebe dir immer einen von meinen Handschuhen und wir wechseln dann immer ab und die andere Hand tun wir einfach in die Jackentasche!« Eunike schaut Nesrin dankbar an und sagt: »Weißt du, Amalia leiert sie sonst aus, weil sie ja größere Hände hat als ich, und das mag ich nicht.« Sie packt die Handschuhe wieder ins Seitenfach des Rucksacks. Alle sind mit der Lösung zufrieden.

Einige Erwachsene hätten sicherlich auch hier wie im Bobby-Car-Beispiel reagiert: »Du brauchst die Handschuhe doch gerade nicht, du kannst sie doch deiner Schwester ausleihen, man muss auch mal teilen.«

Doch damit lernt Eunike nicht, ihre Integrität zu wahren. Dass sie von Nesrin ernst genommen wird und nicht überredet, gegen ihren Wunsch zu handeln, hat auch dahingehend eine positive Wirkung, dass sie verinnerlichen kann: Es ist in Ordnung, für sich einzustehen, es ist in Ordnung, nein zu sagen, ich darf mir selbst treu bleiben! Und: Eunike hatte einen *guten Grund:* Sie hatte die ganz konkrete Befürchtung, dass die Handschuhe ausgeleiert werden. Als Erwachsene über so eine Angst hinwegzugehen, vermittelt Eunike die Subbotschaft: Deine Befürchtungen sind unangebracht und nicht wichtig.

Subjekthaftigkeit – Kinder nicht als Objekt behandeln

Praxisbeispiel: subjekthaftes Tun

Die Kita Sonnenblume hat in allen Räumen Heizungsabdeckungen aus Holz als Schutz vor Verbrennungen oder Verletzungen installiert. In diesen Holzelementen sind Löcher unterschiedlichster Größe. Die 1,5-jährige Naima setzt sich vor die Abdeckung und stellt ein Körbchen mit zusammengesammelten Spielsachen und Gegenständen vor sich. Sie versucht nun, die verschiedenen Gegenstände in die unterschiedlichen Löcher der Abdeckung zu stecken. Dabei geht sie so vor, dass sie einen Gegenstand (z. B. eine Kastanie) an verschiedene Löcher hält, bis sie eins gefunden hat, durch das die Kastanie hindurch passt. Sie kullert unten wieder raus. Wenn es Naima gelingt, etwas hindurchzustecken, geht ein zufriedenes Lächeln über ihr Gesicht und sie hüpft kurz erfreut hoch. Ein viereckiger Baustein und eine Astscheibe passen nirgends durch, sie probiert es mehrmals. Kurz ist ein unzufriedener Ausdruck in ihrem Gesicht zu sehen. Doch Naima löst für sich die Situation so, dass sie beides wieder in den Korb zurücklegt und etwas anderes nimmt.

Dieses Experiment verfolgt sie konzentriert und vertieft über einen längeren Zeitraum hinweg.

Was ist hier geschehen? Naima ging auf ganz individuelle Art und Weise ihrer »Forschungsfrage« nach. Kreativ und im Flow lernte sie durch Ausprobieren und schien dabei ein Gefühl von Befriedigung und Erfolgserlebnisse zu haben, was aus ihrer Körperhaltung, Gestik und Mimik zu schließen war. Nebenbei lernte sie Größenverhältnisse kennen, indem sie explorierte, welche Größe von Spielgegenständen in welche Größe von Löchern passt. Sie zeigte Frustrationstoleranz und übte sich in Resilienz, weil sie die nicht passenden Gegenstände wieder in den Korb legte und neue probierte. Sie ließ sich, wenn etwas nicht gelang, weder frustrieren noch demotivieren.

Solche selbstbestimmten Lernprozesse geben Auskunft über das Kind in seiner Individualität. Jedes Kind gibt seinem Handeln einen ureigenen Sinn, den wir nur vermuten können. Niemand anderes wird in der gleichen Situation genau das gleiche fühlen, wahrnehmen, lernen oder verinnerlichen und das Handeln von zwei Personen wird sich nie zu hundert Prozent gleichen. Ein Individuum trifft in einer Situation eine ureigene Entscheidung, ob es etwas tut oder nicht tut. Das zeichnet Subjekthaftigkeit aus.

Der österreichische Neurologe und Psychiater Viktor Frankl schrieb, dass die Triebkraft des Menschen das Streben nach persönlichem Sinn sei. Der Mensch bringe einen Willen zu persönlicher Sinngebung mit auf die Welt und strebe nach der bestmöglichen Sinnerfüllung seines Daseins. Selbstverwirklichung ist für Frankl Sinnerfüllung draußen im Leben, und sein Selbst finde man, indem man in jeder Situation seines Lebens aufgrund seiner geistigen Freiheit entscheidet, ob man etwas tut oder nicht tut (vgl. Hellmich/Teigeler, 1992, S. 134).

Das wirft noch einmal einen neuen Blick auf kindliches Tun und Sinnhaftigkeit. *Jedes* Verhalten eines Kindes ergibt für das Kind *Sinn.*

Was für ein Unterschied ist es für ein Kind, wenn es zum Objekt der Vorstellungen und Erwartungen von Erwachsenen gemacht wird, wenn die oder der Erwachsene den Sinn bestimmt und vorgibt, was das Kind zu lernen hat und wie, wann und mit wem. Und am Ende wird dann womöglich der Sinn von Erwachsenen auch noch bewertet. Wieso wird der Sinn des Tuns von Kindern immer wieder infrage gestellt?

Kinder wie Objekte zu behandeln, ist weder gleichwürdig noch integritätswahrend. Erst wenn Kinder als »handelnde Subjekte« anerkannt, ihre subjektive Wirklichkeit und die Prozesse ihres selbstbestimmten, entdeckenden Lernens, ihre

Kompetenzen und ihre Kooperationsbereitschaft respektiert und beachtet werden, dann ist eine gleichwürdige, dialogische Resonanzbeziehung möglich.

»So verhindert ihr, uns wie Objekte zu behandeln« – gelingende Beispiele aus Kindersicht:

- Wir basteln, was wir wollen und wann wir es wollen. Wir müssen nicht alle dasselbe basteln und können auch *nein* sagen, wenn wir gar nicht wollen.
- Nur Kinder, die Spaß daran haben, machen bei den Projekten mit. Wir müssen nicht an Projekten, Angeboten und Programmen (z. B. Entenland oder Zahlenland) teilnehmen, die Erwachsene sich ausgedacht haben.
- Wir müssen als Vorschulkind keine Arbeitsblätter ausfüllen und Stifthaltung lernen. Wir haben ein Mitspracherecht, was wir lernen wollen, und können uns das vornehmen und tun, was uns besonders interessiert.
- Wir müssen keine bestimmten Fähigkeiten und Fertigkeiten in einem bestimmten Alter besitzen, nur weil die Erwachsenen diese Vorstellung haben.
- Wir hören keine Sätze wie: »Du bist doch albern«, »Das bringt doch eh nichts«, »Das ergibt doch keinen Sinn, was du da machst«, »Warte, du kannst das nicht, ich mach das mal für dich«.
- Wir haben die Möglichkeit, unsere Probleme selbstständig mit eigenen kreativen Lösungen zu bewältigen.
- Wir werden nicht am Spielen und Explorieren durch zu fest getaktete Tagesabläufe oder unreflektierte Regeln und Verbote gehindert.
- Wir (er-)leben konsequent Mitbestimmung und Beteiligung, sie wird nicht verhindert.
- Wir erleben Erwachsene, die unsere Individualität und Subjekthaftigkeit anerkennen und sich mit ihrer Haltung, mit dem Bild vom Kind und mit dem Thema Partizipation beschäftigt haben.
- Wir erleben Erwachsene, die *mit* dem Kind arbeiten und nicht »am Kind«.

2.2 Interview mit Dr. Nicole Wilhelm über herausgeforderte Kinder

Sie haben in Ihrem Buch »Herausgeforderte Kinder« sehr genau beschrieben, warum und wie Kinder heute herausgefordert sind. Können Sie nochmal den Unterschied zwischen herausgeforderten und herausfordernden Kindern beschreiben?

Der Unterschied liegt in der Betrachtungsweise, wie wir auf die Kinder schauen, die ein für uns »schwieriges Verhalten« zeigen. Früher nannte man die Kinder »herausfordernd« und Erwachsene haben versucht, über Belohnung und Bestrafung zu reagieren. Das ist verletzend, wenn ein Kind auf diese Art manipuliert wird. Wir Erwachsenen sind durch das Verhalten des Kindes herausgefordert. Wir können das jedoch als Lernsituation betrachten. Ich lerne etwas Neues, um gut mit der Situation umgehen zu können, und zwar so, dass es für das Kind und für mich gut ist. Die Schwierigkeit im Begriff »herausfordernd« ist auch, dass dem Kind die Verantwortung zugeschoben wird. Wenn ich jedoch vom sozial kompetenten Kind ausgehe, dann zeigt das Kind nur, dass es etwas nicht bekommt, was es braucht. Wenn ich von herausgeforderten Kindern spreche, beschreibe ich Kinder, die in ihrem Leben herausgefordert sind. Sie erleben einen Mangel, der sie in ihrer Entwicklung hindert, oder sie haben einen Schmerz, den sie kaum tragen können. Sie sind wirklich herausgefordert und das Verhalten ist richtig. Sie zeigen so gut es ihnen möglich ist: Mir geht es nicht gut. Es ist eine kompetente Rückmeldung der Kinder auf das Verhalten und Angebot der Erwachsenen. Jetzt braucht es die Anpassungsleistung des Erwachsenen. Der Vorteil von dem Begriff ist auch: Es werden auch Kinder in den Blick genommen, die ihren Schmerz nach innen wenden und verstecken, die eher zurückgezogen, still und teilnahmslos sind. Diese Kinder verlieren wir aus dem Blickverhalten, mit deren Verhalten haben wir nicht direkt Schwierigkeiten, doch auch diese Kinder brauchen eine Anpassungsleistung von uns und eventuell ein anderes Beziehungsangebot. Ich nutze für solche Kinder einen »Erinnerungsanker«. Das kann zum Beispiel ein Zettel mit dem Buchstaben sein, der den Anfangsbuchstaben eines eher stillen Kindes abbildet. Diesen kann ich im Gruppenraum irgendwo sichtbar für mich hinhängen und er erinnert mich daran, dass ich darauf achte, mit dem Kind heute ins Gespräch zu gehen und Beziehung zu gestalten.

Welche möglichen Ursachen sehen Sie für herausgefordertes Verhalten von Kindern? Was fehlt ihnen?

Wenn Kinder durch ihr Verhalten zeigen, dass sie in ihrem Leben herausgefordert sind, ist das eine Botschaft. Es fehlen ihnen vielleicht eine sichere Bindung, Kontakt, Führung, Ruhe oder Freiheit. Oder das Kind erlebt einen Schmerz, den es kaum tragen kann, zum Beispiel, wenn massiv über körperliche oder psychische Grenzen gegangen wird. Wenn wir uns bewusst machen, dass jedes zehnte Kind in Deutschland Opfer sexueller Gewalt ist, dann wissen wir, dass es in einer Kita-Gruppe durchschnittlich zwei Kinder gibt, die das erleben. Auch verletzendes Mikrogeschehen ist gar nicht so selten. In der Sprache der Erwachsenen findet häufig noch Belehrung, Moral und Kritik statt. Es fallen zum Beispiel solche Sätze wie: »Du sollst ihn nicht hauen, du tust ihm weh, du willst doch auch nicht gehauen werden.« Heute wissen wir, dass diese Art, mit Kindern zu sprechen, die gleichen neuronalen Netzwerke aktiviert, wie bei körperlichem Schmerz. Was da stattfindet, ist eine Objektifizierung, das Kind wird zum Objekt gemacht. Dabei werden die essenziellen Grundbedürfnisse nach Verbindung und Autonomie missachtet und dann leiden die Kinder. Ein konkretes Beispiel: Ein Kind spielt in der Bauecke, die Erwachsene kommt rein und sagt: »Bitte räum' jetzt auf, gleich ist Mittagessen.« Dann geht sie weg. Stellen wir uns vor, eine Kollegin kommt rein und sagt zu der anderen: »Jetzt ist gleich Mittagessen, räum' jetzt hier auf!«, und geht raus. Das wäre sehr grob. In so einem Moment fehlt das Interesse für die Welt der anderen, denn vielleicht ist sie gerade dabei, einen Konflikt mit einem Kind zu klären. Es ist nicht länger eine Subjekt-Subjekt-Beziehung von Mensch zu Mensch, sondern eine Subjekt-Objekt-Beziehung, wie ich sie zu meinem Computer habe. Wenn ich an meinem Computer den Knopf drücke, erwarte ich, dass er hochfährt. Wenn er kaputt ist, wird er repariert. Wenn ich einem Kind lediglich eine Anweisung gebe, fehlt die Welt des Kindes, seine Meinung, sein Wunsch, seine Gefühle und Bedürfnisse. Wenn ich mich nicht für den Wunsch interessiere, kommt beim Kind an: »Ich bin nicht wichtig.« Und das ist verletzend. Es geht noch weiter: Wenn die Kinder nicht aufräumen und unseren Erwartungen nicht entsprechen, dann fangen wir oft an, die Kinder dahin zu bringen, wo wir sie haben wollen. Das geschieht nicht selten über Kritik, Belehrung, Bestrafung usw. Dann fallen Sätze wie: »Jetzt räum' doch mal auf, du hast doch hier gespielt, wenn du nicht aufräumst, dann …« Das ist verletzend und die Kinder können nicht unterscheiden, ob sie jetzt ein Feedback für ihr Verhalten oder für ihre Person bekommen. Um das zu können, braucht man eine gewisse Hirnreife. Der Neurowissenschaftler Gerhard Roth sagte zu mir in einem persönlichen Gespräch, dass das sogar nur drei Prozent der Erwachsenen können. Die meisten Erwachsenen fühlen sich angegriffen, wenn wir sie so ansprechen. Deswegen kann man Kritik, Belehrung und Moral einfach weglassen, sie tut niemandem gut. Das Wunderbare ist, dass Eltern und Fachkräfte heute genau spüren, dass diese Art von Beziehungsgestaltung verletzend ist, und sie wollen etwas verändern. Wir befinden uns in einer wunderbaren Zeit, in der fühlbar ist, dass sich etwas tut. Natürlich taucht da oft noch ein Fragezeichen auf: Wie soll das denn gehen? Kinder brauchen Führung, sie haben für vieles noch nicht genug Erfahrung und Selbststeuerung und noch nicht den Überblick. Da sind Erwachsene oft unsicher, wie dieser neue Weg gelingen kann.

Das gestiegene Stressniveau in der Kindheit ist ebenfalls ein Grund, warum Kinder herausgefordert sind. Ein Faktor ist zum Beispiel die familienergänzende Begleitung. Wir sind eine gemeinschaftlich aufziehende Art, doch der unzureichende Betreuungsschlüssel sorgt dafür, dass Kinder zu wenig Resonanzprozesse haben. Auch die lange »Arbeitszeit« der Krippenkinder trägt dazu bei. Kinder in Deutschland dürfen fünfzig Stunden »arbeiten«. Egal wie gut die pädagogische Arbeit ist, es sind fünfzig Stunden »Arbeit«. Auch Eltern sind oft gestresst, für sie ist es anstrengend, weil sie Familie und Arbeit unter einen Hut bringen müssen. Sie haben ja auch nur 24 Stunden für alles. Ich nenne das gern »Work-Life-Bullshit«. Wie viele Stunden bleiben mir mit den Kindern, wenn ich Fahrzeiten, Schlafzeiten und Arbeitszeiten abziehe?

Was ist aus Ihrer Sicht die hauptsächliche Verantwortung der Erwachsenen und was können wir tun – sowohl die Eltern als auch die Fachkräfte?

Wir Erwachsenen sind dafür verantwortlich, Kinder gut ins Leben zu begleiten, damit sie ihr volles Potenzial entfalten können. Dafür ist es notwendig, dass sie ihre essenziellen Grundbedürfnisse nach Sicherheit, Kontakt und Freiheit erfüllt bekommen. Besonders wichtig dabei ist, dass Kinder fühlen können: »Du bist hier herzlich willkommen, so wie du bist!« »Ich freue mich, dass du da bist, so wie du bist.«

Ein Beispiel: Ein Kind sitzt in der Kita in der Bauecke und hat alle Kisten ausgekippt. Wie ist meine Reaktion als Fachkraft? Was ist in meinem Gesicht zu lesen, wenn ich das Kind betrachte? Denke ich: »Schau mal, da sitzt der Paul im Chaos und lernt«? Oder denke ich: »Was hast du denn schon wieder gemacht?« Welche Subbotschaft kommt beim Kind an? Es geht nicht nur darum, dass das Kind willkommen ist, sondern darum, dass es sich herzlich willkommen fühlt.

Wenn ich davon ausgehe, dass jeder Mensch sein Bestes tut, dann komme ich weg vom Vorwurf. Wenn wir anerkennen, dass jeder Mensch sein Bestes tut, dann erwarten wir nicht: »Du hättest dich auch anders verhalten können.« Der Vorwurf bringt uns nicht weiter, im Gegenteil, er macht das Kind verkehrt.

Wir müssen auch die Verantwortung für die Stimmung zwischen uns übernehmen und die Verantwortung dafür, wenn etwas nicht so gut gelungen ist. Es ist eine gute Idee, dass wir uns dann entschuldigen und sagen: »Es tut mir leid, ich hab' dich angeschrien, das wollte ich nicht. Ich habe nicht gemerkt, dass ich eine Pause gebraucht hätte.«

Was sind aus Ihrer Sicht die drei wichtigsten Achtsamkeiten von Erwachsenen in Konflikten mit Kindern?

Konflikte sind auch Beziehung, eine intensivere Beziehung. Es gibt drei wichtige Achtsamkeiten. Das Ich, das Du und das Wir. Wenn ich zunächst das Ich anschaue, ist es wichtig, in einem guten Kontakt zu mir und mit meiner Innenwelt zu sein. Was brauche ich? Was will ich? Was will ich nicht? Was lasse ich zu, was nicht? Dieser Kontakt ist die Voraussetzung dafür, dass ich überhaupt in den Kontakt mit anderen Menschen gehen kann. Häufig geschieht es in Stresssituationen, dass dieses Band zu mir immer dünner wird oder sogar reißt, und dann sind wir auf Autopilot unterwegs und sagen die Sachen, die wir in unserer eigenen Kindheit abgespeichert haben. Die Achtsamkeit für das eigene Ich zu entwickeln und auch in Stresssituationen zu halten, ist aus meiner Sicht eine der wichtigsten Aufgaben. Für mich persönlich ist es so, dass ich gelernt habe, über den Atem zu spüren, wenn ich den Kontakt zu mir verliere. Er wird dann flacher und angespannter. Dann heißt es: stoppen, aussteigen, hinspüren, mich wieder neu mit mir verbinden. Die zweite Achtsamkeit ist das Du. Es geht darum, sich dem anderen Menschen zuzuwenden und sich zu fragen: »Wer bist du jetzt in diesem Moment?« »Was brauchst und willst du?« Wenn ein Kind zum Beispiel sagt: »Du schreist mich immer an«, sagen Erwachsene zuweilen: »Das ist gar nicht wahr.« Doch, es ist ja die Erlebniswelt des Kindes und das Kind empfindet es so. Wenn ich einen Kontakt möchte, dann ist es wichtig, dass ich mich für diese Welt interessiere. Es geht nicht um wahr oder unwahr oder richtig oder falsch, die Wirklichkeit des Kindes ist für das Kind real. Da geraten wir leicht in Diskussionen mit Kindern (ich schreie dich gar nicht immer an), doch für das Kind, das im Hier und Jetzt ist, ist das die Momentaufnahme.

Gleichwürdigkeit an dieser Stelle meint: Meine Anschauung und mein Empfinden hat genau den gleichen Wert. Wenn ich diese gleichwürdige Basis habe mit dem Ich und dem Du, dann entwickle ich daraus das Wir. Was bedeutet die Unterschiedlichkeit? Wie wollen wir damit umgehen? Wie können gemeinsame Wege und Lösungen aussehen, die beide Bedürfnisse und Wünsche berücksichtigen? Wenn wir eine gleichwürdige Resonanzbeziehung haben, ist das der Beginn eines gemeinsamen Weges. Insbesondere bei jüngeren Kindern gibt es eventuell keine für alle befriedigende Lösung. An dieser Stelle sind die Erwachsenen in der Verantwortung, zu schauen: Wie gehe ich damit um, zum Beispiel wenn das Kind die Bauecke nicht aufräumt oder wenn das Kind nein sagt?

Mit welchen persönlichen und fachlichen Herausforderungen haben es pädagogische Fachkräfte Ihrer Einschätzung nach im Kita-Alltag am häufigsten zu tun?

Ich erlebe oft, dass pädagogische Fachkräfte viel zu viel leisten sollen. Auf der einen Seite eine gute pädagogische Arbeit mit den Kindern, die Zusammenarbeit mit den Eltern, Gruppenprozesse gestalten, ebenso die Teamprozesse mit den Absprachen. Und was noch »on top« kommt, ist zu viel. Herausfordernd ist zum Beispiel die Arbeit in der Gruppe mit den herausgeforderten Kindern. Pädagogische Fachkräfte sind ja empathisch. Sie sehen, dass die Kinder leiden, und ihren Schmerz erleben sie mit und können diesen manchmal auch schlecht aushalten. Zum Beispiel sieht eine Fachkraft, dass ein Kind erschöpft ist und eigentlich zu Hause sein möchte, was aber nicht geht, weil es noch bis Nachmittags in der Kita bleiben muss. Ich habe von Fachkräften gehört, dass sie lieber Durst aushalten als auf die Toilette zu gehen, weil das nicht in den Ablauf passt. Oft steckt bei Fachkräften auch das alte Bild aus der »Gehorsamskultur« dahinter: »Darf ich das?« »Darf ich gut für mich sorgen und an mich denken?« Und die Angst davor, die Aufsichtspflicht zu verletzen, ist leider auch allgegenwärtig. Für Fachkräfte ist es wichtig, auf die eigenen Bedürfnisse zu hören. Hilfreich wäre mehr Selbstfürsorge und Selbstwirksamkeit. Gut für sich zu sorgen, ins Handeln zu kommen, für die eigenen Anliegen einzustehen. Fachkräfte sind so wichtig für die Entwicklung der Kinder. Und genau so wichtig ist es, dass es auch den Fachkräften gut geht. Das ist die Basis einer gleichwürdigen Gemeinschaft.

Dr. Nicole Wilhelm ist Familienberaterin und familylab-Lehrtrainerin. Sie begleitet seit 25 Jahren Eltern und Fachkräfte bei ihren Entwicklungsprozessen.

2.3 Entwicklungsbedingungen von Kindern

Anhand verschiedener Beispiele soll im Folgenden aufgezeigt werden: Wenn pädagogische Fachkräfte die entwicklungspsychologischen Gegebenheiten als Fachwissen und Grundlage ihres Handelns nicht verfügbar haben und abrufen können, kann das dazu führen, dass sie Kinder in Situationen bringen, in denen sie im Sinne von Nicole Wilhelm »herausgefordert« sind. Damit zeigen sie: Ich wurde gerade gestört! Ich wurde gerade nicht verstanden oder nicht »gesehen«. Mit dem herausfordernden Verhalten spiegeln sie uns, dass etwas nicht stimmig ist.

Praxisbeispiel: »Stör mich nicht in meinem Tun!«

Mian, zwei Jahre alt, nimmt sich den Regenschirm von der fünfjährigen Luana, den sie an ihre Garderobe gehängt hat. Er untersucht fasziniert den Knopf, mit dem man ihn öffnen kann, und testet immer wieder, ob er ihn so fest drücken kann, dass sich der Schirm öffnet. Ein paar Mal gelingt es ihm, er schließt ihn wieder und öffnet ihn erneut und ein Lächeln geht über sein Gesicht. Er ist vertieft in sein Tun und lässt sich durch nichts stören. Kindheitspädagogin Corinna bittet die Kinder, sich anzuziehen, da der Ausflug in den Wald bevorsteht. Sie sagt zu ihm: »Mian, du wolltest mit in den Wald und wir haben nicht mehr viel Zeit, gleich gehen wir los. Du weißt doch, dass wir uns immer schnell anziehen müssen am Waldtag. Ziehst du jetzt bitte die Matschhose an, du willst doch nicht, dass die anderen wegen dir warten müssen, das fändest du sicher auch blöd.« Mian dreht sich weg und erkundet weiter den Schirm. Als Corinna zu ihm geht, schubst er sie weg.

In diesen Sätzen von Corinna stecken drei Annahmen über Fähigkeiten und Fertigkeiten, die aufgrund Mians Alters noch nicht erwartet werden können und wahrscheinlich noch in den Kinderschuhen stecken. Zunächst sei in den Blick genommen, über welche Kompetenzen Mian verfügt und was alles in diese Situation hineinspielt: Er folgt seinem inneren Forscherdrang und erkundet mit Neugier und ihm angeborener intrinsischer Motivation den Regenschirm. Er probiert sich in seiner Kraftdosierung und zeigt viel Engagement dabei, den Regenschirm zu schließen und zu öffnen. Er ist kompetent darin, in diesem Moment für sich zu sorgen, er tut das, was sein Bedürfnis ist: Explorieren mit dem Schirm, das ist seine »Arbeit«, sein Experiment, bei dem er seiner Neugier Ausdruck verleiht. Er hat sich eine Aufgabe gestellt und macht Selbstwirksamkeitserfahrungen. Dabei werden in seinem Gehirn diverse Areale aktiviert, die diese Erfahrung nachhaltig verankern. Er erfährt zum Beispiel: So fest muss ich drücken, damit sich der Schirm öffnet, ich muss gleichzeitig mit meinen Augen und meinen Händen arbeiten und Kraft dosieren. Dabei muss ich sitzen, damit ich genug Platz habe und der offene Schirm nicht irgendjemanden stört. So weit muss ich den Arm strecken, damit ich den Schirm wieder schließen kann. Mein ganzer Körper wird kurz bewegt, wenn der Schirm abrupt aufgeht, zum Zumachen muss ich wieder viel Kraft aufwenden … Mian ist so ausgefüllt von seiner Tätigkeit, dass ihn im Moment nicht interessiert, was die anderen machen. Der Zeitplan, den andere setzen, stört ihn in diesem Augenblick.

Was tut Corinna und wovon geht sie aus? Indem sie so handelt, setzt sie Entwicklungsschritte voraus, die sich noch nicht vollzogen haben beziehungsweise sich noch in der Ausdifferenzierung befinden. Sie benutzt das Wort »gleich«. Für junge Kinder ist »gleich« eine unbestimmte Zeitangabe. Kinder denken nicht in Uhrzeiten. Mian ist vertieft in sein Tun. Er ist im »Flow«, einem Zustand, in dem eine Person eine Handlung intensiv erlebt und sich so auf diese Tätigkeit konzentriert, dass Handlung und Bewusstsein zu verschmelzen scheinen. Die Person nimmt die Umwelt nicht mehr bewusst wahr, sondern geht in ihrer Tätigkeit auf (vgl. Vollmer, 2012, S. 80). Wenn man zu jungen Kindern sagt »gleich passiert das« oder »in ein paar Minuten machen wir das« oder »warte kurz« oder »nicht mehr lang«, ist das eine Zeitangabe, die wenig greifbar ist. Wenn wir sie auf einen zeitlichen Ablauf vorbereiten wollen, ist es notwendig, Handlungsketten zu benennen, um zu erklären, wann etwas dran ist.

Ein anderes Thema ist die Fähigkeit, wichtige Bedürfnisse oder Wünsche für eine gewisse Zeit aufschieben und die damit einhergehenden Gefühle aushalten zu können. Das können Kinder dann umso eher, wenn damit ein eigenes Interesse verbunden ist, was nur auf diese Weise verwirklicht werden kann. Mians Wunsch, den Regenschirm zu erkunden, ist im Moment stärker als der Wunsch, mit der Gruppe in den Wald zu gehen. Rausgehen ist gerade nicht seine Priorität Nummer eins. Den Protest darüber, in diesem für ihn wichtigen Prozess gestört zu werden, zeigt er körpersprachlich, indem er sich wegdreht und Corinna wegschubst. Auf diese Art sorgt er für sich.

Indem Corinna die Formulierung »Du weißt doch, dass wir uns immer schnell anziehen müssen am Waldtag« benutzt, geht sie eventuell davon aus, dass Mian in der Lage ist, eine bestehende Regel abzurufen. Je nach Regel und je nach Alter eines Kindes ist dies jedoch noch nicht vollumfänglich möglich. *Regelbewusstsein* hängt eng mit diversen kognitiven Kompetenzen zusammen, der Fähigkeit der Perspektivenübernahme, mit moralischem Denken und Handeln aber auch der Entwicklung von Wiederholungsstrategien und dem Abrufen von bestimmten Wissen. Dies alles muss in Handlungen umgesetzt werden. Bei einem zweijährigen Kind befindet sich vieles davon noch in der Entwicklung und es zeigt uns einfach mit einem Ausdruck von Verweigerung, Frust, Abkehr oder Abwehr, dass es gerade nicht einverstanden ist. In der beschriebenen Situation behindert die Regel, die die Erwachsenen gesetzt haben (alle müssen in den Wald), den Forscherdrang von Mian. Er wurde nicht gefragt, ob er raus möchte.

Indem Corinna sagt: »Du willst doch nicht, dass die anderen warten, das fändest du sicher auch blöd«, geht sie davon aus, dass Mian schon den Entwicklungsschritt der emotionalen und kognitiven Perspektivenübernahme vollzogen hat. Dieser Meilenstein in der emotional-sozialen Entwicklung, auch

»Theory of Mind« genannt, differenziert sich jedoch im vierten bis fünften Lebensjahr aus. Es handelt sich um einen deutlichen Entwicklungssprung, das Kind kann sich immer besser von seinem eigenen Wissensstand lösen *(kognitive Perspektivenübernahme)* und die geistige Perspektive eines anderen einnehmen. Es geht nicht mehr automatisch davon aus, dass die andere Person dasselbe denkt wie es selbst, sondern diese Person eine eigene Sicht der Dinge hat, aus der heraus sie eine Situation anders als man selbst beurteilt. Eine andere Form des Sich-Hineinversetzens ist die *emotionale Perspektivenübernahme,* bei der es um das Verstehen der Gefühlswelt des Gegenübers geht. Was fühlt die oder der andere aufgrund der Situation, in der sie oder er sich gerade befindet? Diese Gefühle werden jedoch nicht in dem Moment nachempfunden, sondern gedanklich erschlossen. Wenn ein vierjähriges Kind also ein anderes Kind sieht, was hingefallen ist und weint, kann es sich gedanklich erschließen, dass es Schmerzen haben muss und könnte sagen: »Das hat ihm weh getan, jetzt ist es vielleicht traurig.« Diese Fähigkeit nimmt zwischen dem dritten und sechsten Lebensjahr zu, denn jetzt findet die Differenzierung von Emotionen und den jeweiligen Auslösebedingungen statt (vgl. Bensel/Haug-Schnabel, 2017, S. 115 ff.).

Mian ist zwei Jahre alt. Für ihn ist es in dieser Situation überhaupt nicht relevant, sich in andere Kinder hineinzuversetzen, denn er exploriert mit dem Regenschirm. Er kann mit dieser Aussage auch deswegen nichts anfangen, da er nicht in einer Interaktion mit den von der Pädagogin zitierten Kinder ist, sondern ganz allein für sich den Schirm erkundet.

Auf emotionaler Ebene (als Beziehungsbotschaft) könnte bei Mian indirekt ankommen: »Das, was ich tue, scheint nicht wichtig zu sein. Mein Wunsch, den Schirm zu erkunden, wird übersehen oder nicht gut geheißen. Ich werde nicht darin verstanden, was mir gerade wichtig ist. Ich scheine etwas falsch zu machen, die Gruppe ist wichtiger, als mein Individualinteresse …«

Natürlich lassen sich »Meilensteine« in der Entwicklung von Kindern beschreiben. Fest steht jedoch, dass Entwicklung eine höchst individuelle Angelegenheit ist, die unter anderem von den Anlagen des Kindes und den Umwelt- und Umgebungsbedingungen abhängt, auf die es trifft, und der gegenseitigen Beeinflussung von beiden.

Entwicklung kann durch viele weitere Faktoren beeinflusst werden, wie auch in folgendem Beispiel aufgezeigt wird.

Praxisbeispiel: »Das hätte ich allein gekonnt!«

Aischa sitzt an ihrem Garderobenplatz. Die Vierjährige hat heute ihre neuen Schuhe mit den roten Schnürsenkeln dabei. Sie zeigt sie stolz ihrer Freundin Rebecca, die neben ihr sitzt, und sagt: »Damit kann ich auch gut klettern, das hab ich schon probiert. Wir können gleich draußen im Garten auf das Baumhaus gehen.« Erzieher Steffen läuft in der Garderobe hin und her und assistiert hier und da Kindern, die sich umziehen. Als er bei den beiden Mädchen ankommt, bindet er, ohne zu fragen, Aischa die Schleifen an den Schuhen. Aischa protestiert und sagt: »*Ich* will das machen!« Steffen antwortet: »Du kannst doch noch gar nicht so gut Schleife binden, gestern sollte ich dir nach einer Weile doch auch helfen. Schau, jetzt kannst du schneller raus und länger draußen sein.«

Die Mimik von Aischa drückt Enttäuschung und Frust aus. Als Rebecca ruft: »Kommst du, Aischa? Ich will mit dir ins Baumhaus«, geht sie langsam und zögerlich zur Tür, die ins Außengelände führt.

Abbildung 5: Aischas neue Schuhe

In diesem Praxisbeispiel hat Steffen Entwicklung verhindert. Indem er Aischa das Binden der Schnürsenkel abgenommen hat, zudem noch ohne zu fragen, hat er Aischa einer Chance beraubt, diesen hochkomplexen Vorgang üben zu können. Dabei wären es für Aischa optimale Bedingungen für diesen Bildungsprozess gewesen, da sie intrinsisch motiviert und emotional beteiligt war (voller Freude und Stolz auf die neuen Schuhe). Mit ihrer Mimik und dem zögerlichen Gang drückt sie ihre Enttäuschung und die mögliche Integritätsverletzung aus. Natürlich hat Steffen nicht aus böser Absicht so gehandelt. Ein genaues Beobachten von Aischa oder zumindest eine Frage, ob sie Unterstützung braucht, hätten ihm geholfen, einen responsiven Umgang mit dieser Situation zu finden. Er hatte aus seiner Sicht sicherlich gute Gründe, so zu handeln und in die Autonomisierung des Entwicklungsprozesses von Aischa einzugreifen. Er dachte vielleicht, dass er ihr einen Gefallen tut, indem er ihr das Binden der Schuhe abnimmt, weil sie ja dann länger draußen bleiben könne. Beschämend ist für Aischa natürlich der Satz: »Du kannst doch gar nicht so gut Schleife binden, gestern musste ich dir auch nach einer Weile helfen.« Die Botschaft dahinter ist klar: Du bist noch klein, du kannst das nicht. Das ist zu schwer für dich, ich muss dir helfen. In Aischa kann dadurch der Glaubenssatz »Ich kann das nicht, ich brauche Hilfe« verstärkt werden, was wiederum in ihr Selbstbild integriert werden könnte. Wünschenswert wäre, Sätze und Botschaften zu nutzen, die auf die Kräfte des Kindes bauen und seine Kompetenzen in den Fokus stellen.

Praxisbeispiel: »Komm, wir rennen schnell zum Klo!«

Muli (2,5 Jahre alt), Keylee (2,3 Jahre alt) und Matti (2,7 Jahre alt) sind eifrig dabei, die Rutsche hochzuklettern und wieder herunterzurutschen. Plötzlich hält Matti inne und macht X-Beine. Erzieherin Sandra beobachtet ihn. »Musst du Pipi machen, Matti?«, fragt sie ihn. »Komm, wir laufen schnell rein, dann kannst du auf die Toilette gehen.« Matti nimmt Sandras Hand, die sie ihm angeboten hat, und beide laufen los. Er lacht dabei.

In diesem Fall ist es Mattis Erzieherin Sandra gelungen, einen wichtigen Entwicklungsschritt (seine Körperempfindung »ich spüre Harndrang«) unmittelbar beobachten zu können, ihn zu benennen und Matti zu bestärken. Sie signalisiert ihm mit ihrer Reaktion: Was da passiert, ist wichtig. Damit kann Matti noch einmal in sich hineinspüren und bekommt Worte für das, was gerade passiert ist. Darüber, dass ihm signalisiert wird, dass es toll ist, wenn er merkt, dass Urin oder Kot kommt, unterstützt Sandra ihn, dieses Geschehen weiter aufmerksam zu beobachten und den Zusammenhang zwischen den Körperwahrnehmungen (Harndrang/Stuhldrang), den Worten dazu und der Handlung, die darauf folgt, herzustellen. Über das positive Feedback von Sandra, die Matti als Person wichtig ist, bekommt die Situation eine Bedeutung.

Dieses responsive und fachliche Vorgehen unterstützt ihn auf dem Weg zu seiner Ausscheidungsautonomie.

In diesen Beispielen ist gut zu erkennen, dass es für Fachkräfte notwendig ist, sich mit theoretischem Wissen über die Entwicklungsschritte von Kindern auseinanderzusetzen und dies im Hinterkopf zu behalten. In der Praxis ist es jedoch viel wichtiger, im Dialog mit dem Kind herauszufinden, was das Kind möchte, was es braucht und in wie weit es die Unterstützung von der Fachkraft einfordert.

2.4 Rahmenbedingungen für Kinder

Stress im Gehirn

Stress kann unser Gehirn und unseren gesamten Organismus schädigen, das ist hinlänglich bekannt. Verschiedene Forschungsergebnisse zeigen, dass Stress im Kita-Alltag bei Kindern und Fachkräften bestimmte Verhaltensweisen begünstigen kann (vgl. Boll/Remsperger-Kehm, 2021, S. 8). Der pädagogische Alltag sollte so stressfrei wie möglich gestaltet werden und es benötigt Rahmenbedingungen, in denen das Wohlbefinden des Kindes und der pädagogischen Fachkräfte zur Grundlage des Miteinanders werden.

Sowohl die Kinder als auch wir Erwachsenen geraten im Alltag immer wieder in Stress. Nicht selten resultieren daraus Verhaltensweisen, die in der anschließenden Reflexion als unangemessen und unprofessionell analysiert werden können.

Praxisbeispiel: im Stressmodus

Fachkraft Claudia ist allein in der Garderobe mit zehn Kindern und muss diesen in unterschiedlicher Intensität beim An- und Umziehen assistieren. Während einige Kinder sich schon selbständig ankleiden, brauchen andere ihre Unterstützung. Ein Kind braucht noch eine neue Windel und wieder ein anderes steht vor der Fotowand und betrachtet die Fotos vom letzten Waldausflug. Claudia spürt, wie ihr Herzschlag sich erhöht und ihr Atem schneller geht. Sie hört, dass es immer lauter wird, und empfindet die Situation als ein einziges Chaos. Als Kilian anfängt, durch den Flur zu rennen, sagt sie in barschem Tonfall zu ihm: »Zieh dich jetzt endlich an und hör sofort auf, hier rumzurennen, verdammt noch mal!« Kilian zuckt kurz zusammen, geht Richtung Garderobe, nimmt seinen Rucksack vom Haken und schmeißt ihn an die Wand. Er zeigt durch seine Körpersprache die eben erlebte Integritätsverletzung deutlich.

Für unser Verständnis ist es hilfreich, sich die Funktionsweise des Gehirns unter Einfluss von Stress auch in der Hinsicht vor Augen zu führen, dass wir unser Handeln in dieser Situation auch vor diesem Hintergrund einordnen können.

> »Unser Gehirn besteht, *grob vereinfacht,* aus drei wesentlichen Teilen, die im Wechselspiel miteinander stehen: das ›Stress-Hirn‹ (auch sensorisches- oder Reptiliengehirn genannt), das ›Gefühls-Hirn‹ (auch emotionales oder Säugetier-Hirn genannt) und das ›Denk-Hirn‹ (auch Stirn- oder Professorengehirn genannt).« (Cantzler, 2023, S. 14)

Das Stress-Hirn ist der älteste Teil unseres Gehirns, der die vitalen Funktionen steuert, wie beispielsweise die Atmung, den Herzschlag oder die Reflexe. Diese Vorgänge laufen automatisiert ab. Das Stress-Hirn ist dafür zuständig, dass wir in Gefahrensituationen automatisiert mit Flucht oder Angriff reagieren, was in der Menschheitsgeschichte das Überleben gesichert hat.

Das Gefühls-Hirn, in dem das limbische System enthalten ist, ist für die Erinnerung des Menschen und für die Emotionen bedeutsam. Die Amygdala, ein Teil des limbischen Systems, ist für die emotionale Reaktion in stressigen Situationen zuständig. Sie ist das »Alarmsystem« des Körpers und reagiert vor allem bei Gefahr und traumatischen Erlebnissen. Dies geschieht auf der Basis von bereits gemachten Erfahrungen und den Reaktionen darauf. Das Gefühls-Hirn kommuniziert im Bruchteil einer Sekunde mit dem Stress-Hirn und leitet damit eine »Überlebensreaktion« ein. Diese kann zum Beispiel im Modus »Flucht« (ich renne weg, verlasse die Situation) oder »Angriff« (ich gehe in den Kampfmodus, werde aggressiv, auch in Verhalten und Sprache und Stimme) geschehen. Ein dritter Modus ist möglich: »tot stellen/erstarren«. Das könnte bedeuten, dass die oder der Betroffene handlungsunfähig wird (»ich werde ohnmächtig«). Dieser Zustand setzt ein, wenn jemand in eine scheinbar ausweglose Situation gerät, die als besonders bedrohlich und angstmachend erlebt wird. Auch der Hippocampus gehört zum limbischen System. Er ist für das Abspeichern, Sortieren und Archivieren von sämtlichen Erfahrungen in den verschiedenen Hirnteilen zuständig, sodass Erinnerungen an bestimmte Erlebnisse möglich sind. Dauerhafter Stress lässt den Hippocampus schrumpfen, was wiederum Auswirkungen auf die Lernfähigkeit von Kindern haben kann. Das Denk-Hirn ist die äußere Schicht des Gehirns und ist im Wesentlichen für die Entwicklung von Sprache, abstraktem Denken, Vorstellungsvermögen und Bewusstsein zuständig. Es entwickelt sich über viele Jahre hinweg und wird immer weiter differenziert. Impulskontrolle und Selbstregulation werden hier gesteuert. Sie entwickeln sich in den ersten Lebensjahren durch Vorbilder und Erfahrungen mit anderen Kindern und Erwachsenen (vgl. Cantzler, 2023, S. 14–16).

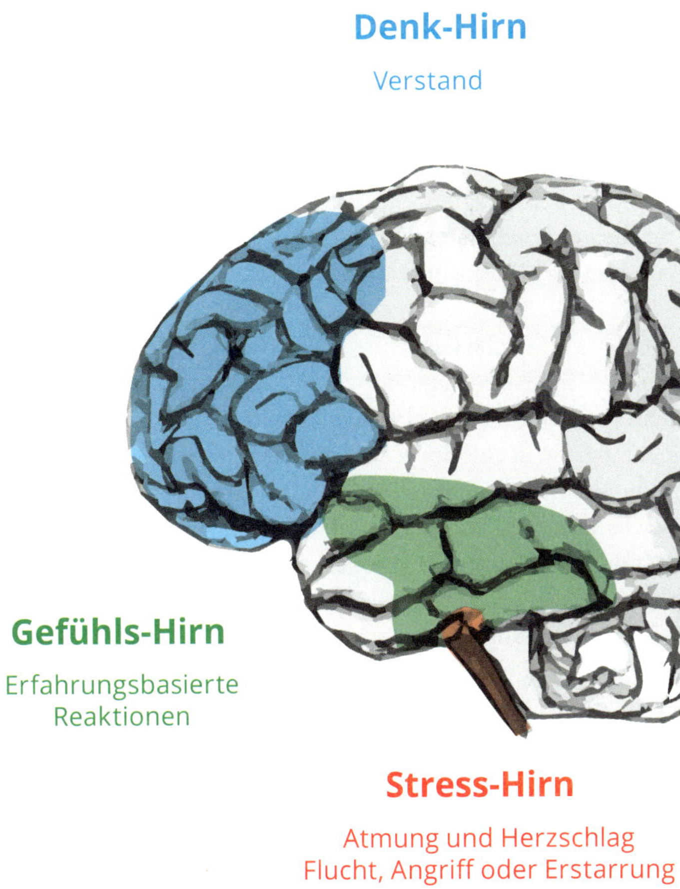

Abbildung 6: Drei wichtige Teile unseres Gehirns

Wenn wir uns im »Stress-Modus« befinden, sind das Stress-Hirn und das Gefühls-Hirn aktiv. In dieser Verfassung ist es uns nur schwer möglich, auf die Ebene des Denk-Hirns zurückzugreifen. Die Fachkraft Claudia aus dem Beispiel in der Garderobe hat in dieser Situation ein aktiviertes Gefühls- und Stress-Hirn (»ich bin überfordert und das ist mir hier echt zu viel und nervt mich«). Sie reagiert im Modus »Angriff«, indem sie Kilian barsch zurechtweist. Sie hat in diesem Moment keinen Zugriff auf ihr Denk-Hirn, also auf ihre »Ratio« und auf ihre Impulskontrolle, die ihr sagen würde: »Das ist kein Verhalten, wie du es Kindern gegenüber haben möchtest, das ist weder gleichwürdig noch professionell.«

Das zu verstehen, kann helfen, um verzeihlich mit sich selbst zu sein (»Ach ja, jetzt war ich wieder im Reptiliengehirn vor lauter Stress«). Es sollte jedoch nie als Rechtfertigung für bestimmtes Verhalten dienen. Hilfreich kann es sein, wenn sich ein Team mit der Thematik beschäftigt und sich zum Beispiel eine Art »Codewort« überlegt, mit dem sich die Kolleg:innen gegenseitig in solchen Situationen unterstützen können. So könnte eine Kollegin von Claudia, die die Situation mitbekommt, zum Beispiel zu ihr sagen: »Kann es sein, das du gerade aus dem Reptiliengehirn heraus agierst? Magst du mal deine Jacke holen, ich kann gern hier für dich übernehmen.« Damit hat sie sowohl Claudia als auch Kilian geschützt und im Sinne des Kinderschutzes professionell agiert.

Was bedeutet das für das kindliche Gehirn?

Da die vollständige Gehirnreife erst mit circa 21 Jahren vollzogen ist, befindet sich vor allem das Denk-Hirn noch in der Entwicklung. Das bedeutet, es ist für Kinder nicht möglich, in emotional aufgeladenen, stressigen Situationen die Fähigkeit der Impulskontrolle und Selbstregulation zu beherrschen und Zugang zu ihrem Bewusstsein und zur Kognition zu haben. So ist es sehr wahrscheinlich, dass Kinder in stressigen Situationen im Gefühls- und Stress-Hirn unterwegs sind und entsprechend reagieren. Kilian zeigt dies, indem er auf den Stress durch die Zurechtweisung so reagiert, dass er seinen Rucksack an die Wand schmeißt. Hierbei ist er im »Angriffs-Modus«(im Fluchtmodus hätte er sich vielleicht versteckt oder wäre weggerannt, im Erstarrungsmodus wäre er verstummt und hätte sich vielleicht apathisch hingesetzt), um seine Spannung abzubauen. Er hat für sein Verhalten aus seiner Sicht gute Gründe. Vielleicht war er schon vorher im Stress. Vielleicht war es ihm gerade zu wuselig, zu laut, zu eng, vielleicht fühlte er sich überfordert, vielleicht hätte er eine engere Begleitung von seiner Erzieherin gebraucht, vielleicht wollte er eigentlich gar nicht raus oder er hatte einfach einen großen Bewegungsdrang.

Es braucht Erwachsene, die Kindern in diesem Moment nicht auf der Ebene des Denk-Hirns begegnen, sondern auf der Gefühls-Hirn-Ebene.

Wie könnte dies im Fall von Claudia aussehen?

Wenn Claudia Kilian auf der Denk-Hirn-Ebene begegnen würde, würde sie Formulierungen benutzen wie: »Warum hast du …?« »Du weißt doch, dass …« »Weshalb, wieso …?«

Diese Sätze verlangen eine rationale Antwort, die uns zeigt, dass das Kind verstanden hat, dass es bestimmte Dinge nicht tun soll, oder die erklärt, warum es bestimmte Dinge getan hat. Auf diese Fragen werden wir wahrscheinlich keine Antwort erhalten. Wenn Claudia jedoch auf der Gefühls-

Hirn-Ebene in eine gleichwürdige Resonanzbeziehung geht, könnte sie sagen: »Das ist ganz schön laut und viel für dich Kilian, ich sehe es. Du fühlst dich grad gar nicht wohl, kann das sein? Du hast es gezeigt, als du deinen Rucksack geworfen hast. Möchtest du einen Platz für dich haben, wo du mehr Ruhe hast? Schau mal da vorne, beim Gummistiefelregal könntest du sitzen, das war doch gestern auch eine gute Idee für dich. Und wenn ich Finja zu Ende geholfen habe, dann komme ich zu dir.« In diesem Moment hätte Claudia Kilians mögliche Gefühle und Bedürfnisse benannt und gleichzeitig eine Lösungsmöglichkeit aufgezeigt, sodass bei ihm Entspannung stattfinden kann.

Da auch Rahmenbedingungen, wie zum Beispiel der Tagesablauf oder die räumliche Gestaltung der Garderobe, Einfluss auf das Stressempfinden von Kindern haben, ist es für ein Team wichtig, sich auf struktureller Ebene mit der Garderobensituation auseinanderzusetzen und unter fachlichen Aspekten über stressreduzierende Pädagogik zu diskutieren. Dazu gehört, nicht mit allen Kindern gleichzeitig in die Garderobe zu gehen, sondern kleine Gruppierungen zu wählen und, wenn möglich, einen »gleitenden Übergang« zu gestalten.

Die Garderobensituation gehört mit zu den stressigsten Schlüsselsituationen im Kita-Alltag und Fachkräfte geraten häufig in Situationen, in denen ihr Stress-Hirn und der »Angriffs-Modus« aktiviert werden, was sich in folgenden Verhaltensweisen äußern kann: mehr Anweisungen, Aufforderungen, Ermahnungen, Verbote, lautere Stimme, Genervtheit, gröbere und forderndere Gesten, hektischere Körpersprache.

Literaturtipps zum Thema »Garderobe«

TPS Praxismappe: Treffpunkt Garderobe, 1/2022.

TPS Fachzeitschrift: Garderobe. Vom Ankommen und Weitergehen, 2/2022.

Gutknecht, D./Kramer, M. (2018): Mikrotransitionen in der Kinderkrippe. Übergänge im Tagesablauf achtsam gestalten. Freiburg.

Unterscheidung von positivem und negativem Stress

Eustress ist »positiver Stress«. Die Betroffenen nehmen ihre Stresssituation als eine Herausforderung wahr, die sie bewältigen können und sogar spannend finden. Dadurch steigen ihre Motivation und ihr Engagement.

Distress ist »negativer Stress«. Die Betroffenen sehen die Stresssituation als Hindernis und fühlen sich überfordert. Ihre Motivation und ihr Engagement sinken.

Eine wesentliche Aufgabe von pädagogischen Fachkräften ist es, negative Stressfaktoren für Kinder möglichst zu vermeiden. Erleben Kinder negativen Stress, werden die Hormone Adrenalin und Cortisol ausgeschüttet und das stellt in körperlicher und seelischer Hinsicht ein gesundheitliches Risiko dar. Die Ausschüttung der Hormone führt zu zwei körperlichen Reaktionen. Adrenalin sorgt dafür, dass das Blut in die Gliedmaßen kommt und setzt damit die Denkfähigkeit und Kreativität herab. Cortisol greift in die neuronalen Netzwerke ein und vermindert die synaptischen Entwicklungen. Da beide Hormone Zeit brauchen (mindestens zwanzig Minuten), um im Körper wieder abgebaut zu werden, wird ein aktives Denken und Lernen für diesen Zeitraum sehr eingeschränkt (vgl. Brisch, 2013). Darüber hinaus führt Stress auch zu Spannungsaufbau. Kinder können angespannt, ungeduldig und bei sehr starkem Stress auch »aggressiv« reagieren, beispielsweise mit lautem Schreien. Dabei ist die gelebte »Aggression« erst einmal positiv zu bewerten, denn das Kind hat ein für sich hilfreiches Handeln zum Spannungsabbau gefunden.

Da Kinder, die laut werden, häufiger auffallen, als Kinder, die sich stressbedingt zurückziehen und manchmal auch ganz still werden, ist es wichtig, das Augenmerk gleichmäßig auf die lauten und stillen Kinder zu richten. Für die Fachkraft gilt, die Körpersprache der Kinder in Bezug auf Anspannung als Reaktion auf Stress zu beobachten und die körperlichen Feinzeichen wahrzunehmen. Dazu braucht es eine regelmäßige Beobachtung der Kinder, um zu lernen, wie sich Stress bei den einzelnen Kindern im Körperausdruck zeigt.

Pädagogische Pause

Die Beobachtung der Kinder kann als eine »pädagogische Pause« bezeichnet werden. Dazu setzt sich die Fachkraft bequem in ihren Raum und betrachtet jedes einzelne Kind. Dabei fragt sie sich, wie es dem einzelnen Kind wohl geht und wie es sich im Moment fühlen könnte. Hat sie den Eindruck, ein Kind ist in besonderer Weise angespannt oder wirkt angestrengt oder traurig (Gestik,

Mimik, Körpersprache), nimmt sie mit dem Kind vorsichtig Kontakt auf. Wichtig ist, dass sie sich dafür Zeit nimmt, denn es ergibt keinen Sinn, gestresste Kinder aus ihrem Tun zu reißen und sie damit noch mehr anzustrengen. Die Fachkraft setzt sich neben das Kind und wartet, ob es sich mit seiner Aufmerksamkeit der Fachkraft zuwendet. Dann formuliert sie ihre Beobachtung und fragt das Kind, ob es eine »Pause« möchte und was ihm gut tun könnte. Dabei können zwei Dinge passieren, die wichtig sind. Erstens: Das Kind lernt mit der Zeit, auf welche Signale es achten kann, damit es spürt, wann ihm eine Situation zu anstrengend wird. Zweitens: Das Kind lernt mit der Zeit, was ihm gut tut und was ein für es passendes »Entstressungsprogramm« sein kann.

Selbstverständlich sollte jedes Kind einen Platz für sich haben, den es aufsuchen kann, wenn es Ruhe oder Alleinsein oder auch Bewegung braucht. Gerade in Kindertageseinrichtungen, wo immer viel Betrieb herrscht und wenig Gelegenheiten gegeben sind, auch mal für sich zu sein. Für Kinder, die häufig herausgefordert sind, sollte das Team sich demnach zwei Fragen stellen: Haben die Kinder in unserem Alltag genug Gelegenheiten, sich Situationen selbständig so zu gestalten, dass sie ihren Bedürfnissen nach Rückzug und Ruhe oder Bewegung nachgehen können? Gibt es Kinder, die ihre eigenen Bedürfnisse noch zu wenig -oder auch zu spät - spüren, um sich rechtzeitig zurückzuziehen oder eben mit Bewegung Überspannung abbauen zu können?

Für diese Kinder kann es wichtig sein, rechtzeitig einen Hinweis darauf und passende »Entsressungsangebote« durch die Fachkräfte zu bekommen, damit sie nach und nach lernen, für sich selbst aufmerksamer zu sein. Das kann zum Beispiel ein Rückzugsraum sein, schaukeln oder auch einfach nur einmal durch den Garten rennen.

Gerade die Möglichkeit zur Bewegung oder zum Rückzug sollte allen Kindern immer zur Verfügung stehen oder angeboten werden. Wichtig ist, dass die Fachkraft ihre Formulierung sorgfältig wählt. Mit einem Entressungsangebot oder einer »Pause« von der aktuellen Situation meinen wir keinen sogenannten »Time-out«. Er stellt eine Form von Bestrafung dar und ist absolut unzulässig, da er das Kindeswohl gefährdet (vgl. Schneider, 2020). Mit »Pause« ist eine Zeit gemeint, in der das Kind in Begleitung und durch entsprechende Angebote für sich herausfinden kann, was ihm jetzt gut tun könnte.

Abbildung 7: Rückzugsmöglichkeiten in der Kita (Kita Astorhaus, Walldorf)

So unterschiedlich können Kinder zeigen, dass sie im Stress sind:

- Die Kinder verspüren eine innere und motorische Unruhe, die sich nach außen hin bemerkbar macht,
- sie zeigen psychosomatische Reaktionen wie zum Beispiel Bauchweh oder Kopfschmerzen,
- sie sind leicht reizbar,
- sie verhalten sich »aggressiv«,
- sie werden ängstlich,
- sie ziehen sich zurück,
- sie halten sich die Ohren oder Augen zu,
- sie sind müde und oft lustlos,
- sie sind nervös,
- sie haben Schlafstörungen und Einschlafschwierigkeiten,
- sie spüren keinen Appetit,
- sie können sich nicht so gut konzentrieren,
- sie haben Herzrasen,
- sie haben manchmal sogar Fieber als körperliche Reaktion auf den Stress,
- sie können depressive Stimmungen und Traurigkeit entwickeln.

Kinder geraten nicht nur in Not und sind gestresst, wenn sie in sozial-emotional aufgeladenen Situationen kein angemessenes Handeln von Fachkräften oder anderen Kindern erfahren, sondern auch durch Rahmenbedingungen, die ihnen nicht gerecht werden. Es ist also wichtig, nicht nur auf die Interaktion zwischen Fachkräften und Kindern zu schauen, sondern auch darauf, wie Räume, Tagesabläufe und Gruppenstrukturen gestaltet sind. Auch die Frage, wie die Kinder bei Entscheidungen miteinbezogen werden, wirkt sich darauf aus, ob die Kinder in Stresssituation geraten. Kindern, die viel Fremdbestimmung erfahren, ist es weniger gut möglich, auf die eigenen Wünsche und Bedürfnisse zu achten und diese zu befriedigen, was sie wiederum in Stress bringen kann.

Partizipation

Partizipation bedeutet auch, sich *gegen* etwas entscheiden und *nein* sagen zu können, sich – auch mit Körpersprache und minimalen Ausdruckszeichen – beschweren zu können. Partizipation ist ein Kinderrecht und beinhaltet das Recht auf Mitbestimmung, Selbstbestimmung, Teilhabe, Teilnahme, Mitwirkung, Einbeziehung, Einmischung und die Beteiligung an allen das Zusammenleben der Kinder betreffenden Entscheidungsprozessen, kurz: Einflussnahme. Und das bedeutet unter Umständen auch Verweigerung der Teilnahme.

Raumgestaltung

Der Raum wird nach Loris Malaguzzi, dem Mitbegründer der Reggio-Pädagogik, als »Dritter Erzieher« aufgewertet. Das bedeutet, es wird von einem Raum ausgegangen, den die Kinder als Ressource für ihre Bildungsinteressen und zur Befriedigung ihrer Grundbedürfnisse nach Kompetenz, Autonomie und Verbundenheit nutzen können. Und der ihnen ebenso als Ruheraum wie als Erfahrungsraum für vielfältige Aktivitäten dient und kommunikationsfördernde soziale Begegnungen unterstützt. Kurz: Räume, die in ihrer Gesamtheit allen Wünschen und Bedürfnissen der Kinder im Rahmen des Kita-Alltags ein Angebot machen, ohne dass die Fachkraft hier zusätzlich eingreifen muss.

Der Fachkräftemangel bedingt unter anderem, dass die einzelne Fachkraft nicht mehr alles leisten kann, was sie vielleicht auch von sich selbst erwartet: Angebote gestalten, Streit schlichten, Morgenkreis durchführen, Wickeln, Essen, das Schlafen und Übergänge begleiten, die Ankommenszeit individuell gestalten, Bildungsprozesse der Kinder beobachten und dokumentieren und so weiter. Die Not des Personalmangels wird erst einmal bleiben und es heißt für alle im

Abbildung 8: Vielfältige Raumgestaltung (Kita Christkönig, Karlsruhe)

System Kita, zu schauen, wie die Situation mit den Kindern in hoher Qualität gestaltet werden kann. Aus unserer Sicht ist die Raumgestaltung hier der wichtigste Baustein, wenn wir Kita neu denken.

Das bedeutet für die Raumgestaltung: Gut gestaltete (Funktions-)Räume schaffen Strukturen, in denen Kinder allen Tätigkeiten und Erkundungen, die sie zur Zeit interessieren, nachgehen können. Dabei sind die Räume nicht ein für alle Mal fertig eingerichtet, sondern sie verändern sich stetig mit den Interessen und den Bedürfnissen der Kinder. So kann es sein, dass in einer Kita, in der viele besonders junge Kinder bis drei Jahre neu aufgenommen werden, gehäuft Orte und Plätze vorhanden sind, die sich gut eignen, um ausruhen, schlafen oder in einem geschützten Rahmen das Geschehen in der Gruppe beobachten zu können. Ein viertel Jahr später ist das Bedürfnis der Kinder nach Rückzug und Schlafen zwar immer noch da, jedoch sind die Momente, in denen diese Möglichkeiten in Anspruch genommen werden, seltener geworden. Dafür sind nun mehr Kinder daran interessiert, neue Bewegungsmuster zu erlernen. Manche beginnen, sich hochzuziehen, andere machen die ersten Schritte, einige

Kinder sind vielleicht schon daran interessiert, unterschiedliche Hindernisse zu überwinden. Für diese Kinder können niedrige Bewegungsinseln mit Podesten, Wellen und Treppen jetzt zur passenden Raumausstattung gehören. Um die aktuellen Interessen der Kinder gut einschätzen zu können, ist es notwendig, regelmäßig und systematisch zu beobachten. Denn nur, wenn die Fachkraft Gelegenheit bekommt, zu sehen und im Dialog mit den Kindern erfährt, was die Kinder tun (wollen), kann sie deren Interesse mit Material, Impulsfragen und einer entsprechenden Raumgestaltung unterstützen.

Systematische Beobachtung

Die systematische Beobachtung ist ein drei- bis fünfmal wöchentlich angewendetes Beobachtungsinstrument und ermöglicht den pädagogischen Fachkräften, die Kinder und ihre Interessen deutlich besser kennenzulernen, als dies in der Alltagsbeobachtung möglich ist. Dazu werden die eigenen Bezugskinder, manchmal auch »Portfoliokinder« genannt, systematisch, das bedeutet nacheinander und regelmäßig, beobachtet. Falls ein Team ohne Bezugskindersystem arbeitet, wird abgesprochen, wer welches Kind beobachtet. Die Fachkraft fängt beispielsweise am Montag mit Annalena an und am Dienstag beobachtet sie Bernd und so weiter. Sind alle Kinder einmal an der Reihe gewesen, dann beginnt sie wieder von vorn. Die Empfehlung lautet, ein Kind für etwa zehn Minuten in der Situation, in der es sich gerade befindet, zu beobachten.

Im offenen Konzept: Es kann sein, dass die Fachkraft dazu ihren Funktionsraum verlassen muss. Situativ entscheidet sie, ob sie die Kinder in dieser Zeit allein lassen kann oder ob sie ein:e Kolleg:in in diesen zehn Minuten vertritt. Wenn im Team für jede Fachkraft eine feste Zeit ausgemacht wird, kann es leichter sein. Die Fachkraft schreibt während der Beobachtung auf, was das Kind (mit wem) tut und was es sagt. Wichtig ist dabei, dass sie in ihren Notizen weder das Tun des Kindes interpretiert noch es bewertet. Das ist am Anfang nicht leicht, doch macht auch hier die Übung den/die Meister:in. Natürlich können im Anschluss an die Beobachtung die eigenen Gedanken und Gefühle der Notiz angefügt werden. Danach wird das Kind gefragt, ob es hören möchte, was die Fachkraft aufgeschrieben hat und ob es etwas ergänzen oder verbessern möchte. Bevor mit den systematischen Beobachtungen begonnen wird, sollten die Fachkräfte dies in einer Kinderkonferenz oder auf anderem Wege transparent machen. Die Kinder bekommen hierzu eine Erklärung, wozu beobachtet wird, und das Vorgehen wird erläutert. Wichtig ist, darüber zu sprechen, dass eine Fachkraft mit Stift und Block in der Hand gerade beobachtet und dies ein Zeichen für die Kinder für »jetzt gerade frage ich jemand anderes, wenn ich ein Anliegen habe« ist. Für Kinder ist es in der Regel schön, eine solch intensive

Aufmerksamkeit geschenkt zu bekommen, weil es ihr eigenes Tun aufwertet. Will ein Kind nicht, dass ihm jemand zuschaut, wird das respektiert. Nach und nach bekommen alle Kinder durch die dabei entstehenden Bildungs- und Lerngeschichten, Einträge in das Portfolio, Werkstattgespräche und so weiter ein Bild davon, warum die Beobachtungen für jedes Kind ein Gewinn sind. Dann kann das Kind, das erst einmal nicht beobachtet werden wollte, gefragt werden, ob es auch eine Beschreibung seines Tuns im Portfolio haben möchte.

Beobachtungen sind nur sinnvoll, wenn sie auch ausgewertet werden. Sie werden also einerseits aktuell genutzt, um die Interessen und Beziehungsgeflechte der Kinder zu erfahren, und andererseits, um die Räume und das Material diesbezüglich anzupassen. Aber auch, um im Team gemeinsam zu reflektieren, welche Lernstrategien Kinder haben. Sie können auch als Grundlage für eine Lerngeschichte genutzt werden.

Damit Kinder durch die Vielfalt an Material und Farben in den Räumen nicht überreizt werden, ist es hilfreich, genau zu schauen, wie viele unterschiedliche Formen und Farben von Körben, Schachteln und Kisten sinnvoll sind. Das ist natürlich abhängig von der sonstigen Raumgestaltung, zum Beispiel von der Vielfalt beim Bodenbelag, der Wand- und Deckenfarbgestaltung, den Holzverkleidungen, den Möbeln und den Fenstern und Lichtquellen. Es gibt die Empfehlung, möglichst viele einheitliche Kisten (am besten durchsichtig) oder Körbe oder andere offene Behälter für das Spiel- und Arbeitsmaterial zu benutzen. Auch, dass die Portfolios alle in derselben Grundfarbe, die Regale und Schränke aus demselben Holz und die Teppiche einfarbig sein sollten. Ziel ist es, klare Strukturen und überschaubare Räume für die Kinder zu schaffen. Doch statt darüber zu debattieren, wie die Räume für die Kinder gestaltet werden, damit sie die Bedürfnisse der Kinder beantworten, ist es besser, die Kinder einzuladen, ihre Räume gemeinsam mit den Erwachsenen zu gestalten. Kinder, die von der bisherigen Raumgestaltung herausgefordert waren, können in diesem Prozess dafür sorgen, dass Elemente in den Raum kommen, die ihren Bedürfnissen gerecht werden. Auch wenn das bedeuten kann, dass die neue Gestaltung nicht mehr der Vorstellung von uns Erwachsenen entspricht, weil zum Beispiel in den Bauraum ein Maltisch kommt, mit dem die Kinder Modelle von ihren Bauten zeichnen wollen. Das »weniger ist mehr«, was wir Erwachsenen hier häufig als Redewendung benutzen, wird dann von den Kindern gestaltet, unter dem Blickwinkel von: »Was brauchen wir mehr und von was weniger?« Kita-Räume sind Bildungsräume und die Kinder leben und arbeiten dort. Sie brauchen also eine sehr gute Mischung von Bereichen, die anregen, etwas zu machen, Orten, an denen sie sich wohlfühlen, und Oasen des Ausruhens. Die

Mischung dessen ist immer wieder unterschiedlich und kann nur von den Kindern selbst definiert werden.

Praxistipp

Sie können, bevor sie das Thema mit den Kindern angehen, selbst die Raumgestaltung überprüfen, indem Sie sich in die Tür »Ihres« Raumes knien und schauen, ob sie in wenigen Sekunden einen Überblick haben, was sie wo tun können. Oder Sie machen Fotos aus »Kinderhöhe« und schauen diese gemeinsam in einer Dienstbesprechung an. Was ist für Kinder sichtbar, was erreichbar, was ist zu hoch und unerreichbar?

Gut ist darüber hinaus, wenn es hin und wieder einen »Eyecatcher« gibt. Also etwas, wo das Auge hängen bleibt, weil die Fachkräfte beispielsweise ein Materialangebot bewusst so platziert haben, dass es auffällt und einen Aufforderungscharakter hat. Damit lassen sich neue Materialien gut einführen oder eben auch Themen anregen, die von den Kindern lange nicht mehr bearbeitet worden sind. So kann es zum Beispiel sein, dass im Kreativraum seit langer Zeit kein Kind mehr etwas gefaltet hat. Die zuständige Fachkraft gestaltet daraufhin einen Tisch mit buntem Faltpapier, einigen gefalteten Modellen und Anleitungen bzw. Büchern, in denen Faltanleitungen zu finden sind. In der Regel greifen einige Kinder so einen Materialimpuls immer auf. Es kann sein, dass die Aktion nicht lange genutzt wird, da die eigentlichen Themen der Kinder woanders liegen und diese den Kindern wichtiger sind. Trotzdem: Ein offenes Materialangebot ist eine gute Möglichkeit, um Kulturtechniken immer wieder in Erinnerung zu rufen. Viele Fachkräfte legen großen Wert darauf, dass Kinder falten. Unter anderem weil es die Hand-Augen-Koordination und die Feinmotorik schulen soll. Diese Fertigkeiten entwickeln Kinder in unzähligen anderen Situation auch, deshalb eignet sich das Falten wunderbar als Materialimpuls und nicht als verbindliches Angebot. Denn Materialimpulse sind echte Angebote im Sinne von: Die Kinder können es nutzen, wenn es ihr Interesse weckt, sie müssen es aber nicht. Damit Kinder vorrangig ihren eigenen Interessen nachgehen können, werden diese Materialimpulse gut überlegt und sparsam platziert.

Eine sehr bewusste Gestaltung gilt auch für Wand- und Deckendekorationen. Es geht darum, zu überlegen, was sie auslösen. Wenn etwas an der Decke hängt, wird dies durch die Luftzüge automatisch bewegt und kann von den Kindern aus den Augenwinkeln wahrgenommen werden. Ein Reflex (ein nicht bewusst steuerbarer Impuls) führt dann dazu, dass die Kinder ihre Arbeit kurz unterbrechen und die Bewegung verfolgen. Diese sich wiederholenden Unterbrechungen können dazu führen, dass der Flow, also die engagierte Vertiefung in das Tun, unterbrochen wird, die Kinder darüber ärgerlich werden und manchmal nicht wieder in dieselbe Konzentration zurückfinden. Manche Kinder lassen die Beschäftigung dann vielleicht sein, andere machen ihrem entstandenen Ärger Luft, indem sie herausforderndes Verhalten zeigen. Für Kinder sind freie Wandflächen wichtig, an denen die Augen eine Pause finden. Wenige Wechselrahmen können die Bildungsinteressen der Kinder aufgreifen und anregen. Wenn es zum Beispiel eine Kindergruppe gibt, die im Bauraum gerade dabei ist, immer wieder neue Konstruktionen zu entwickeln, um Brücken zu bauen, könnte die Fachkraft unterschiedliche bekannte Brücken im Wechselrahmen aufhängen, um den Kindern weitere Anregungen zum Bauen von Brücken zu geben. Auch hier ist der Dialog mit den Kindern die Voraussetzung, damit die Kinder das im Raum antreffen, was ihr Wohlfühlen befördert, ihre Ideen anregt und die Stressbelastung auf allen Ebenen minimiert.

Es bleibt als letzter Aspekt im Rahmen der Raumgestaltung noch der Lärm und der Geräuschpegel. Lärmbelastung führt auch immer zu einer Stressbelastung. Dass die Kinder selbst immer wieder in ihrem Spiel, also bei ihrer Arbeit, laut werden, wissen wir. Diese Lautstärke beeinträchtigt die Beteiligten selbst in der Regel nicht. Wenn sich Kinder jedoch gestört fühlen, ist es wichtig, in gemeinsamen Runden dialogisch anzusprechen, wie damit umgegangen werden könnte. Wo kann es denn in der Kita auch mal lauter sein? Wo möchten die Kinder stille Orte haben? Wie sage ich Kindern, die ganz in ihr Tun vertieft sind, dass mich die Lautstärke stört? Was, wenn es ein lautes Spiel ist, das einfach nicht leiser geht? Für Kinder ist es wichtig, sich selbstwirksam zu erleben, gerade in dem Bereich, in dem es um ihre Selbstfürsorge geht. Hier können Fachkräfte gute Vorbilder sein, indem sie ihr eigenes Bedürfnis nach weniger Lärm freundlich, integritätswahrend und zugewandt äußern (**siehe ▸ Kapitel 2.1, Praxisbeispiel Integritätsverletzung von Kindern gegenüber einer Pädagogin**). Häufig merken Kinder und auch Erwachsene erst dann, dass ihnen »zu viel in die Ohren« kommt, wenn sie schlechte Laune bekommen oder ärgerlich und »aggressiv« werden. Wenn also Kinder herausgefordert wirken, Stress zeigen und mit anderen Kindern streiten und dies vielleicht sogar körpersprachlich durch Um-sich-Schlagen oder Ähnliches zum Ausdruck bringen, ist der Geräuschpegel ein Aspekt, der von den Fachkräften als Ursache immer mitbedacht werden muss. Gerade wenn Kinder keinen Grund für ihren Ärger nennen können, kann ein zu voller, zu bunter oder zu lauter Raum zumindest Mitverursacher sein und den »guten Grund« für abwehrendes Verhalten darstellen.

Praxistipp

Es gibt lärmreduzierende Kopfhörer für Kinder (Kindergehörschutz). Legen oder hängen sie in jeden Raum in der Kita zwei davon, damit die Kinder sie nutzen können, wenn es ihnen zu laut wird. Es gibt Einrichtungen, in denen es diesen Gehörschutz auch für die Erwachsenen gibt. Diese lärmreduzierenden Kopfhörer schwächen den Lärm etwas ab, das gesprochene Wort ist aber trotzdem zu verstehen.

Toniebox und andere Tonträger: Besonders hinweisen möchten wir auf die Geräuschkulisse, die die Toniebox oder andere Tonträger verursachen, die teilweise während der selbstgestalteten Bildungszeit genutzt werden. Es geht nicht darum, davon abzuraten, gezielt Medien einzusetzen, um miteinander zu singen oder zu tanzen. Es geht darum, was es bewirkt, wenn Fachkräfte die Toniebox als Hintergrundsmusik laufen lassen, und wie Kinder dadurch in ihrem Tun beeinflusst werden. Georg Nottelmann, Leiter des Sachgebiets »Kindertageseinrichtungen und Kindertagespflege« bei der Deutschen gesetzlichen Unfallversicherung, wurde zum Umgang mit Lärm in Kitas interviewt. Er sagt dazu: »Unnötiges Hintergrundrauschen vermeiden. Dazu gehört auch, dass Kinderlieder oder Geschichten nicht grundsätzlich im Hintergrund laufen sollen, sondern nur in Situationen, in denen die Kinder wirklich zuhören« (Nottelmann, 2023, S. 28). Wenn eine Fachkraft versucht, mit zwei jungen Kindern ein Buch anzuschauen, und im selben Raum gleichzeitig die Toniebox im Hintergrund läuft, kann das zu Ärger und Stress und entsprechenden Verhaltensweisen führen, sowohl bei den Kindern als auch bei der Fachkraft. Sie wird in der Folge vielleicht zunehmend ärgerlich, weil die Kinder nicht ihrer Erzählung lauschen, sondern sich immer wieder mit anderen Dingen beschäftigen, und ermahnt die Kinder zu Unrecht. Gerade mit Blick auf die Sprachentwicklung wäre es sinnvoller, die Kinder könnten sich mit ganzer Konzentration auf die Bilderbuchbetrachtung einlassen – ohne »Lärmverschmutzung.«

Dialogische Aushandlungsprozesse braucht es in jedem Fall, wenn sich gleichzeitig im selben Raum einige Kinder mit Musik beschäftigen, während andere etwas »Ruhigeres« arbeiten und sich von den Geräuschen gestört fühlen. Eine Ideallösung ist natürlich, wenn ein Funktionsraum für Musik zur Verfügung steht.

Es lässt sich also festhalten: Die Raumgestaltung wirkt sich auf das Verhalten der Kinder aus und sie bringen zum Ausdruck, wenn der Raum, das Material und das Angebot für sie nicht passen. Um die Ursachen für herausgefordertes Verhalten von Kindern in Bezug auf die Raumgestaltung herauszufinden, könnten die Fachkräfte sich beispielhaft folgende Fragen stellen: Streiten die Kinder beim Bauen, weil es gruppendynamische Spannungen unter ihnen gibt oder weil der Platz, an dem die Kinder gerade den Zoo aufbauen, zu klein ist oder es von den coolen Bausteinen zu wenige gibt? Laufen Kinder durch die Aktionsfläche, auf der gerade gebaut wird, und stören das Geschehen dabei? Oder müssen die Kinder, um an das Material im Regal zu kommen, über die Bauwerke steigen? Liegt der Baubereich neben der Kuschelecke und werden die Kinder, die sich zurückziehen und kurz ausruhen wollen, von dem eher lauten Konstruktionsspiel der anderen Kinder gestört?

Fazit

Um Kinder weniger herauszufordern und ihnen keinen Stress zuzumuten, sollten Kita-Räume …

- aktiv von den Kindern mitgestaltet werden. Sie bestimmen mit, welche neuen Materialien gekauft werden.
- so gestaltet sein, dass die Kinder das Material im Raum sehen und daran kommen (dadurch, dass Schranktüren zum Beispiel abgeschraubt sind, dass es keine »verbotenen Erzieher:innenfächer« auf Kinderhöhe gibt etc.). Grundsätzliche gehört das Material den Kindern und sie müssen nicht fragen, ob sie sich etwas nehmen dürfen. Material, das für Kinder gefährlich werden kann, braucht vielleicht die Begleitung durch Erwachsene, dass die Kinder dieses Material (Nähmaschine, Bohrmaschine) jedoch benutzen, ist selbstverständlich. Deshalb müssen sie nicht fragen, ob sie die Nähmaschine beispielsweise benutzen dürfen, sondern sie fragen die Fachkraft, *wann* diese sie dabei begleiten können.
- übersichtlich und mit klaren Strukturen eingerichtet sein.
- die Kinder unterstützen, Ordnung zu halten, indem die Plätze für Materialien mit einem Foto gekennzeichnet sind.
- nur die Materialien im Raum vorhalten, die für die aktuellen Themen der Kinder nützlich sind. Alles andere kann weggeräumt und jederzeit von den Kindern geholt werden, wenn sie es wieder brauchen.
- Kinderräume sein. Alles, was an die Wände gehängt wird, dient den Kindern, damit sie sich mit ihrer geleisteten Arbeit im Raum identifizieren können und ihre momentanen Bildungsinteressen gespiegelt werden. Das wirkt anregend und signalisiert den Kindern: »Ihr gehört zu uns.«
- den Kindern durch freie Wände Flächen bieten, die sie zur Ruhe kommen lassen und nicht gleich wieder anregen.
- keine Deckendekorationen haben, es sei denn, die Kinder brauchen eine für ein bestimmtes Projekt, das sie verfolgen.

- es ermöglichen, »laut zu sein« und Stille zu finden.
- zur Bewegung anregen und zum Ausruhen einladen.

Tagesablauf

Kinder, vor allem junge Kinder bis drei Jahre, brauchen einen an ihre Bedürfnisse angepassten Tagesablauf. Anders gesagt: Kinder haben ein Recht auf einen Alltag, den sie selbstbestimmt gestalten können. Das hat zur Folge, dass Fachkräfte die Kinder beobachten, bevor sie mit ihnen in den Dialog gehen und ihnen ein Angebot machen, damit dieses das Bedürfnis des Kindes trifft.

Häufig hören wir in unseren Seminaren, dass Kinder in der Kita lernen müssen, still zu sitzen und den Erwachsenenangeboten zu folgen, weil Kinder in der Schule auch nicht machen können, was sie wollen. *Aber: Die Kita ist keine Schule,* sondern in der Kita geht es

- um einen selbstbestimmten Alltag,
- um Bildungsprozesse, die sich im Spiel (die Arbeit des Kindes) und durch entdeckendes Lernen und Erfahrungslernen ergeben,
- darum, sich selbst und die eigenen Wünsche und Bedürfnisse zu (er-)kennen (wann habe ich Hunger, wann bin ich müde, wann will ich Kontakt) und diese dann befriedigen zu lernen,
- darum, die eigene Identität zu entwickeln und herauszufinden, wer man ist und wer man sein will,
- um Peer-Kontakte, Gruppenerfahrungen, Freundschaften und soziale Erfahrungen,
- darum, Partizipation und Demokratie leben zu lernen,
- um vielfältige Beziehungserfahrungen mit Erwachsenen und Kindern.

Wir wissen dank der Hirnforschung inzwischen sehr genau, dass Lernen und Bildung dann gut funktionieren, wenn Kinder (wie Erwachsene übrigens auch) intrinsisch motiviert sind. Lust und Spaß, Anstrengung und Konzentration sind für Kinder beim Spielen und Erkunden und damit bei ihrer Arbeit immer dabei. Wenn sie sich dann noch anstrengen, sich (allein oder häufig gemeinsam mit anderen Kindern) Problemen stellen und kreativ Lösungen finden, sich im Flow vertiefen können und ungestört einer für sie wichtigen Forschungsfrage nachgehen und dann Erfolg mit ihrem Tun haben, ist das der perfekte »Lernmoment«, weil sie Selbstwirksamkeit erleben. Kein Angebot, das sich Erwachsene ausgedacht haben, kann diese Mischung herstellen, schon gar nicht für eine ganze Gruppe von Kindern, die gerade mit ganz unterschiedlichen Wünschen, Bedürfnissen und Interessen unterwegs sind. Natürlich ist das Gefühl, Teil der Gruppe zu sein und sich in Beziehungen aufgehoben zu fühlen, wichtig. Doch »verordnete Gemeinschaft«, wie sie zum Beispiel durch einen verbindlichen Morgenkreis, gemeinsame Mahlzeiten oder ein für alle verbindliches Bastelangebot suggeriert wird, ermöglicht Kindern kein Gefühl von willkommen sein, sondern löst eher das Gefühl von »müssen« und Zwang aus. Da Kinder kooperieren, um dazu zu gehören, werden sie sich wahrscheinlich fügen, aber mit ihrem Verhalten eventuell zeigen, dass diese Situation für sie nicht stimmig ist oder war. Erleben Kinder ein permanentes »Muss«, möglicherweise mit Zwang oder Androhung von Bestrafung (z. B. Isolation), führt dies nicht selten dazu, dass Kinder die Fachkräfte mit abwehrendem Verhalten herausfordern, weil sie sich selbst so herausgefordert fühlen, dass sie nicht mehr in der Lage sind, zu kooperieren. Diese Vorgehensweise wäre jedoch eindeutig ein grenzverletzendes Verhalten durch die Fachkraft und ist darum als Fehlverhalten zu bewerten.

Schauen wir einmal einen Kita-Tag mit seinen Schlüsselsituationen, insbesondere unter dem Aspekt, wie herausfordernd die Tagesstruktur und die Tagesgestaltung für Kinder sein können, wie häufig sie kooperieren (müssen) und wie ihre Integrität dadurch vielleicht verletzt wird, an.

Schlüsselsituationen

Schlüsselsituationen sind täglich wiederkehrende Alltagssituationen im Tagesablauf der Kita, die mit bestimmten Orten, Ritualen, Handlungen, Mikrotransitionen (kleinen Übergängen), Materialien und Personen verbunden sind.

Zu den Schlüsselsituationen gehören zum Beispiel das Ankommen am Morgen oder das Abgeholt-Werden und Verabschieden aus der Kita, aber auch die Spielsituationen, die Mahlzeiten, das Schlafen und Ruhen, generell die Garderobensituation (An-, Aus- und Umziehen), alles, was mit Bad, Hygiene, Ausscheidung, Wickeln und Toilette zu tun hat, oder auch Situationen wie Vorlesen oder ein Buch anschauen. Schlüsselsituationen werden häufig routiniert durchgeführt. Sie müssen jedoch fachlich und professionell gestaltet sein, damit sie Kindern die Möglichkeit geben, ihre Sichtweisen und Bedürfnisse in ihre ureigensten Angelegenheiten einzubringen. Leider stehen Schlüsselsituationen nicht so häufig im Fokus konzeptioneller Überlegungen. Dabei bieten sie zahlreiche Möglichkeiten für die Selbst- und Mitbestimmung der Kinder (vgl. Pergande, 2022, S. 16).

An dieser Stelle kann nicht auf alle Schlüsselsituationen und die damit verbundenen Herausforderungen und Stressmomente eingegangen werden. Wir beschränken uns deshalb auf die in der Regel in allen Kitas vorkommenden, häufig als herausfordernd erlebten Situationen.

Der Übergang am Morgen – von zu Hause in die Kita

Früh morgens geht es schon los, denn in der Regel kommen die Kinder wenig selbstbestimmt in die Kita. Die Eltern haben ihre Tagesstruktur und die Kinder müssen sich dem meist unterordnen. Das bedeutet für viele Kinder, dass sie sich zwar auf die Kita freuen, *aber:* Was ist, wenn ein Kind eigentlich ein Eulenkind ist, was morgens von seinem natürlichen Biorhythmus her viel länger schlafen kann (was es am Wochenende zum Beispiel immer tut)? Es muss geweckt werden und kooperiert das erste Mal: Es steht auf, es hat keine Wahl. Dann kooperiert es, wenn es darum geht, wie es in die Kita kommt und um wie viel Uhr. Muss vorher noch ein Geschwisterkind in eine andere Einrichtung gebracht werden? Hatte das Kind die Möglichkeit, zu Hause in Ruhe mit der Familie zu frühstücken, oder hat es im Auto eine Brezel in die Hand gedrückt bekommen, weil wenig Zeit war? Es kooperiert in der Garderobensituation: Haben Mama oder Papa oder eine andere Bezugsperson Zeit für ein sorgsam gestaltetes Ankommen oder muss es in der Garderobe schnell gehen und das Kind wird ohne eigene Beteiligung umgezogen, weil die Erwachsenen los müssen? Hat das Kind Hunger, wenn es in die Kita kommt, oder hat es gerade erst gegessen, soll aber schon gleich an den Frühstückstisch? Kann es einfach spielen gehen und seinem Bedürfnis nach Selbstbestimmung folgen oder soll es in einen verbindlichen Morgenkreis?

Fachkräfte müssen damit rechnen, dass ein Teil der Kinder bereits mit einem erheblichen Stresspegel in der Kita ankommt. Da ist es gut, wenn ein Kind sehr individuell von den Fachkräften begrüßt wird und erst einmal Raum und Zeit hat, seinem aktuellen Wunsch oder Bedürfnis nachzugehen. Es könnte sein, dass dieser Moment für viele Kinder an diesem Morgen der erste Freiraum ist, in dem sie selbst bestimmen, was sie wie, mit wem und wo machen.

Praxistipp

Gerade wenn ein Kind in der Gruppe ist, das die Fachkräfte als herausfordernd wahrnehmen, ist es gut, sich in einem Elterngespräch einen »typischen Morgen« beschreiben zu lassen. Das ermöglicht es den Fachkräften, die Morgensituation des Kindes besser einzuschätzen, und eventuell ergibt sich daraus auch, dass sie dem Kind gleich wenn es ankommt ein Entspannungsangebot machen. Dabei bedeutet Entspannung manchmal auch, eine Runde im Garten oder im Bewegungsraum zu toben. Wichtig ist hierbei, zu sehen, dass familiäre Situationen sich immer wieder verändern. Sollte der Fachkraft ein verändertes Verhalten beim Ankommen auffallen, wäre es notwendig, zeitnah das Gespräch mit den Bezugspersonen zu suchen.

Praxisbeispiel: Eulenkind am frühen Morgen

Der 3,8 Jahre alte Buba ist in einer Phase, in der er abends erst spät einschlafen kann. Da die Eltern aber weiterhin pünktlich bei der Arbeit sein müssen, ist Buba morgens meist übermüdet, quengelig und trennt sich nur schwer von ihnen, wenn er um 06:30 Uhr in die Kita gebracht wird. Das hat für Buba Auswirkungen auf den ganzen Tag. Für seine Bezugsfachkraft ist diese Information wichtig, denn nun kann sie überlegen, wie sie ihm morgens ein entspannendes »Ausruh-Angebot« machen kann. Sie gestaltet deshalb unter der zweiten Ebene eine Kuschelecke und legt Bilderbücher hinein, die Buba besonders gern anschaut. Da er eines der ersten Kinder ist, das in die Kita kommt, hat sie Zeit, sich mit ihm dorthin zurückzuziehen (sind bereits mehrere Kinder da, bedarf es kollegialer Absprachen). Buba nimmt das Angebot begeistert an und häufig schläft er dabei für kurze Zeit ein. Für Buba ist das eine wichtige Entstressung, durch die er, für die Fachkraft sichtbar, den restlichen Tag entspannter und gelöster erleben kann. Selbstverständlich hätte die Fachkraft Buba auch fragen können, was er braucht, wenn jedoch ein Grundbedürfnis eines Kindes (Schlaf) so offensichtlich nicht erfüllt ist, kann ein Gespräch darüber auch leicht überfordernd sein. Zudem tut es Kindern manchmal auch gut, wenn sie durch eine gut vorbereitete Umgebung merken, dass ihre Bezugsfachkraft ihr Bedürfnis gut wahrgenommen und ein entsprechendes Angebot gestaltet hat. Je älter die Kinder sind, desto besser ist es ihnen möglich, die eigenen Bedürfnisse oder Wünsche zu erkennen, sie zu formulieren und Ideen zu entwickeln, was ihnen gut tun könnte.

Das freie Frühstück

Ein freies oder offenes Frühstück ist für Kinder in der Kita immer die günstigere Lösung als ein gemeinsames Frühstück, das häufig auch noch im Anschluss an den Morgenkreis stattfindet, wodurch sie lange sitzen müssen. Kinder kommen zu unterschiedlichen Zeiten in die Kita. Manche haben zu Hause oder unterwegs gefrühstückt und andere nicht. Vor diesem Hintergrund ergibt es keinen Sinn, dass der oben erwähnte Buba, der in der Regel ohne Frühstück um 6.30 Uhr in die Kita kommt, mit dem Essen bis 9.20 Uhr nach dem Morgenkreis warten muss. Kinder reagieren auf Unterzuckerung so unterschiedlich wie Erwachsene. Manche werden unleidlich, ziehen sich zurück oder fangen Streit an. Es würde auch keinen Sinn ergeben, wenn Buba um 7.00 Uhr frühstücken könnte und um 9.20 Uhr ohne Hunger eine halbe Stunde am gemeinsamen Frühstück teilnehmen müsste. Deshalb wird in immer mehr Kitas das gemeinsame Frühstück abgeschafft und ein freies oder offenes Frühstück angeboten. Dies entspricht sowohl der bedürfnisorientierten Pädagogik als auch dem Verständnis von Partizipation und ist eine gleichwürdige und integritätswahrende Alltagsgestaltung. Eine angenehme Esskultur ist (oder war) in Mitteleuropa ein wichtiges Kulturgut und ein fest in den Köpfen verankerter Wert. Dazu gehörten diverse typische »Benimmregeln« (mit Besteck und nicht mit den Händen essen, am Tisch gesittet reden, nicht so laut sein, aufessen, probieren, nicht durcheinander essen, kein Messer abschlecken, Ellenbogen vom Tisch und vieles mehr). Die Formen, wie, wann und wo Familien essen, haben sich jedoch durch die kulturelle Vielfalt und die neuen Formen von Lebens- und Arbeitsbedingungen stetig verändert. Vielleicht haben aus diesem Grund viele Fachkräfte noch die Vorstellung, das gemeinsame Essen in der Kita wäre für Kinder wichtig. Wenn Kinder gefragt werden, wie sie das offene Frühstück finden, erzählen sie jedoch begeistert von den Vorteilen:

- mit Kindern aus anderen Gruppen gemeinsam zu Essen, weil der/die beste Freund:in dort ist,
- essen zu können, wann man Hunger oder gerade Lust/Zeit dazu hat,
- so kurz oder lang essen zu können, wie man möchte,
- mit oder ohne Erwachsene am Tisch essen zu können, so wie es einem gerade passt,
- das Essen auch mal ausfallen lassen zu können, wenn man keinen Hunger hat.

Ja, es stimmt, es gibt Familien, in denen wenig gemeinsam gegessen wird. Dies negativ zu bewerten, würde jedoch bedeuten, die eigene Norm »So geht Essen richtig« als allgemeingültig zu betrachten, was sie nicht ist. Alle Familien haben einen, für sie, guten Grund, wie sie ihre Mahlzeiten gestalten. Die Frage ist doch, ob das Kind darunter leidet und ob es in der Familie andere Zeiten gibt, in der sie gemeinsam eine entspannte und qualitätsvolle Beziehungszeit miteinander erlebt.

Während der Mahlzeiten kann die Lautstärke eine Herausforderung für die Kinder darstellen. Genauso ist es, wenn Kinder wenig bis gar nicht partizipieren können und viele direkte Anweisungen erhalten. Dazu gehört es beispielsweise auch, probieren zu müssen, aufessen zu müssen, sitzen bleiben zu müssen und beschämt oder bestraft zu werden (z. B. keinen Nachtisch zu bekommen, wenn man nichts von der Hauptspeise gegessen hat, weggesetzt zu werden, wenn man »Quatsch« macht, usw.). Auch die eigenen Fähigkeiten und Fertigkeiten können Kinder herausfordern, wenn das Schneiden, Einschenken oder ähnliches nicht so gelingt, wie die Kinder es sich wünschen würden. Damit verbunden sind die Herausforderung, die damit einhergehenden Emotionen zu regulieren, und der Umgang mit der eigenen Frustrationstoleranz, die bei Kindern je nach Alter noch in der Entwicklung ist. Wirft also die zweijährige Ada ihre Gabel auf den Boden, so könnte es sein, dass sie sich ganz allein über sich ärgert, weil es ihr nicht gelingt, die Erbse mit der Gabel aufzuspießen. Das will sie aber schaffen und auf gar keinen Fall den Löffel nehmen. Langeweile kann entstehen, wenn Kinder nicht aufstehen dürfen, sobald sie mit der Mahlzeit fertig sind. Dann können auch kleine konflikthafte Auseinandersetzungen entstehen, die auch wieder herausforderndes Verhalten nach sich ziehen können, da Kinder damit unter Umständen zeigen, dass für sie jetzt eigentlich etwas anderes als das Warten-Müssen dran ist.

Das Mittagessen

Praxisbeispiel: die Schlüsselsituation »Mittagessen« mit vielen Stressfaktoren

In der fiktiven Kita Kunterbunt sind für die Mittagssituation nur zwei Kolleg:innen anwesend. 15 Kinder sollen gemeinsam Mittag essen, die dritte Kollegin muss in dieser Zeit ihre Pause machen. So ist der Stresspegel ziemlich hoch. Erschwerend kommt hinzu, dass im Gruppenraum gegessen werden muss, da keine anderen Räumlichkeiten zur Verfügung stehen. Dieser verfügt über keine Schallschutzdecke, da das Kitagebäude schon sehr alt ist, was alle Aktivitäten im Raum sehr laut werden lässt. Die Kinder sind mit Fachkraft Jakob im Bad, um sich die Hände zu waschen. Dabei gibt es schon einige Ermahnungen, weil es den Kindern schwerfällt, in einer Reihe still zu stehen und zu warten, bis sie an die zwei Waschbecken kommen. Jakob passt auf, dass jedes Kind seine Hände richtig wäscht, und holt das eine oder andere Kind zurück, wenn das Waschen der Hände ihm nicht gründlich genug war. Die Kinder, die fertig sind, setzen sich in die Garderobe und warten darauf, dass alle Kinder die Hände gewaschen haben und sie gemeinsam in den Gruppenraum zum Essen gehen. Auch hier wird Jakob immer wieder laut und schimpft mit den Kindern, die einfach nicht still sitzen bleiben können. Im Gruppenraum setzen sich die Kinder an ihren festgelegten Platz. Erzieherin Maria schöpft vom Essenswagen, damit es schneller geht, denn die Hauswirtschafterin ist nur bis 13:15 Uhr da und will bis dahin die Küche »fertig haben«. Außerdem ist um 13.00 Uhr die erste Abholzeit und die Eltern wollen nicht warten, bis die Kinder aufgegessen haben. Maria denkt darüber nach, ob heute der Spielbereich für die wachen Kinder abgedeckt ist oder ob alle Kinder mit in den Schlafraum müssen, weil es nicht genügend Personal gibt. Einige Kinder signalisieren, dass sie das Essen nicht mögen, und da die Vesperdosen schon leer sind, gibt es keine Alternative. Sie schieben ihren Teller hin und her und machen Geräusche mit dem Besteck, was den bereits großen Lärmpegel noch erhöht. Ein Junge schüttet sein Trinken in den Teller. Erzieher Jakob zieht seinen Stuhl nach hinten und sagt: »Dann scheinst du ja satt zu sein.« Aufstehen darf der Junge nicht, denn dann könnten andere Kinder ja auch aufhören zu essen. Das gleichzeitige Essen und Spielen im Gruppenraum ist für die Pädagog:innen schon wegen der weiteren Lärmbelastung nicht vorstellbar. Die Kinder werden häufig ermahnt, es gibt viele Anweisungen und direktive Aufforderungen. Ihre Selbst- und Mitbestimmungsmöglichkeiten sind stark eingeschränkt. Nachdem endlich alle Kinder fertig sind, trifft sich die Gruppe mit Maria im Bad, um nach und nach die Hände zu waschen. Dies ist für die Kinder und die Fachkräfte die nächste herausfordernde Situation. Eine Bedrängnissituation an zwei Waschbecken, die erneut zu konflikthaften Auseinandersetzungen unter den Kindern und entsprechenden Ermahnungen von Maria führt. Jakob räumt in dieser Zeit den Gruppenraum auf und bringt das Geschirr in die Küche. Im Anschluss wird ein Teil der Kinder von Jakob in die Garderobe begleitet, sie werden gleich abgeholt. Die anderen Kinder treffen sich auf dem Teppich im Gruppenraum, dort ziehen sie sich zum Schlafen um. Maria geht mit allen Kindern in den Schlafraum, denn die Kollegin ist noch nicht aus der Pause zurück und Jakob hat gleich Feierabend. Auch die Kinder, die eigentlich kein Schlafbedürfnis haben, müssen mit in den Schlafraum gehen.

Kommen Ihnen einzelne Aspekte dieser Situation aus Ihrem Kita-Alltag bekannt vor? In unserer Fortbildungspraxis schildern die Teilnehmenden immer wieder diese und ähnliche Szenen aus ihrer Mittagssituation. Tatsächlich wird sie als eine der stressigsten Schlüsselsituationen im Tagesverlauf beschrieben. Das Mittagessen ist sehr komplex und eine Vielzahl von Anforderungen auf verschiedensten Ebenen (Gestaltung des pädagogischen Settings, Beziehungsebene, Assistenzhandlungen, Organisation) sind zu bewältigen.

Die Mahlzeitensituation im Team reflektieren

Um das Mittagessen mit dem Team zu reflektieren und es damit für Kinder und Fachkräfte zu entstressen, können folgende Reflexionsfragen unterstützend sein.

Persönliche Ebene:

- Was ist mir persönlich in der Essenssituation wichtig?
- Wie habe ich als Kind bei uns zu Hause die Mahlzeiten erlebt, welche Regeln gab es, wann habe ich Zwang erlebt?
- Was fand ich als Kind beim gemeinsamen Essen schön?
- Was stresst mich bei den Mahlzeiten in der Kita?
- Was sind persönliche Vorlieben und was sind pädagogische Überlegungen?
- Was wäre aus meiner Sicht eine entspannte Essenssituation für Kinder?
- Was denke ich, würden die Kinder dazu sagen?
- Welche Vorteile hätte ein offenes Mittagessen?
- Ist es möglich, die Essenssituation mit den Kindern zu besprechen und gemeinsam zu entscheiden, wie sie gestaltet werden kann?

Im Anschluss an einen Austausch über die Reflexionsfragen können in Absprache mit den Kindern verbindliche Vereinbarungen getroffen werden.

Praxistipps

- In der Essenszeit und direkt danach finden keine Pausen der Erzieher:innen statt. Stattdessen kann ein:e erste:r Kolleg:in vor dem Essen während der selbstgestalteten Bildungszeit ihre Pause machen.
- Die Hauswirtschaftskraft wird so eingesetzt, dass eine gute pädagogische Gestaltung des Mittagessens möglich ist.
- Ein offenes Mittagessen ist immer die beste Wahl, um es den Kindern zu ermöglichen, zu essen, wann sie Hunger haben.
- Die Kinder suchen sich ihren Platz selbst aus.
- Die Kinder schöpfen selbst (auf dem Tisch stehen mehrere kleine Schälchen mit denselben Speisen, damit parallel geschöpft werden kann und Wartezeiten minimiert werden).
- Die Kinder bestimmen, was und wie viel sie von welchen Speisen nehmen, sie werden nicht zum Probieren aufgefordert.
- Was die Kinder essen, wird nicht kommentiert.
- Die Kinder wählen selbst ihr Getränk und gießen es sich ein.
- Es gibt kindgerechte Esswerkzeuge (Messer, Gabel, Löffel) und ausreichend Schüsselchen, Schöpfkellen usw.
- Die Fachkräfte essen eine kleine Menge mit und nehmen sich auch nur das, was sie mögen. Sie sprechen mit den Kindern über die Speisen und machen sie neugierig darauf.

- Wer satt ist, lässt den Rest stehen.
- Die Nachspeise gehört den Kindern. Sie wird nicht als Druckmittel eingesetzt. Zu welchem Zeitpunkt die Kinder den Nachtisch essen, entscheiden sie selbst. Das heißt, er steht von Anfang an mit auf dem Tisch.
- Für die Kinder steht eine Schüssel mit warmem Wasser im Speiseraum auf einem niedrigen Tisch. Dort können die Kinder sich den Mund und die Hände selbständig waschen und das benutzte Läppchen in einen bereitgestellten Korb werfen. Idealerweise gibt es einen Spiegel, in dem sich die Kinder anschauen können.
- Alle Assistenzhandlungen der Fachkräfte werden nach sorgfältiger Beobachtung immer responsiv ausgeführt.

Schlafen und Ruhen

Auch das Ruhen und Schlafen sind Bedürfnisse, die von den Kindern sehr unterschiedlich stark erlebt werden. Während viele dreijährige Kinder gerade nach dem Übergang in die Kita noch regelmäßig um die Mittagszeit herum schlafen wollen, gibt es gleichzeitig auch Kinder, die mit zwei Jahren keinen Mittagsschlaf mehr brauchen.

Bedürfnisorientiert ist es, den Kindern dann ein Schlafangebot zu machen, wenn sie signalisieren, dass sie müde sind. Vom Schlafen unterscheidet sich das Ruhen oder der Rückzug. Im wuseligen Alltagsgeschehen kann es sein, dass ein Kind das Bedürfnis hat, sich dem kurz zu entziehen. Dafür braucht es räumlich eine entsprechende Möglichkeit. Es gibt auch Kinder, die kurz in ihrem Tun innehalten und sich im Raum umschauen, einmal Blickkontakt zur Fachkraft aufnehmen und dann wieder in ihr Tun einsteigen. Auch das kann als »kurzes Ausruhen« interpretiert werden.

Praxisbeispiel: (noch) kein Schlaf für Runa

In der Kita Spatzennest sollen alle Dreijährigen nach dem Mittagessen schlafen. Runa, 2,8 Jahre alt, die vor Müdigkeit schon kaum mehr essen konnte, geht in den Schlafraum, zieht die Schuhe aus, legt sich auf den Sitzsack der Fachkräfte, steckt den Daumen in den Mund und wippt hin und her. Ole, drei Jahre alt, rennt den Flur entlang, wird von der Fachkraft eingefangen und auf die Toilette geschickt. Dort spielt er mit der Tür und singt ein Lied. Die Fachkraft geht derweil in den Schlafraum und entdeckt Runa auf dem

Sitzsack, die schon fast eingeschlafen ist. Sie nimmt sie hoch und schickt sie auf die Toilette. Dort ermahnt sie Ole, endlich aufs Klo zu gehen. Dieser kooperiert und geht in die Toilette. Runa steht in der Zeit im Bad und träumt vor sich hin. Die Fachkraft stellt fest, dass sie keine Schuhe trägt, und schickt sie zurück in den Schlafraum, weil in der Toilette Schuhe getragen werden müssen. Die zweite Fachkraft kommt dazu und weist darauf hin, dass Malou, drei Jahre alt, bitte nach dreißig Minuten wieder geweckt werden soll, die Eltern hätten das gefordert, da sie sonst abends nicht einschlafen würde.

Und wie wäre das auf der Erwachsenenebene?

Stellen Sie sich vor, Sie möchten am Sonntagmittag gern ein kleines Schläfchen machen und Ihr:e Partner:in verbietet es Ihnen mit der Begründung, dass Sie, wenn Sie jetzt schlafen, heute Abend nicht schlafen können. Das sollten Sie aber können, weil sie morgen wieder zur Arbeit müssten. Oder Ihr:e Partner:in sagt Ihnen, als Sie schon völlig übermüdet ins Bett gefallen sind, dass Sie jetzt bitte noch einmal auf die Toilette gehen sollen, sonst müssten sie nachts aufstehen, das wäre ja nervig. Oder morgens um halb fünf steht Ihr:e Partner:in an Ihrem Bett und weckt Sie mit der Begründung, Sie wären gerade abends immer so lange auf und sollten Ihren Schlafrhythmus dringend wieder in die »richtigen« Bahnen lenken. Wie ginge es Ihnen in diesen Situationen? Würden Sie Gefühle wie Verärgerung, Widerstand oder gar Trotz spüren?

Kinder haben ein Recht auf ihr Ruhe- oder Schlafbedürfnis und darauf, ein Ruhe- oder Schlafangebot in der Kita zu bekommen! Schlaf ist ein elementares menschliches Grundbedürfnis. Die Befriedigung dieses Bedürfnisses hat eine vielfältige Wirkung auf die psychische und physische Gesundheit und auf die Bildungschancen des einzelnen Kindes. Kinder in der Kita bedürfnisorientiert zu begleiten, bedeutet also, aktiv die Gesundheit von Kindern zu fördern. Im Schlaf werden das Stresshormon Cortisol reduziert und damit die Emotionen reguliert. Der Körper entspannt sich, sodass Konsolidierungsprozesse entstehen, in denen sich die Zellen regenerieren können. Gleichzeitig werden Hormone ausgeschüttet, die das Wachstum von Kindern fördern. Heute wissen wir aus der Forschung, dass Kinder (und Erwachsene) das Erlebte im Schlaf verarbeiten. Nicht nur im Sinne der Psychohygiene, sondern auch im Sinne von Lernen.

Während des Schlafens werden die im Wachzustand gemachten Erfahrungen in die Gehirnstruktur eingearbeitet und die entsprechenden Synapsen verbinden sich. Wir wissen ebenfalls, dass es Kindern, die aufgrund von Stress einen hohen Cortisolgehalt nachweisen, weniger gut gelingt, eine synaptische Verschaltung im Gehirn auszubauen. Das bedeutet: Ausgeschlafene Kinder lernen besser und nachhaltiger. Wenn Kinder nicht schlafen können oder dürfen, hat dies massive Folgen, da ihr Stress enorm steigt.

Diese Folgen können sein:

- Die Kinder werden motorisch unruhig,
- ihre Wahrnehmung schränkt sich ein und das Unfallrisiko steigt,
- ihre Konzentration lässt nach,
- die Kinder werden weinerlich und quengelig,
- manche Kinder werden »aggressiv«,
- ihre Selbstbildungsprozesse werden eingeschränkt,
- die ausgeschütteten Stresshormone schwächen das Immunsystem.

Das Schlafen und Ruhen in der Kita ist also eine Schlüsselsituation, die von den Fachkräften gut durchdacht, begleitet und reflektiert werden muss. Gerade für die jungen Kinder ist eine responsive und bedürfnisorientierte Schlafbegleitung wichtig, damit Kinder sich in der Kita wohl und geborgen fühlen. Insbesondere, da sich die Schlafumgebung, das Schlafsetting und die Schlafbegleitung stark von zu Hause unterscheiden.

Kinder wie auch Erwachsene haben ein sehr unterschiedliches Ruhe- und Schlafbedürfnis. Viele Kinder pendeln sich im Kita-Alltag auf eine gemeinsame Schlafenszeit ein, jedoch wird es immer welche geben, für die diese Zeit nicht passt, weil sie schlicht ihrem Ruhe- und Schlafbedürfnis nicht entspricht! Auch hier geht es darum, dass Kinder lernen, wie sie gut für sich selbst sorgen können. Dazu braucht das Kind Gelegenheiten, zu spüren, ob es müde ist oder nicht. Herausfordernd ist natürlich sowohl für die Kinder als auch für die pädagogischen Fachkräfte, wenn Kinder aufgrund einer zu frühen Abholzeit oder Elternwünschen geweckt werden sollen. Dies unterbricht, je nachdem, in welcher Schlafphase das Kind sich gerade befindet, wichtige Konsolidierungsprozesse und kann als gesundheitsschädlich für die kindliche Entwicklung eingestuft werden. Schlafentzug ist eine Foltermethode, deshalb dürfen Kinder weder geweckt noch vom Schlafen abgehalten werden. Schläft ein Kind noch, wenn die Bezugsperson es abholen möchte, begleitet die Fachkraft die Bezugsperson in den Schlafraum, damit diese das Kind wecken kann.

Praxistipp

Da Krippenkinder häufig noch nach dem Mittagessen schlafen, ist es besser, die Betreuungszeit auf 14.30 Uhr zu erweitern, da die Kinder dann in der Regel von selbst wieder aufgewacht sind und nicht so häufig von ihren Bezugspersonen geweckt werden müssen. Gern darf dazu dann gegen 14.00 Uhr das Licht im Raum angemacht und die Tür offen gelassen werden, damit die Kinder im Aufwachprozess unterstützt werden. Kinder, die den Schlaf noch brauchen, werden trotzdem weiterschlafen.

Abbildung 9: Schlafraum einer Kita (Be:bi Betreuung und Bildung gGmbH, Krippe Pfauenauge, Esslingen)

Für die fachliche Auseinandersetzung kann diese Checkliste hilfreich sein:

- Beobachten Sie die Kinder, welche Gruppierungen (Kinder, die schlafen, und wann, Kinder, die nicht schlafen) können Sie zwischen 10.00 Uhr und 14.00 Uhr entdecken? Wie viele Kinder sind Mittagsschläfer:innen (vor oder nach dem Mittagessen), welche Kinder brauchen nur eine Mittagsruhe und schlafen nicht und welche sind aktiv?

- Ist es den Kindern jederzeit möglich, den Schlafort selbständig aufzusuchen und alle notwendigen Schlafutensilien zu erreichen?
- In welche Weise stellen wir sicher, dass sich Kinder im Alltag (gruppennah) zurückziehen und zur Ruhe finden können?
- Welche Bedürfnislagen entstehen dadurch in der Kita? Welche Orte (Bistro, Bad, Schlafraum) werden wann von wem benutzt und welche Kinder brauchen wobei Begleitung?
- Wie könnten sich die Fachkräfte verteilen, damit alle Kinder in der Situation rund um das Schlafen zeitnah bekommen können, was sie brauchen?
- Wodurch bekommt der Wickelbereich eine warme und entspannte Atmosphäre im Übergang zum Schlafen, damit das Kind leichter in den Schlaf finden kann? Wie kann er im Übergang zum Wach-Werden aktivierender gestaltet werden?
- Gibt es im Schlafraum eine Vielfalt an Schlafmöglichkeiten, welche Bedürfnisse sprechen diese an?
- Wie fördern Wandfarbe, Licht und Dekorationen im Schlafraum das Einschlafen und Durchschlafen?
- Haben wir zu dem Thema aktuelle Fachliteratur, die verbindlich gelesen wird? Zu welchen Zeiten werden die Inhalte im Team fachlich diskutiert und reflektiert?
- Sind die Ausführungen zu dem Thema in der pädagogischen Konzeption und im Qualitätshandbuch aktuell (vgl. Baum, 2022b, Folder 6)?

Die »Tu-dir-gut-Zeit« nach dem Mittagessen

Vor allem nach dem Mittagessen reagieren Kinder sehr unterschiedlich. Manche Kinder haben geradezu einen Energieschub und brauchen dringend Bewegung – als hätten sie die eben zu sich genommene Energie auf einmal zur Verfügung. Andere Kinder scheinen zum Verdauen mehr oder weniger Ruhe zu brauchen. Deshalb bietet es sich an, den Kindern eine »Tu-dir-gut-Zeit« anzubieten. Dazu gibt es ein *Schlafangebot,* das von einer Fachkraft liebevoll begleitet wird. In manchen Kitas gibt es dazu eine Matratze, auf der die Schlafbegleitung selbst zur Ruhe kommen kann. Das zweite Angebot ist für Kinder, die Ruhen wollen. In dieser *Ruhegruppe* gibt es zum Beispiel ein Vorleseangebot. Kinder im Alter zwischen zwei und vier Jahren lieben es sehr, ein ganzes Kinderbuch vorgelesen zu bekommen. Außerdem ist es eine gute Möglichkeit für manche Kinder, an dem ein oder anderen Tag doch einzuschlafen. Kinder in diesem Alter können und wollen nicht immer stabil wach bleiben und müssen es auch nicht. Die dritte Gruppe ist eine *Spiel- und Bewegungsgruppe.* Die Kinder können sich je nach Wetter im Garten oder in der Bewegungsbaustelle oder im Bewegungsraum aufhalten.

Selbstverständlich können die Kinder jederzeit die Gruppe wechseln, wenn sie zum Beispiel merken, dass sie doch kein Schlafbedürfnis haben. Vonseiten der Fachkraft braucht es hierbei eine responsive Einladung, zum Beispiel: »Kann es sein, dass du gar nicht müde bist? Magst du in die Bewegungsgruppe gehen?« Von der Kinderzahl ist abhängig, ob es in einem Bereich mehrere Fachkräfte braucht.

Pflegesituationen

Zu den Pflegesituationen gehören nicht nur das Wechseln der Windel, sondern beispielsweise auch das Eincremen, das Händewaschen, der Toilettengang, das Nase putzen usw.

Immer herausfordernd ist für Kinder eine hektische Fachkraft mit fordernden, groben Gesten und Berührungen, wenig Blickkontakt und auffordernden Worten oder wenn die Pflege gänzlich ohne Worte gemacht und schnell »am Kind« durchgeführt wird. Wenig Autonomieerfahrungen und Möglichkeiten zur Partizipation (dem Kind alles abnehmen) können in diesen Situationen ebenso zu herausforderndem Verhalten führen wie Überforderung (z. B. »zieh dich schon mal an«, wenn das Kind bestimmte motorische Fertigkeiten erst noch weiter ausdifferenziert). Grobe Hände können Schmerzen verursachen und unangenehm sein. Erwachsenenhände sind im Verhältnis zu einem Kinderkörper sehr groß und wenn die kleine Schnupfnase eines jungen Kindes von einer unfeinfühlig groben Erwachsenenhand abgeputzt wird, kann das sehr weh tun. In allen Situationen ist Zeitmangel und Druck für die Kinder eine große Herausforderung und ein stressauslösender Faktor.

Ebenso herausfordernd sind die kleinen Übergänge in die entsprechenden Pflegesituationen und -Aktivitäten hinein und auch wieder heraus. Die damit verbundenen Raumwechsel und Wege, die zurückgelegt werden müssen, können auch Stolpersteine beinhalten: Liegt etwas auf dem Weg, was mich als Kind »anlacht« und ablenkt? Da ist ein Bällebad, ein Dreirädchen im Flur oder anderes Material mit hohem Aufforderungscharakter so verführerisch, dass ich vergesse, dass ich gerade Hände waschen gehen wollte und mich jetzt sofort dem Spiel widme, meiner Arbeit als Kind! Und schon kommt die Ermahnung und Zurechtweisung aus dem Hintergrund: »Du solltest doch Hände waschen gehen, los jetzt!«

Reflexionsfragen für das Team:

- »Haben wir in unserer Einrichtung verbindliche Absprachen für die Zeiten der beziehungsvollen Pflege? Zu welchen Zeiten und in welchen Situationen findet diese statt? Für wie sinnvoll erachten wir diese?

- Welche Vorteile, insbesondere mit Blick auf Kinder, haben bedarfsgerechte Pflegezeiten?
- In welchen Situationen gelingt es mir gut, mich in zweisamen Pflegesituationen auf die Interaktion mit einem Kind einzulassen?
- Gibt es ein Selbstverständnis im Team, sich bewusst Zeit für die Phasen der beziehungsvollen Pflege zu nehmen?
- Wenn ich mir für die (Beziehungs-)Pflege eines Kindes bewusst Zeit nehme, habe ich dann meinem oder meiner Kolleg*in gegenüber ein schlechtes Gewissen? Warum? Was könnte mein schlechtes Gewissen erleichtern?
- In welcher Weise beteiligen wir Kinder in Pflegesituationen? Können wir Kindern die Zeit geben, die sie brauchen, um sich auf die Situation einzulassen?
- Können Kinder selbstständig auf den Wickeltisch klettern und sich beispielsweise ihre Windeln und Wechselkleider holen?
- In welcher Weise schützt der Wickelbereich die Intimsphäre des Kindes? Ist der Wickelbereich reizarm und einladend gestaltet? Sind alle Utensilien übersichtlich geordnet und gut erreichbar?
- Woran erkennen wir das Interesse von Kindern an einer windelfreien Zeit und der Toilette? Wir unterstützen wir das Autonomiestreben der Kinder in diesem Entwicklungsbereich?
- Bieten wir Kindern die Möglichkeit, im Stehen gewickelt zu werden, sobald sie stehen können? Welche entwicklungspsychologischen und pädagogischen Gründe gibt es hierfür?
- Wie wird das Händewaschen gestaltet und wie oft findet es im Tagesablauf statt?
- In welcher Weise gelingt es uns, das Händewaschen als stressfreies Bildungsangebot zu gestalten?« (Thon, 2021, Bonusmaterial zum Film)

Hand aufs Herz: Welche und wie viele Ermahnungen bekommen Kinder täglich im Waschraum zu hören? Welche Bedürfnisse der Kinder sind hier zu beobachten und zu beachten? Wie könnte aus einem Nein ein Ja werden (Thon, 2021, Bonusmaterial zum Film)?

An-, Aus- und Umziehen – die Garderobensituation

Der Flur und die Garderobe sind häufig Orte, an denen viel Bewegung und unterschiedlichste Aktivitäten stattfinden. Vom morgendlichen Ankommen, (Übergabe-)Gesprächen, dem Ausziehen, Umziehen oder Anziehen über das Aufräumen oder Holen von persönlichen Dingen oder das Warten-Müssen während dieser Mikrotransitionen. In Flur und Garderobe befinden sich oft

Infotafeln oder Pinnwände sowohl für Eltern als auch auf entsprechender Höhe für die Kinder (z. B. sprechende Wände, Speiseplan, Ausstellungen usw.). Aber auch als Spielort oder Ort für Zusammenkünfte oder für Veranstaltungen wird der Flur oder die Garderobe (Aula, Foyer) genutzt – es handelt sich quasi um Multifunktionsräume. Gerade deshalb ist es wichtig, mit den Kindern zu sprechen, wie dieser Raum gestaltet ist und welche Regeln es dort geben soll. Wenn die Altersstruktur der Kinder sich verändert oder sie durch ihr Verhalten zeigen, dass etwas so »nicht mehr stimmt«, ist das ein Zeichen dafür, dass die Gestaltung und die Regeln in der Garderobe neu zu besprechen sind. Herausfordernd in der Schlüsselsituation Garderobe sind für jüngere Kinder oft das »Warten-Müssen«, der Lärmpegel, den es häufig gibt, die Bedrängnissituation (viele Kinder auf engem Raum) und der Stress, der entsteht, weil es schnell gehen soll, ein Teil der Kinder aber auf Hilfe angewiesen ist.

Reflexionsfragen für das Team:

- Wie kann es uns gelingen, die Garderobensituation entspannter zu gestalten?
- Welche Praxis könnte für Kinder und Erwachsene mehr Entlastung und Reduzierung von Stressmomenten bringen?
- Beengte Garderobenbereiche – welche alternativen Orte stellen wir Kindern zur Verfügung, damit sie sich stressfrei, in ihrem Tempo und in Ruhe umziehen können? Zum Beispiel: Teppichfliesen auf dem Fußboden, eine Plane im Gruppenraum.
- Raumgestaltung ermöglicht Partizipation – sind Garderobenfächer und Garderobenhaken ausnahmslos für jedes Kind erreichbar? Falls nicht: Wie können wir Kindern autonomes Alltagshandeln in dieser Situation ermöglichen?
- Mikrotransition »Anziehen an der Garderobe und Rausgehen« – welchen Ablauf, welche strukturierte Vorgehensweise und welche »Ankerplätze« und »Haltestellen« (vgl. Kramer/Gutknecht, 2016) haben wir für die Garderobensituation entwickelt?
- Was müssen Erwachsene im Blick haben und gut vorbereiten, damit die Anziehsituation an der Garderobe gelingt?
- »Ermöglichen wir es Kindern allein in die Garderobe zu gehen, sich umzuziehen und dann selbstständig in den Garten zu gehen? Welche Erfahrungen haben wir dazu? Was sind unsere Bedenken?« (Thon, 2021, Bonusmaterial zum Film)

Materialimpulse statt Angebote

Kitas, in denen Wochenpläne mit festen Angeboten und Projekten, Förderprogrammen und Lernaktivitäten an der Tagesordnung sind, dürften mit viel Stress zu tun haben: Kinder müssen erinnert oder aufgefordert werden, zum jeweiligen Angebot zu gehen, sie werden dadurch aus ihrem Tun geholt und bei der eigentlichen Arbeit gestört. Dazu kommen die Vorbereitung der Angebote, die Absprachen mit den Kolleg:innen, Raumplanung, Diskussionen mit Kindern und eventuell auch Konflikte, wenn diese nicht an dem Angebot teilnehmen wollen. Auch Vertretungsregelungen bei hohem Krankenstand oder Personalausfall und vieles mehr, was dann die Planung platzen lassen kann, sind mit Stress verbunden. Und vielleicht gibt es auch Kinder, die sich gefreut haben und dann enttäuscht werden, weil der Ausflug nun doch nicht stattfinden kann. Schauen wir auf die Bedeutung kindlicher Bildungsprozesse durch Erfahrungslernen (vgl. Henneberg/Klein/Schäfer, 2011, S. 19 ff.) und das freie Spiel in unverplanter, selbstgestalteter Bildungszeit, stellt sich die Frage, inwieweit verbindliche Angebote gute Bildungsangebote sind.

»Erwachsene bieten Unterstützung und Begleitung bei Selbstbildungsprozessen, vor allem durch anregende Räume und Materialien« – diese Aussage wird Ulrich Lange zugeschrieben. Manfred Spitzer betont in seinen Vorträgen immer wieder, dass Kinder im selben Alter sehr unterschiedliche Bildungsthemen haben. Die sogenannten Lernfenster oder sensiblen Phasen sind Zeitfenster, in denen ein Bereich im Gehirn, sprich die neuronale Struktur, besonders sensibel für Lernerfahrungen ist (vgl. Spitzer, 2007). Bei jungen Kindern ist das gut zu beobachten. Kinder um ein Jahr herum sind an unterschiedlichen Themen interessiert. Während die einen sich überall hochziehen und sich dafür in rasantem Tempo im Vierfüßlerstand quer durch den Raum bewegen, sitzen die anderen auf ihrem Po und experimentieren mit den Worten Mama, Papa und Ball. An diesem Beispiel wird deutlich: Es braucht keine Bewegungsbaustelle für alle Kinder, die diese nacheinander bewältigen, oder einen Morgenkreis, bei dem alle Kinder Fingerspiele und Reime praktizieren sollen. Vielmehr brauchen die einen Kinder das Eine und die anderen Kinder etwas anderes. Es braucht eine sorgsam gestaltete Umgebung und das passende Material, von dem sich die Kinder angeregt fühlen, um sich selbst zu bilden. Kinder lernen in diesen sensiblen Phasen besonders intensiv und sie bleiben an ihrem (Entwicklungs-)Thema dran. Diese intrinsische Motivation kann zum Beispiel beim Laufen lernen beobachtet werden. »Laufen lernen Kinder von Fall zu Fall« (Spitzer, 2007). Bis ein Kind wirklich laufen kann, fällt es unzählige Male um und hört trotz dieser Frustration nicht auf, weiter zu üben.

Praxisbeispiel: Kemans Turm

Keman, 5,2 Jahre alt, baut in der Mitte stehend aus Eisbechern einen Turm um sich herum. Er ist von außen kaum noch zu sehen, so hoch ist der Turm bereits. Marcel, sein Bezugserzieher, kommt in den Raum und sagt: »Los Keman, wir haben schon dreimal gerufen, dass du jetzt mit auf den Spielplatz kommen sollst. Alle warten bereits auf dich.« Keman antwortet: »Ich will aber mit den anderen hier bleiben und weiter bauen, schau mal wie weit ich schon bin.« Marcel besteht darauf, dass Keman mitkommt, woraufhin dieser frustriert seinen Turm umschmeißt. Anschließend tritt er mit dem Fuß gegen die Tür des Bauraums. Damit handelt er sich eine weitere strenge Ermahnung von Marcel ein.

Stellen Sie sich folgende Fragen:

- Welche guten Gründe gibt es, dass Marcel auf den Spielplatzbesuch von Keman besteht?
- Welche guten Gründe gibt es, Keman weiterbauen zu lassen?
- Was lernt Keman, wenn er mit auf den Spielplatz muss?
- Was lernt Keman, wenn er weiter sein Projekt, sich selbst einzubauen, verfolgen kann?
- Wer trägt welchen Teil der Verantwortung für den Tritt gegen die Tür?
- Welche Botschaft sendet Marcel an Keman, indem er bestimmt, was Keman tun soll?

Praxisbeispiel auf Ebene der Erwachsenen: Unkraut im Kräuterbeet

Fachkraft Johanna will seit vielen Tagen das Kräuterbeet im Außengelände der Kita von Unkraut befreien und die vertrockneten Pflanzenteile wegschneiden. Endlich sind wieder so viele Kolleg:innen da, dass sie sich dafür zurückziehen kann, auch wenn die Kinder, die sie gefragt hat, keine Lust haben, mitzumachen. Gerade als sie Schubkarre, Gartenscheren, Harken und so weiter in den hinteren Garten gebracht hat und mit der Arbeit beginnt, kommt ihre Leitung Christiana und sagt: »Was machst du denn da, ich hatte doch in der letzten Teamsitzung gesagt, dass der Materialraum dringend aufgeräumt werden muss und die Fachkraft, die Zeit dafür hat, damit anfangen soll.« Johanna erwidert, dass der Materialraum auch bei Regen aufgeräumt werden kann, die Kräuter jedoch so überwuchert sind, dass sie das jetzt machen möchte. Christiana besteht auf ihre Forderung und Johanna geht, nachdem sie den Schubkarren in die Ecke und das Gartenwerkzeug ins Regal geschmissen hat, in den Materialraum.

Stellen Sie sich folgende Fragen:
- Welche guten Gründe gibt es, dass Johanna den Materialraum aufräumen soll?
- Welche guten Gründe gibt es, dass Johanna das Kräuterbeet weiter säubert?
- Was lernt Johanna, wenn sie den Materialraum aufräumen soll?
- Was lernt Johanna, wenn sie weiter das Kräuterbeet von Unkraut befreit?
- Wer trägt welchen Teil der Verantwortung für den hingeschmissenen Schubkarren und das ebenfalls geworfene Werkzeug?
- Welche Botschaft sendet Christiana an Johanna, indem sie vorgibt, was Johanna tun soll.

Vergleichen Sie Ihre Antworten. Worin unterscheiden sich die beiden Situationen, worin sind sie gleich?

Unter anderem vor diesem Hintergrund ist es angemessen und fachlich, Kindern mit Materialimpulsen, Lernwerkstätten (vgl. http://www.lernwerkstätten-forscherräume.de/), Aktionsflächen und Aktionskisten Lernimpulse zu bieten, durch die Kinder einerseits angeregt werden und andererseits in ihrem Tun nicht unterbrochen werden müssen. Texte hierzu finden Sie auf dem Padlet.

Praxistipp

Fragen Sie in einem Stoffgeschäft nach Papprollen oder einen Installateurbetrieb nach Material, was sonst in den Müll geworfen wird. In einer Druckerei kann nach Papierresten gefragt werden, Teppichreste, noch zu verwendende Holzabfälle und diverses anderes »Echtzeug« werden gern für Kindertageseinrichtungen abgegeben. Fragen Sie die Kinder, wer mitkommen möchte, um die Materialien abzuholen. Erfahrungsgemäß finden sich immer Freiwillige. Hinweis: Achten Sie auf ein mögliches Verletzungsrisiko und giftige Schadstoffe – betroffene Materialien sollten vermieden werden. In verschiedenen Städten gibt es Initiativen (Vereine), die es sich professionell zur Aufgabe gemacht haben, im Sinne der Nachhaltigkeit wiederverwertbare Materialien anzubieten, beispielsweise: www.kunst-stoffe-berlin.de.

Abbildung 10: Materialvielfalt in einer Kita (kath. Kita St. Regina, Karlsruhe)

Fazit: Damit Kinder durch die Tagesplanung nicht gestresst werden, ist es notwendig:

- die Zeit, in der die Kinder ankommen, freizuhalten, um mit den Kindern in einen bedürfnisorientierten Kontakt zu kommen,
- viel selbst gestaltete Bildungszeit zu ermöglichen,
- ein offenes Frühstück und ein offenes Mittagessen anzubieten, bei dem die Kinder sich selbst schöpfen und auch entscheiden, wann sie was und von was sie wie viel essen und trinken möchten,
- das Material in den Räumen anregend zu gestalten und beides an den Interessen der Kinder auszurichten,
- Materialimpulse, Lernwerkstätten und Aktionsflächen und -Kisten anzubieten,
- Stammgruppenkreise und Kinderkonferenzen für die Kinder freiwillig anzubieten,
- jederzeit ein Bewegungs- und Ruhe- und Rückzugsangebote für die Kinder vorzuhalten,

- Orientierungspunkte statt einer festen Struktur zu schaffen
- und den Kindern Unterstützung zu geben, damit sie die eigenen Bedürfnisse kennenlernen und daraus resultierende Verhaltensweisen umsetzen lernen (z. B. darf ich mir Tücher holen und mir eine Höhle bauen und mich zurückziehen, wenn ich das Bedürfnis nach Ruhe habe. Oder wenn mir nach Bewegung ist, darf ich in den Bewegungsraum gehen und klettern und rennen. Wenn ich nicht hungrig bin, darf ich das sagen und muss nicht essen usw.). Dabei sind die Fachkräfte gute Vorbilder und akzeptieren jederzeit ein Nein der Kinder.

Material, das herausgeforderten Kindern helfen kann

Das genannte Material kann für die Kinder nur dann unterstützend wirken, wenn dessen Nutzung ganz dem Kind selbst überlassen wird.

- Kopfhörer für Lärmschutz: Vermindern den Lärm.
- Beißketten: für Kinder, die sich oder andere beißen und schlagen.
- Gewichtsdecken: für Kinder, die nicht gut einschlafen können oder sich mehr spüren wollen.
- Gewichtsjacken: für motorisch unruhige Kinder und Kinder, die abends nicht einschlafen können.
- Gewichtstiere: für motorisch unruhige Kinder. Sie werden im Sitzen auf die Oberschenkel gelegt.
- Kleine weiche Bälle: für Kinder, die es schaffen, einen Ball zu kneten. Sie sind eine gute Alternative zur Auto- oder Fremdaggression.
- Farb-Uhren: für Kinder, denen eine visualisierte zeitliche Orientierung gut tut.
- Antirutschmatten (Esstisch): für Kinder, die aufgrund ihrer Motorik eine Unterstützung brauchen, damit das Geschirr auf dem Tisch bleibt.
- Kleine Leuchttische: Helfen Kindern, sich zu fokussieren.
- Vibrationsei, -ball oder -tier: Kann Kinder beruhigen und das Körpergefühl stärken.
- Leuchtsäule: Hilft Kindern, sich zu fokussieren, zu entspannen und zur Ruhe zu kommen.
- Wasserbett: Hilft Kindern, sich zu entspannen.
- Beamer: Um Bilder mit beispielsweise Farbverläufen zur Entspannung an die Wand oder Decke zu werfen.
- Japanbälle: Geben Kindern eine Rückmeldung über die Kraft, die sie einsetzen. Kinder, die sehr sensibel auf Körperkontakt reagieren, können damit spielen, weil der Japanball sehr leicht ist.
- Wasserhahnaufsatz: Das Wasser wird je nach Temperatur grün oder rot beleuchtet. Für Kinder, die sehr temperaturempfindlich sind.

- Fensterbausteine: Helfen Kindern, sich zu fokussieren und haben einen auffordernden Charakter.
- DokuMag: für Kinder, die intellektuelle Herausforderungen mögen, sich gern allein beschäftigen und sich fokussieren.
- Tastdomino: für Kinder, die ihren Tastsinn trainieren wollen.
- Regenbogenbausteine mit Beispielvorschlägen: für Kinder, die intellektuelle Herausforderungen mögen.
- Sprachboard oder MetaTalk: für Kinder, deren Sprachkompetenz sich noch entwickelt.
- Antiaggressionsschläger: um zu kämpfen, ohne sich weh zu tun.
- Akustikwürfel: zum Schallschutz.

Mikrotransitionen – die kleinen Übergänge vor dem Hintergrund stressreduzierter Pädagogik in den Blick nehmen

Mehr als die Hälfte des Kita-Tages von Kindern ist von kleinen Übergängen, den sogenannten Mikrotransitionen, bestimmt.

Diese sind zum Beispiel:

- verabschieden des Elternteils, begrüßt werden von dem/der Pädagog:in,
- von der Garderobe zum Händewaschen gehen,
- vom Spielen zum Wickeln oder auf die Toilette gehen,
- vom Spielen in die Garderobe zum Umziehen gehen,
- von der Garderobe in den Außenbereich gehen,
- von der Garderobe ins Spielzimmer gehen,
- von der Garderobe zum Ausflug/in den Wald gehen,
- vom Händewaschen in die Essenssituation gehen,
- von der Garderobe zum Wickeln gehen,
- vom Garten zum Toilettenbesuch gehen,
- vom Essen zum Umziehen gehen,
- vom Umziehen zum Schlafen gehen,
- vom Schlafen zum Wickeln und Umziehen gehen,
- vom Gesicht- und Händewaschen zum Umziehen gehen,
- vom Wickeln zum Händewaschen gehen,
- vom Spielen zum Nachmittagsvesper/Snack gehen,
- vom Spielen zum Abholen gehen.

Die kleinen Übergänge betreffen die sich mehrfach wiederholenden Alltagsroutinen und Schlüsselsituationen. Häufig sind die Mikrotransitionen mit Wartezeiten, vielen kleinen komplexen Teilschritten und Stress verbunden (vgl. Gutknecht, 2013, S. 35). Vor allem haben sie aber oft Spielunterbrechungen zur

Folge und stellen für Kinder »Störungen« von ihrem Tun dar, die von außen initiiert und nicht von ihnen selbst gewählt sind. Kinder können sehr gestresst auf die kleinen Übergänge reagieren und dies mit herausforderndem Verhalten zum Ausdruck bringen.

Praxisbeispiel: Tims Teilschritte im Übergang von drinnen nach draußen

1. Tim, drei Jahre alt, hört, dass die Kinder gebeten werden, aufzuräumen, und ihm wird angekündigt, dass es gleich in die Garderobe geht und nach dem Umziehen in den Garten.
2. Tim räumt sein Spielmaterial weg.
3. Tim geht zur Gruppentür und wartet dort.
4. Nachdem sein Erzieher die Tür geöffnet hat, geht Tim zu seinem Garderobenplatz, er nimmt seine Jacke vom Haken und muss dabei auf die Zehenspitzen gehen, damit er dran kommt.
5. Tim sucht sich im Flur einen Platz, wo er sich mit seiner Jacke hinsetzen kann.
6. Tim setzt sich und legt die Jacke neben sich.
7. Tim zieht zunächst seine Hausschuhe aus.
8. Tim steht auf und geht zu seinem Garderobenplatz zurück, dort holt er seine Draußenschuhe und stellt seine Hausschuhe hin.
9. Tim geht zurück zu seinem Umziehplatz und setzt sich hin.
10. Tim versucht, die Schuhe anzuziehen.
11. Tim versucht, die Jacke anzuziehen.
12. Tim geht zurück zu seinem Garderobenplatz.
13. Tim steigt auf die Bank, er streckt sich, um an seine Kiste zu kommen, die oben auf der Ablage steht. Er holt seine Mütze und seinen Schal heraus.
14. Tim nimmt beides mit und sucht sich einen Ort, an dem er beides anziehen kann.
15. Tim setzt sich auf die Bank, auf der die angezogenen Kinder warten, bis alle rausgehen.
16. Als es so weit ist, steht Tim auf und geht raus in den Garten.

Sechzehn (!) Teilschritte beschreiben, welche Bewältigungskompetenz Tim für diesen kleinen Übergang von drinnen nach draußen braucht. Sie können sich vielleicht vorstellen, wie komplex die ganzen Mikrotransitionen für die Kinder (vor allem für junge Kinder) sein können und welche Kompetenzen gefordert werden. Um stressreduziert zu arbeiten, ist es wichtig, die Übergänge im Team gemeinsam zu reflektieren und sie sorgsam zu gestaltet und zu begleiten. Dann bieten sie auch vielfältige Selbstwirksamkeits- und Lernerfahrungen für die Kinder und können als Bildungssituation gestaltet werden, in der sie auf vielfältige Art partizipieren können.

Folgenden Herausforderungen könnten Tim in diesem Übergang begegnen:

- Tim ist so vertieft ins Spiel, dass er die Ankündigung nicht wahrnimmt und er ggf. ermahnt, beschämt und aufgefordert wird, aufzuräumen, was sich auf seine emotionale Befindlichkeit auswirkt und ggf. zu entsprechendem Verhalten führt (Verweigerung, Trotz, Frust, Traurigkeit, Wut).
- Ungünstigerweise wird Tims Wunsch, weiterzuspielen, missachtet und er hat keine Wahlmöglichkeit und muss mit raus.
- Tim findet Warten herausfordernd.
- Tim kommt ggf. nicht gut an seine Sachen heran, weil sie zu hoch sind.
- Tim ist es zu eng, zu laut, es wird gedrängelt und die anderen Kinder sind ihm im Weg.
- Die Regel, dass man sich nicht an anderen Orten umziehen darf, fordert Tim heraus.
- Gestresste Fachkräfte, die entsprechend unresponsiv reagieren (Anweisungen, grob, verletzendes Verhalten) fordern Tim heraus.
- Hilfe, die Tim bräuchte, wird übersehen.
- Tim werden Tätigkeiten abgenommen, die er schon allein könnte, aber er bekommt die Zeit nicht, es selbst zu tun.
- Verbote (z. B. auf die Bank steigen) fordern Tim heraus.
- Es kommt zu konflikthaften Auseinandersetzungen unter den Kindern, weil die Gesamtsituation herausfordernd für alle ist.
- Es kommt zu langen Warte- und Sitzzeiten.

Die kleinen Übergänge finden auf drei verschiedenen Ebenen statt: Raumwechsel (z. B. von der Bewegungsbaustelle zum Bad), Wechsel von Aktivitäten (z. B. vom Spielen zum Essen) und ein Wechsel von Bezugspersonen (z. B. vom Elternteil zum/zur Pädagog:in). Sie müssen sowohl von einzelnen Kindern als auch Teilgruppen oder auch ganzen Kindergruppen bewältigt werden. Es gibt von Kindern selbst initiierte Übergänge (z. B. sich von einem Spiel abwenden und zu einem anderen hinwenden) oder von außen initiierte Wechsel (z. B. Fachkraft begleitet den Übergang vom Spiel zum Mittagessen). Letztere sind für manche Kinder schwerer zu bewältigen, da sie eventuell ihren individuellen Bedürfnissen entgegenwirken (»ich wollte aber weiterspielen«; vgl. Metzger, 2022, S. 43).

Herausforderung: fremdinitiierte Übergänge

Im Kita-Alltag begegnen Kinder vielen von pädagogischen Fachkräften initiierten Übergängen. Es lässt sich fragen, wie bedürfnisorientiert der Alltag gestaltet werden kann, wenn diese häufiger erlebt werden als selbstinitiierte Mikrotransitionen. Vor allem vor dem Hintergrund, dass die Kinder eventuell intensive Unterstützung bei deren Bewältigung benötigen. Der Pädagogikprofessor Marius Metzger schreibt dazu:

> »Legt man dem professionellen Handeln einen solchen Anspruch an die individuelle Bedürfnisorientierung zugrunde, so würde sich der pädagogische Alltag primär am individuellen Rhythmus des einzelnen Kindes orientieren. Der Zeitpunkt und die Dauer der verschiedenen Fixpunkte im Tagesablauf wie Ankommen, Morgenkreis, Freispiel, Körperpflege, Essen, Ruhezeit oder Außenaktivitäten wären dann konsequent an den individuellen Bedürfnissen auszurichten.« (Metzger, 2022, S. 43)

Auf dem Padlet finden Sie einen Fragebogen zur Analyse von Mikrotransitionen zu den drei Zeitpunkten *vor, während* und *nach* dem jeweiligen kleinen Übergangs mit entsprechenden Beispielen.

Praxistipp

Zählen Sie alle Mikrotransitionen in Ihrem Alltag auf. Unterscheiden Sie dabei die Anzahl der Wege, die die Kinder zurücklegen, der Stationen, die sie aufsuchen (z. B. Waschbecken), der Aktivitäten (z. B. Hände reinigen), die sie dort verüben, der Raumwechsel und der verschiedenen Personen, die sie antreffen. Wie oft werden Kinder in ihrem Spiel unterbrochen? Wie oft müssen Kinder zum Händewaschen ins Bad gehen?

Auf einem Grundrissplan können Sie die Wege, Stationen, Haltestellen und Ankerplätze (vgl. Kramer/Gutknecht, 2018, S. 33) einzeichnen. Notieren Sie einen Tag lang die damit verbundenen Sitz- und Wartezeiten der Kinder und reflektieren Sie gemeinsam, wie diese minimiert werden können, damit Kinder zwei ihrer wichtigsten Bedürfnisse, nach Bewegung und Spiel, nachkommen können. Zu herausforderndem Verhalten kann es bei Kindern auch kommen, wenn sie häufig und/oder zu lange sitzen und warten müssen.

Gerade in diesen Situationen besteht die Gefahr, dass es vonseiten der Erwachsenen zu Ermahnungen und Zurechtweisungen kommt (die Gehirne sind gestresst, vgl. ▶ **Kapitel 2.4, Beispiel »im Stressmodus«**), und das wiederum lässt das Schmerzzentrum im Gehirn der Kinder leuchten.

Praxistipp

Jungen Kindern ist geholfen, wenn sie am Esstisch nicht warten müssen, bis alle fertig sind, sondern wenn sie die Gelegenheit bekommen, die nächste Station aufzusuchen (zum Beispiel den Wagen, auf dem sie ihr Geschirr wegräumen, das Lätzchen ausziehen, sich Hände und Mund säubern können), und dann dort bei ihrem Tun begleitet werden. Ein Ankerplatz kann dann als nächster Ort dienen, um die Wartezeit sinnvoll und stressreduziert zu überbrücken. Dies kann zum Beispiel ein Teppich im Raum sein, auf dem die Kisten stehen, in denen die Schlafutensilien bereit liegen, damit Kinder sich in Begleitung der Fachkraft zum Schlafen bereit machen können. Richten Sie zudem Haltestellen ein. Auch dort können Wartezeiten kurz überbrückt werden. Das kann zum Beispiel eine Fühlwand in der Garderobe, an der die Kinder im Übergang ins Außengelände kurz verweilen können, sein.

Abbildung 11: An der Fühlwand lässt es sich besser warten

Individuelle und kollektive Rituale

Während das eine Kind bei einem akustischen Signal (z. B. Gong, Triangel, Glocke) sofort weiß, dass jetzt ein Übergang bevorsteht, und es als fest etabliertes Ritual deutet, kann es sein, dass ein anderes darauf gar nicht reagiert. Dieses braucht vielleicht die persönliche Ansprache mit angefragtem Körperkontakt, Blickkontakt und einer verbalen Ankündigung (»Wir gehen gleich in die Garderobe, ziehen uns um und dann gehen wir in den Wald«). Individuelle und kollektive Rituale gilt es in ein sinnvolles Verhältnis zueinander zu bringen (vgl. Metzger, 2022, S. 45).

So kann einem Kind als individuelles Ritual zum Beispiel angeboten werden, selbst das akustische Signal für die anderen Kinder zu geben. Auf diese Art kann es aktiver Mitgestalter des Übergangs sein und diesen leichter bewältigen.

3 Was bedeutet es, bedürfnisorientiert zu arbeiten?

Die Kindheitspädagoginnen und Autorinnen Lea Wedewardt und Kathrin Hohmann veröffentlichten im Jahr 2021 ein wegweisendes Buch, das bedürfnisorientierte Pädagogik in der Kindertagesbetreuung beschreibt. Zwei ihrer ersten Sätze darin lauten: »Bedürfnisorientierung ist eine Haltung, kein Konzept. Sie ist keine zusätzliche Bürde, sondern vielmehr ein neuer Blick auf das SEIN, auf das ZusammenSEIN, das MiteinanderSEIN« (Wedewardt/Hohmann, 2021, S. 12). Der Blick wird nicht allein auf das Kind gerichtet, sondern auf das gleichwürdige Miteinander aller Beteiligten – dem Kind, den Fachkräften und den Eltern. Alle werden mit ihren individuellen Erfahrungen, Bedürfnissen und Gefühlen, Grenzen und Interessen wahrgenommen. »Jeder Mensch [...] darf sein und muss nicht werden«, schreiben die Autorinnen und stellen das Miteinander in Beziehung und das Aufeinander bezogen sein in den Fokus (Wedewardt/Hohmann, 2021, S. 12). Dabei kann jede:r von jeder und jedem lernen und die Beteiligten verstehen sich gemeinsam als Lerngemeinschaft.

Die bedürfnisorientierte Haltung bedeutet (nach Wedewardt/Hohmann, 2021):
- sich auf die Bedürfnisse der Kinder (Eltern) einzustellen,
- die Grenzen der Kinder (Eltern) zu wahren,
- die Bedürfnisse der Kinder (Eltern) ernst zu nehmen,
- Kinder (Eltern) in Entscheidungen miteinzubeziehen,
- »Beschwerden« von Kindern (Eltern) feinfühlig wahrzunehmen,
- Vertrauen aufzubauen,
- die Bedürfnisse der Fachkräfte und Kolleg:innen wahrzunehmen.

Um Missverständnisse aufzuklären, beschreiben die Autorinnen auch gleich, was Bedürfnisorientierung *nicht* bedeutet:
- Kindern/Eltern alle Wünsche (sofort) zu erfüllen,
- Kindern/Eltern alle Schwierigkeiten aus dem Weg zu räumen,

- Konflikte zu vermeiden,
- Kindern/Eltern jeglichen Ärger und Frust zu ersparen,
- eigene Bedürfnisse als Fachkraft zu übergehen/leugnen/verdrängen,
- eigene Grenzen als Fachkraft zu übergehen,
- nie Nein sagen zu dürfen.

Bedürfnisorientierung bedeutet für die Autorinnen im Gegenteil:
- auch Nein zu sagen,
- die Bedürfnisse und Grenzen von Kindern, Eltern *und* Fachkräften wahrzunehmen,
- die Bedürfnisse und Grenzen von Kindern, Eltern *und* Fachkräften ernst zu nehmen
- und die Bedürfnisse und Grenzen von Kindern, Eltern *und* Fachkräften zu verbalisieren.

Das bedeutet, Kompromisse zwischen den verschiedenen Bedürfnissen *aller* (Kindern, Eltern, Fachkräften) zu finden und miteinander in Verbindung zu sein sowie Empathie für die eigenen und die Bedürfnisse anderer zu entwickeln und aus einer »erlernten Hilflosigkeit« in die Verantwortung zu kommen (vgl. Wedewardt/Hohmann, 2021, S. 12–14).

Psychische und physische Bedürfnisse von Menschen

Unabhängig von ihrem Alter, ihrer Herkunft, Religion oder Kultur haben alle Menschen die gleichen (Grund-)Bedürfnisse, diese sind also universell. Sie können erfüllt werden oder unerfüllt bleiben. Vordergründig möchten Bedürfnisse gesehen und wahrgenommen werden. Sie sind primär positiv und auch abstrakt, also nicht an konkrete Handlungen oder einen spezifischen Ort, eine Zeit oder einen Menschen gebunden. Ob und wie Bedürfnisse befriedigt werden, spiegelt sich in unterschiedlichsten Gefühlen wider. Wir alle verspüren Bedürfnisse unterschiedlich stark und je nach Lebensphase haben sie eine unterschiedlich hohe Bedeutung für uns. Gemeinsam haben wir jedoch, dass unsere Bedürfnisse uns antreiben, sie sind es, die hinter unseren Wünschen, Gefühlen, Sehnsüchten und Plänen stecken und unser Verhalten prägen und befeuern. Sind die Bedürfnisse befriedigt, lässt sich das sogar im Hirnstoffwechsel messen, körpereigene Opioide, Dopamin, Serotonin und Oxytocin werden ausgeschüttet, der Mensch ist glücklich und zufrieden. Sind jedoch mehrere psychische oder physische Bedürfnisse unbefriedigt, kann die Ausschüttung verhindert werden und der Mensch wird unglücklich.

Zu den physiologischen Grundbedürfnissen, die jeder Mensch hat, gehören unter anderem:

- Schlaf,
- Essen und Trinken,
- Körperkontakt, Nähe,
- in Bewegung sein,
- Schmerzfreiheit und körperliches Wohlbefinden,
- auf die Toilette gehen,
- Abstand und Distanz,
- Berührung und Stimulation,
- gesund sein,
- Licht, Luft,
- Sexualität,
- das Bedürfnis nach Spannung,
- die Möglichkeit, sich auszuruhen und zu erholen und einen sicheren Rückzugsort zu haben.

Die psychischen Grundbedürfnisse sind als genauso wichtig zu bewerten. Zu ihnen gehören unter anderem:

- Bindung und Autonomie,
- Liebe und Fürsorge,
- Nähe und Rückversicherung,
- Selbstwirksamkeit,
- Halt und Begrenzung,
- emotionale Sicherheit und Geborgenheit,
- Zugehörigkeit und Verbundenheit,
- Freude und Leichtigkeit,
- Respekt und gesehen werden,
- Wertschätzung und Würdigung,
- Ruhe und Rückzug,
- Kreativität und Selbstausdruck,
- Sinn und Kongruenz.

Als wichtigste seelische Grundbedürfnisse für eine stabile und gesunde Psyche können die Bedürfnisse nach Bindung, Sicherheit, Autonomie, Selbstwirksamkeit und Selbstwerterhaltung angesehen werden.

Der Psychologe Marshall B. Rosenberg, der das Konzept der gewaltfreien Kommunikation entwickelt hat, wies immer wieder darauf hin, dass es vielen Erwachsenen sehr schwer fällt, Kontakt zu ihren eigenen Bedürfnissen herzustellen und diese zu spüren, zu reflektieren und dafür einzustehen. Trotzdem tut jede:r zu jeder Zeit das, was sie oder er gerade tun kann, um sich die eigenen Bedürfnisse zu erfüllen, und gibt dabei ihr oder sein Bestes. Hat ein:e Erwachsene:r in der Kindheit oft die Erfahrung gemacht, dass die eigenen Bedürfnisse nicht gesehen wurden und dadurch auch nicht entsprechend darauf reagiert wurde, ist es doppelt so schwer für sie oder ihn, Kontakt zu ihnen zu bekommen. Rosenberg beschreibt außerdem, dass wir nicht gelernt haben, unsere Bedürfnisse als etwas Schönes und Wertvolles zu sehen. Er empfiehlt, sich selbst zu fragen: Was ist lebendig in mir? Und: Was würde mein Leben bereichern? So komme ich meinen Bedürfnissen auf die Spur (vgl. Rosenberg, 2012, S. 27).

Hinweis: Eine gute und differenzierte Liste aller Bedürfnisse gibt es in Lea Wedewardts Buch »Wörterzauber statt Sprachgewalt« (2022) auf Seite 111. Ebenso eine Liste der Gefühle, wenn Bedürfnisse unerfüllt oder erfüllt sind.

Die Unterscheidung von Wünschen und Bedürfnissen

Unsere Wünsche sind individuell und konkret (»ich möchte noch länger schaukeln«), während unsere Bedürfnisse universal sind (»ich möchte mich bei dir sicher fühlen«). Wünsche beschreiben, was wir wollen. Bedürfnisse beschreiben, was wir brauchen (vgl. Imlau, 2022, S. 51). Manche psychischen und physischen Bedürfnisse fließen ineinander, so beispielsweise das Bedürfnis nach Nähe, Körperkontakt oder Distanz und Autonomie.

Praxisbeispiel: Farells Bedürfnisse werden gesehen und beantwortet

Immer wieder zieht sich der dreieinhalbjährige Farell während des Vormittags in die Höhle unter der zweiten Ebene zurück. Vor allem in Übergangssituationen oder wenn die Lautstärke sehr hoch ist, ein Kind weint oder vermehrt Konflikte entstehen, sucht er sofort den Rückzugsort auf. Die aufmerksame Fachkraft Rabea merkt jedoch, dass er immer wieder aus der Höhle schaut und ihren Blick sucht. Sie geht zu ihm, hockt sich hin und sagt: »Das ist ganz schön trubelig hier im Moment, gell? Wie gut, dass du einen Platz gefunden hast, wo es ein bisschen ruhiger ist. Ich schaue gleich noch einmal nach dir und passe auf, dass du allein in der Höhle bleiben kannst, in Ordnung?« Farell schaut sie an, nickt, lächelt und kriecht wieder in die Höhle. Seine möglichen Gefühle könnten Entspannung, Erleichterung und Zufriedenheit sein.

Mit ihrem Verhalten nimmt Rabea das mögliche Bedürfnis von Farell wahr, sie nimmt es ernst und verbalisiert es zusätzlich. Farell signalisiert mit seiner Körpersprache, dass er sich verstanden und gesehen fühlt. Mit ihrer Reaktion folgt Rabea wiederum ihrem eigenen Bedürfnis, Beziehungen gleichwürdig und integritätswahrend zu gestalten.

Praxisbeispiel: Padmas Bedürfnisse werden missachtet

Die zweijährige Padma sitzt bei ihrer Tagesmutter Giselle auf dem Schoß. Sie schauen gemeinsam ein Buch an. Padma möchte die Seiten umblättern, jedoch hält Giselle bei jedem Versuch ihre Hand fest und sagt: »Ich mache das, sonst zerreißt die Seite vielleicht.« Als Padma irgendwann auf Giselles Schoß nach vorne rutscht und das Buch zur Seite schiebt, zieht diese sie wieder zurück und sagt: »Wir sind noch nicht fertig mit dem Buch, nur noch drei Seiten.« Padmas mögliche Gefühle in diesem Moment könnten sein: unbehaglich, erstarrt, lustlos, unwohl, verwirrt, unglücklich, ängstlich, durcheinander, elend. In diesem etwas drastischen Beispiel werden gleich zwei Bedürfnisse von der Tagesmutter übersehen: das Bedürfnis nach Autonomie und Selbstwirksamkeit (selbst umblättern) und das nach Distanz (nicht mehr auf dem Schoß sitzen wollen). Abgesehen davon kann das Verhalten von Giselle sogar als grenzverletzend (Kind auf dem Schoß halten) und sogar beschämend (du machst es kaputt) eingeordnet werden. Ebenso ist die mangelnde Responsivität (Feinzeichen von Padma erkennen und interpretieren und ein entsprechendes Antwortverhalten zeigen) ungünstig für die bedürfnisorientierte, integritätswahrende und gleichwürdige Beziehung. Giselles Perspektive zu betrachten, ist jedoch ebenfalls wichtig: Ihr Wunsch in diesem Moment könnte sein, dass das Buch nicht kaputt geht. Sie fühlt sich für das Material verantwortlich. Eventuell hat sie ein »objekthaftes Denken« verinnerlicht, dass ein Kind lernen sollte, eine Sache zu Ende zu machen, und dazu gehört, ein Buch zu Ende anzuschauen. Letztlich kann ihr keine böse Absicht unterstellt werden, wenn sie die Feinzeichen von Padma nicht bemerkt. Es bedarf viel Responsivität und Selbstreflexion und ein immer wieder erneutes Arbeiten an der eigenen

Haltung, um sich dafür zu sensibilisieren, wie Kinder unter anderem mit kleinsten Anzeichen ihres Körpers zeigen, welchen Wunsch und welches Bedürfnis sie haben.

3.1 Achtsame Sprache

Zu einer bedürfnisorientierten, gleichwürdigen und integritätswahrenden Haltung gehört, auf eine achtsame, wertschätzende Sprache zu achten.

Praxisbeispiel: Stellen Sie sich vor …

Sie sind bei mir in einer Teamsupervision. Es geht um Konflikte und Sie sind dran, Ihre Sichtweise darzustellen. Sie wissen zunächst nicht so recht, wie Sie sich äußern wollen. Sie fassen all ihren Mut zusammen und teilen Ihre Empfindung mit. Meine Reaktion darauf ist folgende: »Das meinen Sie jetzt aber nicht ernst, oder? Was ist denn das für ein Unsinn, den Sie da erzählen? So eine unqualifizierte Aussage, so kommen wir nicht weiter!« Zudem sehen Sie, dass sich meine Mimik abwertend verändert, ich, die Supervisorin, runzle die Stirn und ziehe die Mundwinkel nach unten. Wie mögen Sie sich wohl jetzt fühlen? Ich kann mir vorstellen, dass Sie sich unwohl fühlen und einen kurzen inneren »Leidensmoment« erlebt haben. Denn auch wenn es nur in der Fantasie war: Ich habe Ihre Integrität verletzt, bin in Ihr Haus eingebrochen und habe ungleichwürdig und beschämend verbal und nonverbal auf Ihren Redebeitrag reagiert.

Wie oft geht es Kindern wohl so in ihrem Alltag? Haben Sie sich das schon einmal gefragt?

»Die Art, wie wir mit unseren Kindern sprechen, wird zu ihrer inneren Stimme.« Dieses Zitat der Familientherapeutin Peggy O'Mara macht deutlich, dass wir als Erwachsene in der Art und Weise, was wir sagen und wie wir kommunizieren, Kinder in ihrem Selbstbild in positiver oder negativer Weise prägen und Spuren hinterlassen können.

Worte haben eine große Macht, sie können eine psychische Ohrfeige sein und Grenzen massiv übertreten und verletzen. Das Gegenüber denkt schlecht über sich selbst, wird wütend oder zieht sich verletzt zurück (vgl. Wedewardt, 2022, S. 7).

»Es ist heute bekannt, dass psychische Gewalt genauso schmerzhaft ist wie körperliche Gewalt. Und eine entscheidende Komponente, über die psychische Gewalt ausgeübt wird, ist die Sprache. Eine Studie an der Universität Michigan konnte zeigen, dass im Gehirn von Menschen bei psychischen und körperlichen Schmerzen die gleichen Hirnareale aktiv sind [...]. Auch eine groß angelegte Langzeitstudie mit 2.500 Kindern im Alter zwischen 5 und 15 Jahren an der Universität Minnesota kam zu dem Schluss, dass verbale Herabwürdigung, Demütigung und Bewertung ähnlich negative Auswirkungen auf die psychische Gesundheit der Kinder haben wie körperliche Misshandlungen«. (Wedewardt, 2022, S. 7)

Adultistische, gewaltvolle, beschämende, integritätsverletzende Sätze

Stell' dich nicht so an. Das tut doch gar nicht weh. Du musst keine Angst haben. Bist du noch ein Baby? Das war ja wieder klar. Schon wieder falsch. Mach nicht so ein Theater. Muss ich dir immer alles dreimal sagen?! Kannst du mir mal sagen, was das soll? Entschuldige dich! Wie heißt das Zauberwort? Da musst du durch. Solange du die Füße unter meinen Tisch stellst ... Hier wird getan, was ich sage. Da ist die Mama aber enttäuscht von dir. Weil ich das sage. Jetzt ist aber Schluss. Ich habe dir schon hundert mal gesagt ... Sieh mich an, wenn ich mit dir rede. Wer nicht hören will, muss fühlen. So spricht man nicht mit Erwachsenen. Musst du immer das letzte Wort haben?! Du bist die Älteste, dann kannst du auch nachgeben. Sei doch mal vernünftig. Das kommt davon. Selbst schuld. Du hast doch überhaupt keinen Grund zum Weinen. Reiß dich zusammen. Schäm dich! Freu dich nicht zu früh. Wenn du nur einen Funken Verstand hättest ... An dir ist ein Junge verloren gegangen. Ein Indianer kennt keinen Schmerz. Geheult wird nicht. Jungs weinen nicht. Wieder mal typisch. Es wird gegessen, was auf den Tisch kommt. Wenn du nicht aufisst, ist morgen schlechtes Wetter. Wie du wieder aussiehst ... Du hast zwei linke Hände. Geflüstert wird nicht. Du raubst mir den letzten Nerv. Du bringst mich noch ins Grab. Du machst mich echt fertig. Das wird ein Nachspiel haben. Mein liebes Fräulein ... Alles muss man selbst machen. Du denkst immer nur an dich. Es gibt noch andere Menschen auf der Welt außer dich. Was erlaubst du dir eigentlich?! Ellenbogen vom Tisch! Das Messer wird nicht abgeschleckt. Ich warne dich! Muss ich erst mit dir schimpfen? Nie hörst du, was ich dir sage. Antworte gefälligst, wenn du gefragt wirst. Von dir hätte ich mehr Vernunft erwartet. Du kannst nie genug kriegen. Du kriegst gleich ein paar hinter die Löffel! Gleich setzt es was! Rotzbengel. Geh' in dein Zimmer. Selbst Schuld. Nimm dir mal ein Beispiel. Das tut man nicht. Wenn ich rede, dann hörst du zu. Deine Ausreden kannst du dir sparen. In diesem Haus wird getan, was ich sage. Ein Mädchen kann das nicht. Das Leben ist kein Ponyhof. Das hat mir auch nicht geschadet. Was sollen bloß die Leute denken?! Sei brav. Guck nicht so. Das hätte ich nicht von dir gedacht. Erzählst du mir Lügen? Das schmeckt doch gut. Wie alt bist du eigentlich?! Du solltest dich schämen. Benimm dich! Was glaubst du eigentlich, wer du bist?! Kannst du mir mal sagen, was das soll? Sei ordentlich. Geh weg da, das ist nichts für Kinder. Brauchst du immer eine Extrawurst? Hör mit dem Geplärre auf. Da musst du durch. Du bist ja so tapfer. Warum isst du schon wieder nichts? Dazu bist du noch zu klein. Woher hast du das? Das glaubst du doch selbst nicht. Das ist doch kein Umgang für dich. Hör auf, dich wie ein Kind zu benehmen. Du wirst mir nochmal dankbar sein. Das ist doch nicht so schlimm. Bis du groß bist, ist es vorbei. Wenn du mal heiratest, ist es vorbei. Sitz gerade. Räum auf. Heulsuse. Sag schön »Danke«. Sag »auf Wiedersehen«. Weshalb kommst du so spät nach Hause? Kommt überhaupt nicht infrage. Wo warst du schon wieder? Mach bitte nicht so ein Gesicht. Hörst du schlecht? Wie sagt man …? Hast du keine Ohren? Denk doch mal an später. Das hast du aber fein gemacht. Was soll nur aus dir werden … Das sagt man nicht. Wenn ich dich dabei noch einmal erwische … Das gehört sich nicht. Nimm dich zusammen. Dein Geschrei ändert gar nichts daran. Kannst du nicht hören?! Gib der Tante die Hand. … (vgl. Wilhelm, 2019, S. 64 und das Kinder brauchen Respekt-Plakat der Österreichischen Kinder- und Jugendvertretung unter https://bjv.at/wp-content/uploads/2014/06/plakat-respekt.pdf [Zugriff am 21.02.2024] sowie Wedewardt, 2022)

Weitere beschämende Sätze finden Sie auf dem Padlet.

Haben Sie sich erwischt gefühlt oder die Stimme von Erwachsenen gehört, die diese Sätze zu Ihnen gesagt haben als Sie ein Kind oder ein:e Jugendliche:r waren? Nicole Wilhelm (2019) schreibt dazu:

> »Solche Dinge und noch viel mehr mussten wir uns anhören. Wir waren also bestrebt, uns möglichst ›richtig‹ zu verhalten, um der Kritik und der Beschämung zu entgehen. Wir lebten in der Angst, etwas verkehrt zu machen. Und so schauen wir auch heute noch oft auf uns und andere, verurteilen uns und andere. Dieser Mechanismus der Abwertung geschieht in uns automatisch, wir haben das erlernt wie unsere Muttersprache. Wir können aussteigen, wenn wir das erkennen und aussteigen wollen.« (S. 65)

Worte können aber auch das Herz öffnen oder dazu beitragen, dass man sich einander die Hand reicht. Sie können erfreuen, aufmuntern, stärken und motivieren. Ein einziger Satz kann wie ein Pfeil schießen oder Wunden heilen, er kann wie ein Filter oder wie ein Spiegel der Seele wirken, er kann Kooperation fördern oder aber Widerstand hervorrufen. Sprache kann damit so schmerzhaft sein, aber auch so heilsam (vgl. Wedewardt, 2022, S. 7).

Denken Sie an das Bild mit dem Haus und dem Gartenzaun zurück. Wenn wir wenig achtsam, beschämend und grenzverletzend mit Kindern sprechen, brechen wir in ihr Haus ein und verletzen ihre Integrität und lassen damit ihr Schmerzzentrum im Gehirn leuchten.

Praxisbeispiel: beschämende Sprache

Erzieher Manuel geht zu dem dreieinhalbjährigen Pascal, der vom Klettergerüst in den Rindenmulch gefallen ist und weint. Er hat sich sichtlich weh getan. Manuel sagt: »Das hab ich dir doch gleich gesagt, dass du da runterfällst, du bist einfach noch zu klein dafür. Komm, steh auf, das tut doch sicher gar nicht weh, sei keine Memme – Jungs weinen nicht!«

Wie könnte eine achtsame, gleichwürdige Reaktion von Erzieher Manuel klingen?

Manuel geht zeitnah zu Pascal und hockt sich hin. Er könnte sagen: »Oh Pascal, du bist runtergefallen und hast dir weh getan. Du weinst und bist vielleicht auch erschrocken, du wolltest so gern ganz hoch klettern, gell?« Dazu kommt die von Manuel gewählte Körpersprache: geöffnete Arme signalisieren, dass Pascal sich mit Körperkontakt Trost holen könnte, wenn er das möchte. Manche Kinder möchten keinen Körperkontakt während sie getröstet werden, da reicht es, wenn man daneben sitzt und in Mimik, Körpersprache und verbal spiegelt und signalisiert, dass man mitfühlt.

Sprache als Instrument von Adultismus

> »Adultismus stammt aus dem Englischen und bildet sich aus dem Wort ›adult‹ für Erwachsene und der Endung -ism oder -ismus als Kennzeichnung eines gesellschaftlich verankerten Machtsystems. Adultismus beschreibt das Machtgefälle zwischen Erwachsenen und Kindern. Wir finden es nicht

> nur in KiTas, sondern in vielen gesellschaftlichen Bereichen – in Schulen und Familien, in Vereinen oder auch bei der Frage, wie man Städte plant und Straßen baut. Ein anscheinend ungeschriebenes Gesetz erlaubt es Erwachsenen, Kinder zu bevormunden – trotz der Verankerung des Rechts auf Partizipation in der Kinderrechtskonvention der Vereinten Nationen in Artikel 12 und 13.« (Engelsmann, 2022, S. 5)

Die Definition von »Adultismus« im Duden lautet: »Diskriminierung Minderjähriger durch Erwachsene; Machtmissbrauch gegenüber Kindern und Jugendlichen« (Dudenredaktion, o. J.).

Adultismus zeigt sich sehr deutlich in der Sprache, aber ebenso in Verhaltensweisen. Auch Erwachsene untereinander benutzen teilweise solche Formulierungen wie »Sei doch nicht so kindisch!« oder »Du benimmst dich wie ein Kind!«. Leider haben sich adultistische Sichtweisen in der Sprache etabliert. Dabei stellt sich die oder der Erwachsene verbal über das Kind und es findet kein gleichwürdiger Austausch auf Augenhöhe statt. Unterschieden werden können in adultistischer Sprache Aussagen, die das Kindsein an sich diskriminieren und abwerten, wie beispielsweise »Sei doch nicht so kindisch!«, »Benimm dich nicht wie ein Kind!«, »Das ist nichts für Kinder!«, »Dafür bist du noch zu klein!«, »Du bist doch kein Baby mehr!« usw., und Aussagen, die die Macht des Erwachsenen betonen, wie zum Beispiel »Weil ich es sage!«, »Wenn der Erwachsene redet, hat das Kind Pause!«, »Solange du deine Füße unter meinen Tisch stellst …« usw. (vgl. Wedewardt, 2022, S. 35).

Die warme, persönliche Sprache

Dass die persönliche Sprache immer warm ist, schreibt Jesper Juul in seinem Buch »Grenzen, Nähe, Respekt. Auf dem Weg zur kompetenten Eltern-Kind-Beziehung« (2009). Das ist sie deshalb, weil sie Beziehung herstellt und ausdrückt. *Ich* bin es, der etwas von *dir* will. Ich wünsche mir, dass du das tust, weil du mich als Person schätzt. Ich habe einen persönlichen Grund dafür, dass ich genau das einfordere. Dies geschieht am besten in einer »Ich-Botschaft«: Ich will … Ich will nicht … Diese Botschaften sagen klar: Ich möchte, hier bin ich, so bin ich, für diese Meinung stehe ich – sodass das Kind nicht zweifeln braucht, wo die oder der Erwachsene gerade steht. Unsere Sprache wird nicht dadurch wärmer, dass wir *du* und *man* durch ich ersetzen. Es gehört mehr dazu, zum Beispiel, dass wir meinen, was wir sagen, und dass wir *wirklich etwas über uns* sagen. Es geht um Authentizität! Das Kind muss spüren, dass wir selbst sprechen. Auch spielen Tonfall und Körpersprache eine wichtige Rolle. Wenn es gelingt, dass alle drei Elemente miteinander harmonieren, kann ein gleichwürdiger Dialog glücken.

In der warmen Sprache können Äußerungen so beginnen:
- Ich will ...
- Ich will nicht ...
- Ich mag ...
- Ich mag nicht ...
- Ich bin einverstanden ...
- Ich bin nicht einverstanden ...
- Ich möchte ...
- Ich möchte nicht ...

Kinder beherrschen interessanterweise die persönliche Sprache sehr gut, vor allem in der Zeit, wo sie in ihren Autonomiebestrebungen explorieren. Wie oft hören wir dann ein authentisches »Nein« oder ein »ich will, ich will nicht«. Wenn wir diese Äußerungen respektieren und gemeinsam mit den Kindern nach Lösungen suchen, werden sie auch Respekt vor den Grenzen anderer Menschen entwickeln.

Zu einer gleichwürdigen, integritätswahrenden Beziehungsgestaltung gehört die persönliche, warme Sprache dazu. Auf diese Art kann die/der Erwachsene die eigenen Grenzen, »den Gartenzaun«, wahren, ohne das Kind zu beschämen und seine Integrität zu verletzen.

Literaturtipps zum Thema achtsame Sprache

Wedewart, L. (2022): Wörterzauber statt Sprachgewalt. Achtsam sprechen in KiTa, Krippe und Kindertagespflege. Freiburg.

Der Kitapodcast: Folge 78 – Wörterzauber statt Sprachgewalt – Wie Adultismus Kinder prägt. https://beduerfnisorientierte-paedagogik.de/78-adultismus-und-sprachgewalt

Theorie und Praxis der Sozialpädagogik (TPS): Adultismus. Das Ungleichgewicht der Macht. 9/2022.

3.2 Kinder nicht »verkehrt machen«

Praxisbeispiel: verkehrt gemachte Kinder

Sachiko und Bastian spielen gemeinsam auf der zweiten Ebene. Sie bauen sich eine Höhle und holen alle Kissen, Tücher und Decken, die es in der Gruppe gibt. Außerdem ein paar Bücher und Kuscheltiere. Sie ziehen sich in die fertige Höhle zurück, die mit einem Tuch verschlossen wird. Fabian und Loulou gehen zur Höhle. Sie wollen mitspielen und öffnen das Tuch. »Hey, geht weg!«, kommt es sofort von drinnen. Fabian sagt: »Wir wollen auch in die Höhle, außerdem habt ihr alle Tücher genommen.« »Wir wollen aber nicht, dass ihr mitspielt, wir wollen alleine sein«, tönt es von drinnen. Fachkraft Solveig kommt dazu, zieht das Tuch beiseite und sagt: »Sachiko, Bastian, hier wird niemand ausgegrenzt, das würdet ihr auch nicht wollen. Und ihr wisst doch, dass ihr nicht alle Materialien nehmen könnt, die anderen Kinder wollen auch mit den Tüchern spielen. Ihr könnt doch Fabian und Loulou jetzt mal mitspielen lassen, das ist doch viel schöner, wenn ihr alle zusammen spielt, dann müsst ihr euch auch nicht um die Tücher streiten. Kommt, vertragt euch doch wieder, dann ist doch alles gut, wir haben uns doch lieb hier in der Kita.«

In diesem Praxisbeispiel kann durch das Verhalten und die Aussagen der Fachkraft vor allem Sachiko und Bastian das Gefühl vermittelt worden sein, etwas falsch gemacht zu haben, beziehungsweise wird ihr Wunsch, allein zu spielen und ihre Spielidee zu verfolgen, von ihr übergangen. Zudem benutzt Solveig kritisierende, belehrende und moralisierende Formulierungen und Botschaften.

Nicole Wilhelm beschreibt, dass bestimmte Verhaltensweisen von uns Erwachsenen Kindern das Gefühl vermitteln können, »verkehrt« zu sein. Wie bereits aufgezeigt, kommen Kinder sozial kompetent zur Welt. Sie wollen dazugehören und das beste Kind für die Erwachsenen sein, was sie sein können. Die alte Gehorsamskultur, in der wir aufgewachsen sind, die vielen ins uns verinnerlichten Glaubenssätze (»du sollst nicht«, »das macht man nicht«, »was sollen denn die anderen denken« usw.), aber auch unsere biografischen Erfahrungen von Erwachsenen, die in unserer Kindheit und Jugend einfach in unseren Garten oder gar ins Haus eingebrochen sind und unsere Integrität verletzt haben, können dazu führen, dass wir Kinder mit unserem Verhalten und unserem Handeln »verkehrt machen«. Dies passiert vor allem dann, wenn wir Kinder kritisieren und belehren oder auf moralisierender Ebene mit ihnen sprechen.

Kinder können noch nicht zwischen ihrem Handeln und ihrer Person unterscheiden. Verschiedenes kann passieren, wenn sie für ihr Tun kritisiert werden: Sie fühlen sich als Person falsch und für ihre Eltern oder andere Erwachsene nichts wert. Dies lässt sich, wie bereits erwähnt, in ihrem Hirn nachweisen: Wenn Kinder für ihr Handeln kritisiert werden, wird ihr Schmerzzentrum getriggert und Adrenalin ausgeschüttet.

Unser Gehirn verknüpft unsere Erlebnisse und Erfahrungen immer mit den dabei empfundenen Gefühlen. Deshalb kann sich das Gefühl, wertlos zu sein, verselbständigen und auch im Erwachsenenalter das vorherrschende Gefühl sein, wenn man kritisiert wird. Der Glaubenssatz »ich bin wertlos« wird damit bereits in der Kindheit angelegt.

Werden die Wünsche, Bedürfnisse und Gefühle von Kindern regelmäßig ignoriert und ihre Integrität verletzt, kann es passieren, dass sie sich daran gewöhnen, dass ihre Person, ihre Wünsche, ihre Werte, ihre Absichten usw. nichts wert sind, und sie aufhören, sie ernst zu nehmen. Im Extremfall können sie diese sogar gar nicht mehr spüren.

In der Gehorsamskultur der Vergangenheit war es vollkommen normal und selbstverständlich, Kinder verkehrt zu machen und im eigenen Sinne verändern zu wollen. Drei Formen waren absolut üblich, wenn Erwachsene mit Kindern zusammen waren.

1. *Kritik:* »Du sollst ihn nicht hauen!« Subbotschaft beim Kind: Ich bin verkehrt. Ich bin falsch, ich muss anders sein.
2. *Belehrung:* »Das tut ihm doch weh!« Subbotschaft beim Kind: Ich bin dumm. Das müsste ich wissen.
3. *Moral:* »Du willst doch auch nicht gehauen werden.« Subbotschaft beim Kind: Ich bin böse. Ich bin ein schlechter Mensch (vgl. Wilhelm, 2019, S. 88).

Nicht selten greifen Erwachsene und auch pädagogische Fachkräfte auf diese Formulierungen zurück. Dies geschieht aus Unwissenheit oder weil sie noch nicht reflektiert haben, welche Macht Sprache haben kann und dass Sprache auch eine Haltung zum Ausdruck bringt. Sie sind geprägt von ihren eigenen biografischen Erfahrungen, ihren Glaubenssätzen und ihrer Beziehungsheimat, die sie erlebt haben.

3.3 Als Erwachsene:r im Konflikt gleichwürdig und integritätswahrend handeln

»Ein Konflikt ist gegeben, wenn Unterschiede im Denken, Fühlen und/oder Wollen zu einem Verhalten führen, das der andere als inakzeptable Beeinträchtigung erlebt und das der eine nicht oder nicht hinreichend zu ändern bereit ist, wenn er von dieser Beeinträchtigung erfährt.« (Schulz von Thun zit. n. Sasse, 2023, S. 13)

Praxisbeispiel: »Ich will weiterspielen« versus »Ich will dich abholen und los«

Joris, fünf Jahre alt, ist vertieft ins Spiel. Er legt konzentriert und mit ganzem Körpereinsatz eine große Papprolle neben die andere und dann quer jeweils wieder zwei darüber. Es entsteht ein immer höher werdender Turm. So geht es eine Weile. Joris macht enttäuschte Geräusche, wenn die Papprollen in Bewegung geraten, und korrigiert immer wieder die Position. Er hat eine genaue Vorstellung davon, wie sein Bauwerk aussehen soll. Er bekommt nicht mit, was um ihn herum geschieht. Joris Vater betritt gestresst die Kita, es ist kurz vor drei, der täglichen Abhol- und Schließzeit. Er ruft in den Raum: »Joris, wir müssen los, kommst du?« Joris hört ihn nicht und nimmt sich die nächste Papprolle. Da geht sein Vater zu ihm, nimmt ihn am Arm und sagt: »Komm' jetzt bitte, zack, zack, ich will jetzt wirklich los, außerdem macht die Kita gleich zu!« Joris schaut erschrocken hoch, zieht seinen Arm weg und sagt in ärgerlichem Tonfall: »Aber ich bau hier grad«, und wendet sich ab. »Nein, das geht nicht, ich will jetzt los«, sagt sein Vater und zieht Joris hinter sich her. Dieser wehrt sich und sagt: »Hey, lass mich los!« Und kurze Zeit später schlägt er nach seinem Vater, der reagiert mit dem Satz: »Wenn du dich jetzt nicht benimmst, gibt es heute Abend Fernsehverbot!«

In diesem Beispiel prallen zwei verschiedene Wünsche aufeinander. Der Vater möchte los und hat möglicherweise ein schlechtes Gewissen, weil er so knapp vor der Schließzeit kommt. Zudem ist er gestresst, was ihn emotional in einen anderen Zustand versetzt (er ist im Stress-Hirn unterwegs). Joris hat den Wunsch, weiterzubauen und dabei ungestört zu sein. Zunächst mal haben beide Wünsche den gleichen Wert (Gleichwürdigkeit) und die gleiche Berechtigung. Joris zeigt mit seinem Verhalten deutlich, dass er sich von seinem Vater nicht verstanden fühlt. Sein Vater vermag in diesem Moment nicht, sich empathisch in seinen Sohn einzufühlen und gleichwürdig und intergritätswahrend zu reagieren. Aus seiner Sicht (Stress, Druck) ist das verständlich, jedoch hat er als Erwachsener die Aufgabe, Verantwortung für die Wahrung der gleichwürdigen Beziehung zu übernehmen.

Wie könnte eine gleichwürdige Reaktion von Joris Vater aussehen?

Er könnte zum Beispiel sagen: »Joris, du baust gerade einen hohen Turm aus den Papprollen und willst gerne noch weiterbauen – ich sehe, dass dir das gerade ganz wichtig ist« (Wunsch von Joris wahr- und ernst nehmen und verbalisieren). »Und ich möchte gerne los, weil die Kita gleich schließt.« Wie schon in dem Beispiel mit der Erzieherin Sanny, die für sich sorgt und die Kinder bittet, etwas anderes zu spielen, was weniger Geräusche macht, benutzt auch hier Joris Vater das Wort *und,* um den Wunsch von Joris und seinen *nebeneinander* zu stellen und damit zu zeigen: Beide haben den gleichen Wert. Wie anders würde der Satz klingen, wenn der Vater sagt: »Du willst gerne weiterbauen, *aber* ich will jetzt los.« In dem Moment ist der Wunsch des Vaters wichtiger als der von Joris. Durch das kleine Wörtchen *und* ist gleichwürdiges handeln möglich. Das wird Joris spüren. Und im nächsten Schritt gilt es für den Vater, Joris berechtigten Ärger, Wut und Enttäuschung und alle anderen Gefühle aufzufangen und zu begleiten.

Nicole Wilhelm sagt hierzu: Einen Wunsch wahrzunehmen bedeutet nicht, dass ich ihn erfüllen muss, aber ich muss ihn wirklich ernst nehmen. Nicht jeder Wunsch eines Kindes geht in Erfüllung, aber ich kann die Gefühle des Kindes begleiten und, wenn er nicht in Erfüllung geht, schadet es unserer Beziehung nicht grundsätzlich. Es verletzt Kinder nicht, wenn ich ihren Wunsch nicht erfülle, aber es ist nicht gleichwürdig, wenn ich nicht wenigstens darüber nachdenke. Der Vater könnte sagen: »Joris, ich weiß und verstehe, dass du das jetzt richtig doof findest, dass du den Turm nicht weiterbauen kannst, und ich sehe, dass du echt sauer bist und das tut mir auch leid. Ich habe einen Vorschlag: Wir könnten zu Hause schauen, ob wir mit irgendwas auch einen Turm bauen können oder was anderes finden, was wir zusammen machen können. Und wir fragen die Erzieherinnen, ob das hier stehen bleiben kann, damit du morgen weiterbauen kannst.«

In diesem Beispiel geht es auch noch um einen weiteren Aspekt: Joris schlägt nach seinem Vater. Mit seiner Körpersprache zeigt Joris: Das möchte ich nicht, du gehst über meine Grenze! Er drückt seine Not (seinen Frust, seine Wut, Enttäuschung) aus. Dieses Verhalten gilt es für den Vater zu »übersetzen«. Hilfreich ist, zu wissen, dass Joris das eben nicht tut, weil er seinem Vater ärgern oder provozieren will. Er hat einen guten Grund und die nonverbale Botschaft dahinter könnte lauten: »Ich wollte hier weiterbauen, der Turm war noch nicht fertig. Warum siehst du das nicht? Warum störst du mich bei meiner Arbeit? Warum verstehst du nicht, wie wichtig mir das gerade ist? Ich will nicht so von dir weggezogen und angesprochen werden, geh nicht so mit mir um.« Eigentlich ist Joris ein sehr resilientes Kind, das seine Grenze deutlich macht (statt zu kooperieren und sich zu fügen und anzupassen und seine Integrität verletzen zu lassen). Natürlich darf der Vater auch für sich sorgen und sagen: »Stopp, *ich* möchte nicht, dass du mich schlägst. Kann es sein, dass du gerade richtig sauer bist? Das verstehe ich gut, du wolltest weiterbauen.« Hier kommt die warme, persönliche Sprache ins Spiel. Der Vater sendet eine Ich-Botschaft und teilt seinem Sohn mit, dass *hier* (schlagen) seine persönliche Grenze ist. Er vermittelt ihm aber, dass er ihn versteht, und verbalisiert sein mögliches Gefühl. Dadurch wird Joris sich im besten Fall verstanden fühlen und sich eventuell für die Vorschläge des Vaters öffnen und kooperieren.

Nicole Wilhelm schreibt, dass es das wichtigste für ein gleichwürdiges Verhalten im Konfliktfall sei, für das Kind, für die Beziehung und auch für sich selbst die Verantwortung zu übernehmen – und zwar so, dass das Kind nicht das Gefühl hat, etwas falsch gemacht zu haben (vgl. Wilhelm, 2019). Kinder können bis ins Grundschulalter noch nicht unterscheiden, ob sie als Mensch kritisiert werden oder ihr Verhalten gemeint ist. Sie fühlen sich immer als ganze Person kritisiert und abgewertet.

Sie benennt außerdem drei Gründe, warum Kinder nicht tun, was wir wollen, und wie es dadurch zu Konflikten mit Kindern kommen kann:

1. Kinder wissen nicht oder verstehen nicht, was wir wollen.
2. Kinder wollen nicht, was wir wollen.
3. Kinder können nicht, was wir wollen (vgl. Wilhelm, 2019, S. 114).

Praxisbeispiel: nicht wissen oder verstehen, was die Erwachsenen erwarten

Der eineinhalbjährige Ivar sitzt im Außengelände auf dem Dreirad und fährt hin und her. Die Praktikantin Michelle ruft ihm zu: »Ivar, wir gehen gleich rein, bring das Dreirad weg und bring deine Flasche und Mütze mit.« Ivar reagiert nicht, er schaut Michelle mit großen Augen an und fährt weiter. Es kann sein, dass er nicht verstanden hat, was sie ihm sagen wollte, und es ist ihm sichtlich nicht gelungen, aus ihrem Satz eine Aufforderung abzuleiten. Die Verantwortung von mir als Erwachsener oder Erwachsenem ist es, an dieser Stelle sicherzustellen, dass das Kind mich aus dem Spiel heraus wahrnimmt und versteht, was ich möchte. Vielleicht hätte es Ivar geholfen, wenn Michelle gesagt hätte: »Bring das Dreirad bitte *in den Schuppen,* hol deine Flasche *dort vom Tisch* und deine Mütze liegt *hier auf der Treppe,* die bringst du auch mit.« Vielleicht hätte Ivar aber auch mehr Zeit gebraucht oder konkrete Hilfe bei einer der Tätigkeiten.

Praxisbeispiel: nicht wollen, was die Erwachsenen wollen

Die sechsjährige Xenia sitzt mit ihrer kleinen Tischgemeinschaft beim Mittagessen und greift nach der Schöpfkelle, die gerade noch Linas in der Hand hält. Die Erzieherin sagt sofort: »Du weißt doch, dass wir warten, bis ein Kind fertig ist, bevor das nächste schöpft!« Xenia verzieht ihren Mund und sagt: »Dann esse ich gar nichts, ich hab keinen Hunger« und schiebt ihren Teller weg. Xenia zeigt mit ihrer Reaktion, dass sie sich in ihrer Integrität verletzt gefühlt haben könnte. Der Tonfall der Erzieherin hat bewirkt, dass sie nicht kooperieren möchte. Vielleicht hätte ihr geholfen, wenn die Fachkraft in einer achtsamen Sprache gesagt hätte: »Du hast schon ganz doll Hunger Xenia, kann das sein? Wir können eine zweite Schüssel mit Schöpflöffel holen, dann könnt ihr euch parallel vom Essen schöpfen und schneller mit dem Essen anfangen.«

Praxisbeispiel: nicht können, was die Erwachsenen erwarten

Johan, der mit einer starken Sehbehinderung zur Welt kam und eine Brille trägt, die er aber heute vergessen hat, wird von der Erzieherin aufgefordert: »Holst du bitte deinen Portfolioordner, wir wollen doch noch deine Lerngeschichte einheften.« Johan reagiert nicht und die Erzieherin sagt erneut in genervtem Tonfall: »Los Johan, ich hab nur kurz Zeit, ich muss auch noch mit anderen Kindern ihre Portfolios machen.« Johan bringt irgendeinen Portfolioordner und wirft ihn vor der Fachkraft auf den Boden.

Zu »nicht können« zählen auch Kinder, die in ihrem Leben so herausgefordert sind, dass sie nicht mehr kooperieren können. Wenn ihre Integrität häufig verletzt wird, können sie nur noch mit ihrem (herausgeforderten) Verhalten und ihrer Körpersprache zum Ausdruck bringen, wenn sie etwas nicht wollen, was die Erwachsenen wollen.

Das Bild des Parkhauses

Nicole Wilhelm gibt uns in ihrem Buch »Herausgeforderte Kinder« (2022) das Bild eines Parkhauses. Wenn Kinder in einer emotionalen Verfassung sind, in der sie in ihrem limbischen System, also dem Gefühls-Hirn oder auch Stress-Hirn, unterwegs sind, befinden sie sich im Bild des Parkhauses auf der unteren Ebene. Erwachsene, die in diesem Moment im Denk-Hirn sind und Aussagen treffen oder Fragen stellen wie »Warum hast du das gemacht?«, »Kannst du mir mal sagen/erklären ...«, »Du willst doch auch nicht, dass ...«, »Du kannst dir doch vorstellen ...«, brauchen nicht mit einer adäquaten Antwort zu rechnen. Sie sind nämlich mindestens eine Etage über der des Kindes. Beide Beteiligten befinden sich auf verschiedenen Parkhausebenen. Zwischen der oder dem Erwachsenen und dem Kind ist eine dicke Betondecke und wenn wir von oben dem Kind die »Warum-weshalb-wieso-du-weißt-doch-Sätze« zurufen, hört es uns nicht und sieht uns nicht einmal, denn es ist in seiner Emotion (z. B. Wut, Enttäuschung, Traurigkeit, Schreck) und in dem Modus Flucht, Angriff oder Erstarren. Es kann gar nicht adäquat reagieren und muss es auch nicht, denn sein Gehirn befindet sich noch in der Entwicklung. Es ist unsere Aufgabe, auf die Parkhausebene des Kindes zu gehen, um eine gleichwürdige, integritätswahrende Resonanzbeziehung herzustellen und Begegnung zu schaffen. Verantwortung in einem Konflikt für sich, das Kind und die Beziehung zu übernehmen, bedeutet: Ich gehe auf die Etage des Kindes und biete ihm Resonanz an. Ich habe Verständnis, ich spiegle seine Bedürfnisse und Wünsche und benenne seine Gefühle und lasse alles, was auf der Verstandesebene vorhanden ist, erstmal im Hintergrund (auf der oberen Etage). Je nach Alter des Kindes und wenn es zum Beispiel um meine eigene Grenze geht (je nach Konflikt), kann es sein, dass ich das Kind zu einem späteren Zeitpunkt mit auf meine Etage des Parkhauses nehme und liebevoll darüber spreche, was gerade passiert ist. Dabei mache ich es nicht verkehrt, sondern zeige respektvoll und nicht beschämend meinen Gartenzaun.

Abbildung 12: Das Parkhaus nach Nicole Wilhelm

Woran erkennen Pädagog:innen, dass sie als Konfliktbegleiter:in gebraucht werden?

Praxisbeispiel: junge Kinder im Konflikt

Elias (zwei Jahre alt) schiebt die Kiste, in der sich Bälle befinden, vor sich her durch den ganzen Raum. Kolja (eineinhalb Jahre alt) kommt auf ihn zugelaufen, greift sich einen Ball und will weggehen. Elias hält ihn fest, zieht an seinem Pulli und sagt: »Meins!« Kolja läuft weiter, Elias lässt den Pulli jedoch nicht los. Er schaut sich suchend im Raum um und macht ein kreischendes Geräusch, dass Not zum Ausdruck zu bringen scheint. In seiner Mimik ist zu erkennen, dass er mit der Situation so nicht einverstanden ist.

Elias sendet Signale mit seinem Körper, dass er Unterstützung von einer Bezugsperson brauchen könnte. Er schaut im Raum umher, macht ein Geräusch und lässt Kolja nicht los. Seine Körpersprache könnte mit »Unterstütze mich, hilf mir!« übersetzt werden. Für die Fachkraft gilt es, dieses Verhalten als Botschaft zu interpretieren und feinfühlig und fachlich fundiert angemessene Hilfestellung zu geben.

Wie könnte eine angemessene Hilfestellung im Konflikt aussehen?

Kindheitspädagoge Patrick, der die Szene beobachtet hat, hockt sich zu den beiden Kindern und sagt in ruhigem Tonfall zu Elias: »Kolja hat einen Ball aus der Kiste genommen, die du durch den Raum geschoben hast, und das ärgert dich.« Und zu Kolja sagt er: »Du hast dir einen Ball geholt und willst damit spielen.« Damit beschreibt er erst einmal die beobachtete Situation und benennt die vermuteten Wünsche und Gefühle der Kinder, ohne sie zu bewerten. In diesem Moment können die Kinder in sich hineinspüren, die möglichen Gefühle mit Worten verbinden und vielleicht auch sagen, was sie mit ihrer Handlung wollten. Dabei wird auch offenbar, worin das Problem besteht. Patrick schaut beide Kinder freundlich an, benennt vielleicht, was schlecht zusammenpasst, und fragt: »Was können wir jetzt tun?« Er gibt keine Lösung vor, sondern lässt Spielraum für die Kinder und wartet, auf die Kompetenzen der Kinder vertrauend, ab, ob sie bereit sind, eine Lösung zu finden. Es könnte sein, dass Elias sagt oder körpersprachlich zeigt: »Den Ball kann Kolja haben.« Oder aber, dass dieser den Ball von allein zurücklegt und sich etwas anderes sucht. Es könnte aber auch sein, dass Elias den Ball unbedingt wiederhaben möchte, Kolja ihn aber nicht hergeben will. Dann ist Patrick herausgefordert, selbst mögliche Lösungen vorzuschlagen und auf die jeweilige Reaktion der Kinder zu warten. Beispielsweise: »Kolja, wir haben woanders noch mehr Bälle, sollen wir mal zusammen schauen, ob wir da einen finden, der dir gefällt?« Oder: »Elias, dir ist wichtig, alle Bälle zu haben. Kannst du dir vorstellen, selbst einen aus der Kiste auszusuchen, den Kolja zum Spielen haben darf?« Es könnte sein, dass Elias mit seinen zwei Jahren in seinem Bedürfnis des Autonomiestreben auf diesen Vorschlag eingeht, denn dann hat er selbst entschieden, welchen Ball er hergeben möchte, und kooperiert in dieser Situation. Immer gilt es für Patrick, sehr genau die Feinzeichen der Kinder zu beachten (Körpersprache) und *nicht* in ein Überreden, Moralisieren oder Kritisieren zu kommen oder Entscheidungsmacht auszuüben.

Hilfreich: das Ja-Mantra

In ihrem Buch »Wörterzauber statt Sprachgewalt« schlägt die Autorin Lea Wedewardt (2022, S. 24) vor, das »Ja-Mantra« in der Kommunikation mit Kindern zu nutzen, die in einer konflikthaften Interaktion sind. Dafür stellt die pädagogische Fachkraft Fragen, die die Kinder – auch körpersprachlich durch nicken oder Kopf schütteln, jeweils mit Ja oder Nein beantworten können. Patrick tut dies zum Beispiel, indem er fragt: »Du wolltest auch damit spielen?« Oder mit der Formulierung: »Sollen wir mal schauen, ob wir einen Ball finden, der dir gefällt?« Mit diesen niederschwelligen Fragen ist es für die Kinder leichter, in der emotional aufwühlenden Situation in den Dialog zu gehen, eben auch über Körpersprache. Ein »Nein« eines Kindes kann auch ein kurz weggedrehter Kopf oder eine veränderte Mimik sein, die es für die pädagogische Fachkraft zu übersetzen und zu spiegeln gilt.

Fragen zur (Selbst-)Reflexion und für den Austausch im Team:

- Was für ein »Konflikttyp« bin ich selbst (Angriff/Kampf, Flucht, Verteidigung, Totstellen/Erstarren, Vermeidung, Harmonie/Vermitteln usw.) und wie beeinflusst das meine Begleitung der Kinder in Konfliktsituationen?
- Wie geht es mir, wenn ich mit starken Gefühlen wie Wut, Angst oder Trauer konfrontiert bin, und was löst das in mir aus?
- Was kann meine persönliche Strategie sein, um – bevor ich als Konfliktbegleiter:in aktiv werde – »runterzufahren«, damit meine eigenen Gefühle und

Bewertungen meine Reaktion nicht beeinflussen und ich Ruhe bewahren kann (z. B. von zehn runterzählen, die Hände reiben, durchatmen o. ä.)?
- Welche Konflikte unter Kindern fallen mir auf? Welche stören mich, welche nicht?
- Gelingt es mir, zu beobachten und abzuwarten und genau hinzuschauen, ob und wobei die Kinder mich brauchen?
- Kenne ich die individuellen körpersprachlichen Signale der Kinder und verstehe ich, was sie damit zeigen?
- Haben wir uns im Team mit Konfliktmotiven und Auslösern beschäftigt?
- Wie können wir Vorbild für Kinder sein und woraus können sie bei uns ablesen, wie man konstruktiv mit Konflikten umgehen kann? Worauf sollten wir achten (Gefühle zeigen, verbalisieren, inklusive Körpersprache und Mimik, Konflikte auf Erwachsenenebene lösen)?
- Können wir *jedes* Gefühl bei Kindern zulassen (vgl. Schneider, 2023, S. 18)?

3.4 Wie können Unterstützungsmöglichkeiten für Kinder mit besonderen Bedarfen aussehen?

In diesem Kapitel nehmen wir einige Kinder in den Blick, die besondere Bedarfe haben und deshalb möglicherweise bereits herausforderndes Verhalten zeigen oder besonders leicht in Stress geraten. Grundsätzlich gilt es, auch bei Kindern mit chronischen Krankheiten, körperlichen und psychischen Behinderungen, Kindern aus prekären Familiensituationen, mit Fluchterfahrung oder auch trans* Kindern eine diversitätsbewusste, sensible und bedürfnisorientierte Pädagogik zu leben. Es ist notwendig, dass Fachkräfte über folgende Fragen nachdenken und für sich reflektieren, ob sie in ihrem pädagogischen Tun Unterschiede machen, wenn die Kinder
- Mädchen, Jungen oder trans* Kinder sind,
- eine sichtbare Behinderung haben,
- in ihrem Verhalten für die Fachkraft »anstrengend« sind,
- aus einem vertrauten oder einem unbekannten Kulturkreis stammen,
- aus einer Familie mit weniger oder mehr finanziellen Mitteln kommen,
- aus einer Familie mit einem alleinerziehenden Elternteil, gleichgeschlechtlichen Elternteilen, einer anderen als der vertrauten Familienform kommen (vgl. Baum, 2017, S. 9).

Inklusion kann immer dann gelingen, wenn in der Kita alle Kinder individuell begleitet werden, sie ihren Alltag so weit wie möglich selbstbestimmt gestalten können und dabei die Unterstützung angeboten bekommen, die sie individuell brauchen. Besonders wichtig ist es für die Fachkraft im Umgang mit den Kindern, die eigenen »Trigger« zu kennen, diese zu reflektieren und einen professionellen Umgang damit zu finden.

Was sind Trigger?

Trigger werden starke emotionale Reaktionen genannt, die durch die Verhaltensweisen von anderen ausgelöst werden. Dabei ist diese starke emotionale Reaktion mit einem Ereignis aus der Vergangenheit verbunden und wird in der Situation heute reaktiviert. Mehrfach wurde von uns beschrieben, dass jedes Verhalten von Kindern Sinn ergibt und Kinder immer einen guten Grund haben, sich auf eine bestimmte Art und Weise zu verhalten. Manche Kinder sind beispielsweise aufgrund ihrer Behinderung und ihren biografischen Erfahrungen geworden, wie sie sind, und es ist ihnen deshalb nicht möglich, (kurzfristige) Verhaltensänderung zu zeigen. So wie wir von einem Menschen im Rollstuhl nicht verlangen würden, aufzustehen, so gilt es auch zu akzeptieren, dass es einem Kind mit »Autismus-Spektrum-Störung« (ASS) beispielsweise in einem Morgenkreis zu eng ist und es die Nähe von anderen nicht ertragen kann. Vielleicht würde es gern auf einer kleinen Leiter neben dem Kreis sitzen und könnte dort teilhaben, ohne mittendrin zu sein. Das bedeutet, dass Kinder, die etwas nicht können oder etwas nicht aushalten können, dazu nicht gezwungen oder gar dafür bestraft werden. Es gilt immer einen Weg – wenn möglich im Dialog mit dem Kind – zu suchen, der für alle ein guter sein kann. Ein Konsens ist dabei immer die bessere und tragfähigere Lösung als ein Kompromiss! Für Fachkräfte ist das oft herausfordernd und anstrengend.

Zwei Beispiele dazu:

Praxisbeispiel: Paprika als Trigger

Omar, 5,2 Jahre alt, ist ein Kind mit Fluchterfahrung. In der Kita hat er sich gut eingelebt, trotzdem gibt es immer wieder Tage, an denen er, ohne dass die Fachkräfte einen Grund sehen könnten, anfängt fürchterlich zu weinen. Er gerät dann ganz außer sich und es darf niemand in seine Nähe kommen. Erst nach vielen Gesprächen mit den Eltern kann der Grund herausgefunden werden: Omar ist auf einem Schiff, das Paprika geladen hatte, geflüchtet. Jedes Mal, wenn in der Kitaküche Paprika zubereitet wurde, holten Omar scheinbar seine Erinnerungen ein. Mögliche Gefühle der Angst und Entbehrung, sogar ein möglicherweise dadurch verursachtes Trauma wurden »angetriggert« und er verlor für einen Moment die Fassung.

Für Fachkräfte kann das enorm herausfordernd sein, ein Kind, um das sich alle sehr bemühen, immer wieder so außer sich zu erleben und hilflos zusehen zu müssen, wie alle Angebote, die ihm gemacht werden, nicht zu fruchten scheinen und keine positive Reaktion erfolgt. Da ist es sehr wahrscheinlich, dass die eine oder andere Fachkraft irgendwann entmutigt oder sogar ärgerlich wird, weil die eigenen Bemühungen scheinbar ins Leere laufen.

Praxisbeispiel: Nähe als Trigger

Klara, 4,9 Jahre alt, hat die Diagnose Autismus-Spektrum-Störung und kann keinen Körperkontakt ertragen. Sie reagiert schnell fremdaggressiv, wenn Kinder oder Erwachsene ihr zu nahekommen. Ihre Bezugsfachkraft Sonja hat eine – aus ihrer Sicht – gute Beziehung zu Klara aufbauen können. Immer wieder versucht sie, Klara deutlich zu machen, dass die anderen Kinder es nicht böse meinen, wenn sie mal versehentlich an sie stoßen, und dass sie ja grundsätzlich alle akzeptieren, dass sie nicht angefasst werden will. Sonja kann es kaum aushalten, wenn Klara wieder ein anderes Kind haut, »nur« weil es ihr beim Fangen spielen zu nahe gekommen ist. Ihr erster Impuls ist es, Klara mal richtig auszuschimpfen und sie vor die Tür zu stellen, um ihr zu zeigen, dass es so nicht mehr weiter geht. Sonja hat ihre Situation in der Supervision gut reflektiert und somit verstanden, dass ihre Reaktion einen biografischen Hintergrund hat (ein hauender Junge in ihrer Schulklasse) und ihre heftige emotionale Reaktion (Trigger) in dieser Situation weder fachlich noch angemessen ist. Seither kann sie die Gedanken zwar zulassen, reagiert aber gelassen und geht mit beiden betroffenen Kindern zugewandt um.

Die Grundhaltung

Grundsätzlich geht es nie darum, Kinder mit besonderen Bedarfen oder mit psychischen oder körperlichen Beeinträchtigungen an unser Kita-Leben anzupassen, sondern zu akzeptieren, dass jeder Mensch ist, wie er ist.

Das bedeutet, das Kind wird mit seinen »Entwicklungsmöglichkeiten« akzeptiert und der Alltag wird individuell für das Kind gestaltet. Die »Förderimpulse« finden sehr, sehr kleinschrittig statt und sind echte Angebote. Oft geht es für das Kind dabei viel weniger darum, Schulreife zu erlangen, sondern den eigenen Alltag so weit wie möglich autonom gestalten zu können. Es ist wichtig, zu sehen, dass die Förderung für viele Kinder nach der Kita weitergeht. Das Kind erlangt in der Kita die Fähigkeiten und Fertigkeiten, die es in seinem individuellen Tempo entwickeln kann, der Rest kommt später.

Um ein genaueres Bild zu bekommen, wie wir mit Kindern umgehen können, die Fachkräfte im Alltag herausfordern, folgen nun Praxisbeispiele zu den Themen Behinderung, seelische Belastungen und Notlagen von Kindern, trans* Kinder, hochsensible Kinder, organische Ursachen für herausforderndes Verhalten und den Nachwirkungen der Conronapandemie.

Kinder mit einer Autismus-Spektrum-Störung

Praxisbeispiel: Najis Regal

Naji ist viereinhalb Jahre alt und seit acht Wochen bei der Tagesmutter Moni. Er spricht noch nicht, seine Muttersprache ist Jemenitisch und er hat die Diagnose ASS. Jeden Morgen kommt er zu seiner Tagesmutter und geht an ein bestimmtes Regal, das er mit der Hand erst einmal leerfegt. Anschließend holt er sich immer dasselbe Auto, denselben Ball und ein paar Glitzerbausteine, die er dann im Regal immer in derselben Anordnung drapiert. Anschließend spielt er erst mit dem Auto, dann mit dem Ball und am Ende sortiert er die Glitzerbausteine in einer Reihe. Seine Tagesmutter Moni versucht seit Tagen, ihm die Spielsachen in einem Körbchen anzubieten, damit Naji das Regal nicht immer ausräumt. Sie versteht nicht, was er ihr damit sagen will und was sein Bedürfnis ist. In einer supervisorischen Beratung entsteht die Idee, dass Naji versucht, an einer Stelle in der Kita eine Ordnung zu platzieren, die seinen Bedürfnissen entspricht. Als er am nächsten Tag zur Tagesmutter kommt, ist das Regal leer und das Körbchen mit seinen Spielmaterialien steht davor. Als er es entdeckt, hört Moni zum ersten Mal von Naji einen Laut, der nach Freude klingt. Sofort fängt er damit an, das Regal einzuräumen. Ab jetzt ist es Najis Regal und nach einigen weiteren Wochen beginnt Naji, die Spielzeuge immer wieder auszutauschen und in »sein« Regal zu räumen. Offensichtlich ist es Moni gelungen, das Bedürfnis (die eigene Ordnung herzustellen) von Naji zu erkennen und so seinen Wunsch (einen Ort dafür zu haben) zu erfüllen.

Kinder mit einer Autismus-Spektrum-Störung sind wie alle Kinder mit ihren Eigenheiten und der Ausprägung ihrer Behinderung sehr unterschiedlich. Trotzdem sprechen wir von einer »Kultur des Autismus« (vgl. Häußler, 2016, S. 19), also den Merkmalen von Kindern mit ASS, welche in unterschiedlichen Ausprägungen vorkommen. Dabei sind die Ausprägungen auch davon abhängig, ob die Kinder zusätzlich eine geistige Behinderung haben, von einer Lernbehinderung betroffen sind oder eine normale bis überdurchschnittliche Intelligenz besitzen. Es geht dabei nicht um einen Bewertung im Sinne von »dumm« oder »klug«, sondern um die Kombination von der Ausprägung von Verhalten und dem, was die Kinder zum jetzigen Zeitpunkt intellektuell zu verstehen in der Lage sind. Naji, aus dem Beispiel von oben, war nur etwa sechs Monate mit dem Regal zufrieden und konnte den Alltag in der Großkindertagesstelle bewältigen. Danach begann für alle Beteiligten eine sehr anstrengende Zeit. Naji fing nach zwei Stunden an zu schreien und hörte nicht mehr auf. Keine Zuwendung, kein sich von ihm abwenden, kein Angebot konnten ihn beruhigen. Er musste bereits nach zwei Stunden abgeholt werden. Irgendwann musste die Betreuungszeit auf eine Stunde verkürzt werden und die drei Tagesmütter wechselten sich in der Begleitung von Naji nach jeweils dreißig Minuten ab. Naji war aufgrund seiner starken geistigen Behinderung nicht in der Lage, in der Großtagespflege zurechtzukommen. Das Team hat sich unendlich bemüht, es wurde Geld für Inhouse-Fortbildungen und Praxisberatungen in die Hand genommen. Trotzdem ist es nicht gelungen. In dem Beratungsprozess konnte nicht herausgefunden werden, warum Naji erst nach sechs Monaten so stark reagierte und warum sich die Situation für ihn in einem rasanten Tempo so verschlechtert hatte, dass eine neue Tagespflegestelle mit maximal fünf Kindern für ihn gesucht werden musste. In unseren Seminaren und Supervisionen hören wir immer wieder, dass gerade Kinder mit ASS häufig mit Gewalt von Fachkräften konfrontiert sind. So müssen die Kinder, wenn sie schreien, beispielsweise in einen separaten Raum oder werden grundsätzlich nicht zu einem Ausflug mitgenommen. Fachkräfte berichten, dass diese Kinder mitunter unglaublich herausfordernd sein können. Sie seien häufig laut, es fiele ihnen schwer, sich an Regeln zu halten, und sie würden immer wieder »aggressiv«. Allein der Spaziergang zum nahe gelegenen Spielplatz kann für die Fachkraft und das Kind herausfordernd sein, weil das Kind immer wieder auf die Straße rennen möchte und sich gleichzeitig nicht an die Hand nehmen lässt. Eine typische Dilemmasituation, die erst einmal nicht aufzulösen ist. Dazu lesen Sie mehr im ▶ **vierten Kapitel »Kinderschutz und Kindeswohl«**.

Die drei wesentlichen Merkmale der Kultur des Autismus sind:

Soziale Interaktion

Kinder mit ASS gehen unterschiedlich stark in Beziehung. Sie haben wenig oder besonders viel Augenkontakt, häufig wenig oder keine Möglichkeit zur Perspektivübernahme (Empathie und Anteilnahme) und sie spielen oft für sich allein oder maximal im Parallelspiel. Das Lesen von Emotionen der anderen stellt für sie eine große Herausforderung dar. Für Fachkräfte ist hierbei herausfordernd, dass sie Situationen erleben, in denen ein Kind mit ASS lacht, wenn ein anderes Kind sich wehgetan hat. Kinder mit Autismus haben meist ein gutes Verständnis davon, dass sie anders sind als die anderen. Deshalb könnte das Lachen in diesem Fall auch als »Schamlachen« (ich verstehe nicht, was das andere Kind hat) gedeutet werden.

Kommunikation

Die Sprachentwicklung ist bei vielen Kindern mit ASS im Verhältnis zu einem Großteil der Kinder ohne ASS stark verzögert. Manchmal durchlaufen die Kinder in den ersten zwei Lebensjahren eine »alterstypische« Sprachentwicklung, die dann stockt und sich zum Teil wieder zurückentwickelt. Der Autor Naoki Higashida beschreibt in seinem Buch »Warum ich euch nicht in die Augen schauen kann« (2014) seine Schwierigkeit, auf Fragen zu antworten, so: »[I]ch verstehe also, was man mir sagt, aber meine Art, es mir zu merken, funktioniert ganz anders als bei anderen Menschen. Ich stelle mir vor, dass die Erinnerungen bei euch normalen Menschen wie auf einer Schnur hintereinander aufgereiht sind, aber mein Gedächtnis ist ein Meer aus lauter Punkten« (Higashida, 2014, S. 25).

Auch im Bereich der Kommunikation gibt es ein häufig vorkommendes Phänomen, was viele Fachkräfte immer wieder als herausfordernd beschreiben. Die sogenannte Echolalie. Die Fachkraft sagt beispielsweise zu zwei Kindern: »Ihr zwei werdet ganz bald abgeholt, überlegt euch mal, ob ihr die Sachen hier aufräumen wollt oder morgen weitermacht, dann könnt ihr sie stehen lassen.« Das Kind mit ASS beginnt nun immer wieder laut zu wiederholen: »Morgen weitermacht, morgen weitermacht, morgen weitermacht …« Naoki Higashida schreibt dazu: »Und es bringt uns großen Spaß, sie zu wiederholen. Es ist, als würde man Fang-den-Ball spielen. Anders als Wörter, die wir auf Befehl sagen sollen, bringt das Wiederholen manchmal richtig Spass – wir spielen dann mit Klang und Rhythmus« (Higashida, 2014, S. 26).

Wiederholendes und stereotypes Verhalten

Flattern mit den Händen, wedeln mit den Fingern vor den Augen oder auch besondere Eigenheiten beim Gehen kommen bei Kindern mit ASS recht häufig vor. Auch ein übermäßiges Fokussieren, indem zum Beispiel das Rad eines Autos immerwährend gedreht wird, zählt zu den stereotypen Verhaltensweisen. Kinder mit ASS, die sich verbal ausdrücken können, haben häufig ein (oft ungewöhnliches) Spezialthema und es ist dann schwer, mit ihnen über ein anderes Thema in den Dialog zu kommen. Herausfordernde Situationen sind vor allem bereits kleinste Veränderungen im Tagesgeschehen. Kinder mit ASS sind sehr routiniert darin, immer wieder denselben Abläufen zu folgen. Kleinste Veränderungen bringen sie jedoch schnell aus der Fassung. Manche Kinder beginnen dann zu schreien, um sich zu schlagen oder zu weinen. Für Fachkräfte, die häufig die Veränderung frühzeitig angekündigt haben, ist dies nicht einfach auszuhalten.

Häufig leiden Kinder mit ASS an Hyper- oder Hyposensitivität, also einer besonders starken oder besonders reduzierten Sensibilität in der Wahrnehmung. Das kann dazu führen, dass Kinder kaum etwas anderes essen können als ungesalzene Nudeln oder Reis, weil alles andere zu stark schmeckt, oder sie im Raum eine Sonnenbrille brauchen, weil sie so empfindliche Augen haben. Für manche Kinder fühlen sich fast alle Kleiderstoffe kratzig an oder sie sind so lärmempfindlich, dass sie einen Lärmschutzkopfhörer tragen. Bei Kindern mit einer Hyposensitivität ist es gerade anders herum. Beispielsweise würzen sie die Speisen nach, lieben starke akustische und sensorische Reize und mögen eiskaltes Wasser (vgl. Perepa, 2016, S 91 ff.).

Was brauchen Kinder mit ASS im Alltag?

- Überschaubare Strukturen,
- feste Bezugspersonen,
- eine kleine Stammgruppe,
- überschaubare Räume und ein überschaubares Materialangebot,
- Orientierungspunkte und Aktivitäten, die sich für das Kind regelmäßig wiederholen (zum Beispiel kommt das Kind in die Kita und geht zuerst essen, danach arbeitet es an seinem TEACCH-Arbeitsplatz, s. u.),
- individuelle Tages- und Wochenpläne, da die Kinder viel Orientierung in ihrem Tagesablauf brauchen,
- Kinder in der Gruppe, welche auf die »Eigenheiten« vorbereitet sind und Rücksichtnahme lernen,
- Entspannungs- und Erholungsangebote,
- reizarme Räume,
- verdunkelte Höhlen,
- Schaukelangebote wie Hängematten oder eine Vogelnestschaukel,
- einen Toberaum für die spezifischen Bedürfnisse und um Spannung abzubauen,
- Tickmaterialien wie Kreisel, etwas, das glitzert, etc.

Kinder mit ASS brauchen beim gemeinsamen Spielen und Lernen:
- reale Gegenstände, da das »So-tun-als-ob-Spiel« für sie herausfordern ist,
- dass das Tun des Kindes gespiegelt und erst, wenn das Signal vom Kind kommt, eigene Impulse gesetzt werden,
- das Angebot häufiger Körpererfahrungen, welche dem Kind angenehm sind, wie in eine Decke eingerollt werden, Massagen, sich selbst bemalen oder mit Schlamm einreiben, warmes/kaltes baden etc.

Weitere Angebote, die Kindern mit ASS Teilhabe ermöglichen:
- flexible Eingewöhnungszeiten (hier ist es vor allem hilfreich, wenn die eingewöhnende Bezugsperson mit dem Kind eine Routine entwickelt, wie die erste Stunde in der Kita täglich abläuft),
- regelmäßiger Austausch mit allen, die mit dem Kind zu tun haben,
- spezifisches Fachwissen von den pädagogischen Fachkräften,
- eine kompetenzorientierte Pädagogik, die nicht bestrafend ist, sondern immer unterstützend,
- eine Inklusionsfachkraft zur Entlastung,
- eine flexible und offene pädagogische Haltung, auch andere Wege zu gehen,
- angepasste Begrüßungsrituale (mag ein Kind zur Begrüßung nicht »Hallo« sagen, die Hand geben oder der Fachkraft winken, könnte es mit einem Bauklotz zweimal auf den Tisch klopfen. Als Signal »ich bin da«),
- Gebärdensprache,
- Visualisierungen von Regeln und Abläufen,
- eine vorsichtige Annäherung immer von vorn im Sichtfeld des Kindes, um dann zu warten, bis die Aufmerksamkeit sich der Fachkraft zuwendet,
- eine emotionsarme, klare Sprache, mit kurzen Informationen,
- höchste Vertrautheit, geringste Überraschungen,
- sehr, sehr kleine Lernschritte und Ziele,
- TEACCH als sehr gute Fördermöglichkeit für Kinder mit ASS (Literaturtipp: Häußler [2016]: Der TEACCH Ansatz zur Förderung von Menschen mit Autismus. Basel).

Einen Fragebogen, mit dem Sie eine erste Überprüfung (keine Diagnose!) machen können, ob es sich um ASS handeln kann, finden Sie im Padlet.

Praxisbeispiel: Warum fühlt Maliha sich unwohl?

Maliha, 3,2 Jahre alt, stammt aus Afghanistan und ist mit ihrer Mutter und den beiden Geschwistern vor gut einem Jahr in Deutschland angekommen. Sie leben in einer Flüchtlingsunterkunft mit Menschen aus vielen unterschiedlichen Ländern. Seit zwei Monaten ist Maliha in der Kita. Ihre Bezugserzieherin, Anna, beschreibt Maliha im Zusammensein mit ihr als eher zurückhaltend und still. Anna begleitet die Kinder im Rollenspielraum, in dem sich Maliha offensichtlich sehr wohlfühlt. Sie spielt gern mit den Stofftieren, eigentlich immer allein. Wenn andere Kinder mitspielen wollen, zieht sie sich zurück. Heute ist Maliha sehr weinerlich. Immer wieder schluchzt sie, möchte aber von Anna nicht getröstet werden und nimmt auch Angebote, wie zum Beispiel ein Buch anzuschauen, nicht an. Anna beobachtet daraufhin Maliha sehr genau und überlegt, ob Maliha sich irgendwie nicht wohlfühlt. Dann setzt sich Anna mit etwas Abstand neben Maliha und wartet, bis Maliha sich ihr mit ihrer Aufmerksamkeit zuwendet. Da sie die gebärdenunterstütze Kommunikation erlernt hat, die sie seit der Eingewöhnung von Maliha parallel zur gesprochenen Sprache verwendet, macht sie die Gebärde für »lieb haben« und dann für »traurig«. Die Gebärden begleitet sie mit vollständigen Sätzen. Malihas Aufmerksamkeit ist nun ganz bei Anna. Auch wenn sie bisher nur wenige Gebärden kennt, spürt sie offensichtlich doch, dass gerade etwas wichtiges passiert. Anna hält sich nun den eigenen Bauch und stöhnt. Maliha lacht und nickt. Nun macht Anna eine Geste, als würde sie sich übergeben müssen, wieder lacht Maliha, schüttelt aber den Kopf. Nun macht Anna die Gebärde für »Essen« und Maliha nickt. Jetzt lachen beide und gehen in die Küche, wo Anna Maliha das Angebot macht, ihren Hunger mit einer Banane oder einem Apfel zu stillen. Diese nimmt mit strahlenden Augen sofort den Apfel und beißt hinein. Für Maliha war diese Situation vielleicht ein Schlüsselerlebnis. Sie hat erlebt, dass Anna sich Gedanken um sie macht und sehr intensiv nach einer Möglichkeit sucht, sie in ihrem Bedürfnis zu unterstützen. Anna hat die Bestätigung gehabt, dass ihr Gefühl, dem Unwohlsein von Maliha auf den Grund zu gehen, richtig war und ihre Beharrlichkeit hat letztlich zum Erfolg geführt und vielleicht das Vertrauen von Maliha in Anna verstärkt. Am Nachmittag klärt sich auf, dass es für Maliha kein Frühstück gab und auch ihre Tasche leer war, weil die Familie übers Wochenende alle Lebensmittel verbraucht hatte.

Kinder mit Fluchterfahrung sind in erster Linie Kinder, sagt Judith Costa in ihrem sehr differenzierten Vortrag (vgl. Costa, 2015). Das bedeutet auch, dass es immer um einen aufmerksamen und feinfühligen Umgang mit dem Kind und dessen Familiennetzwerk geht. Jedoch ist es gut, sich darüber hinaus mit den Themen, welche die Kinder und Familien mit Fluchterfahrung besonders herausfordern können, zu beschäftigen. Und es geht in der Folge darum, was Fachkräfte in der Kita tun können, damit die Herausforderungen minimal bleiben.

Herausforderungen für Kinder und ihre Familiennetzwerke mit Fluchterfahrung

Mögliche Erfahrungen vor und auf der Flucht:

- Erfahrung von Gewalt, sexualisierter Gewalt oder gar der Tötung eines geliebten Menschen; dabei ist das Zusehen, wie einem geliebten Menschen Gewalt angetan wird, für Kinder so, als würden sie es selbst erleben. Dies kann zu einem Trauma führen.
- verunsicherte Eltern, die in Not waren und sich deshalb in die Hände von Fluchthelfern begeben, die dann die Eltern in der Regel völlig entmündigen.
- körperliche Entbehrungen, zu wenig Nahrung und Trinken, nicht ausreichende Kleidung und Schuhwerk.
- der Verlust eines geliebten Menschen.
- die Trennung von Familienmitgliedern.

Mögliche Erfahrungen nach dem Ankommen in Deutschland:

- eine völlig unbekannte Sprache,
- eine unbekannte Kultur, unbekannte Regeln, unbekannter Umgang mit Zeit,
- unbekannte Lebensmittel und Getränke,
- keine geeignete Wohnung, mit engen, nicht kindgerechten Räumen,
- den Wohnraum mit (vielen) anderen (fremden) Menschen teilen zu müssen,
- weiterhin fremdbestimmt bleibende Eltern und eine oft nur leicht gemilderte Armut.

Was brauchen Kinder mit Fluchterfahrung im Alltag?

Eine Möglichkeit, wie die Kita diese Herausforderungen mildern kann, ist es, den Kindern und Familiennetzwerken das Gefühl zu geben, *dazuzugehören*. Dass sie willkommen und ein wichtiger Teil der Gemeinschaft sind. Dazu werden kulturelle Gruppen und Vielfalt aktiv wertgeschätzt und respektiert. Alle finden im Alltag ein offenes Ohr, aber auch Anknüpfungspunkte an die eigenen Lebenswelten.

Beispiele dafür sind:

- Plakate mit Begrüßungsformeln in den Sprachen der Kinder und ihrer Familien,
- Landkarten, auf denen gekennzeichnet ist, wo die Kinder aus der Einrichtung ursprünglich herkommen,
- unterschiedliche Begrüßungsrituale, die achtsam wahrgenommen und sensibel aufeinander abgestimmt werden,
- Grundlagentexte, die in der eigenen Sprache erklären, was eine Kita in Deutschland ist, was dort gefrühstückt und wie dort eingewöhnt wird (Beispiele dafür finden Sie auf dem Padlet),
- Elternbriefe und Elterninformationen, die in die entsprechenden Sprachen übersetzt werden,
- Sprachbuzzer für Bindungspersonen, die nicht lesen können (ein Sprachbuzzer ist ein kleines Aufnahmegerät, das immer wieder neu besprochen werden kann. Durch Druck wird der darauf gesprochene Text wiederholt), auf denen ihnen Mitteilungen und Elternbriefe von lesenden Eltern in ihrer eigenen Sprache vorgelesen werden und die sie selbständig abhören können,
- eine Übersetzungsapp für direkte Gespräche,
- Mahlzeiten, die so weit wie möglich auf die unterschiedlichen Bedürfnisse und religiösen Gewohnheiten abgestimmt sind,
- ein Nahrungsmittelangebot mit Essen, das im Kulturkreis der Kinder vorhanden ist (bspw. Reis, Kichererbsen, Schwarzkümmel usw.),
- ein Materialangebot aus der Lebenswelt der Kinder. So könnten im Rollenspielbereich eine Tajine zum Kochen, Essstäbchen und kleine Schüsseln oder ein runder Teppich, auf dem die Kinder essen können, vorhanden sein. Auch bei den leeren Verpackungen von Lebensmitteln kann darauf geachtet werden, diese (z. B. Kichererbsen) im Rollenspielbereich (Einkaufsladen, Küche) zur Verfügung zu stellen.

Darüber hinaus können die folgenden Aspekte für die Kinder wichtig sein.

Verstanden werden

Die Sprache der Kinder ist ein Teil ihrer emotionalen Heimat und emotional hoch besetzt. Deshalb ist es wichtig, diese wertzuschätzen und anzuerkennen. Bilinguale Sprachkonzepte unterstützen die Sprachvielfalt und damit das deutsche Sprachverständnis.

Beispiele dafür sind:

- dass neben deutschen Bilderbüchern auch Bilderbücher aus anderen Ländern, in fremder Sprache und zweisprachige Bücher vorhanden sind,

- dass die Kinder untereinander und die Kinder mit ihren Eltern selbstverständlich in ihrer Muttersprache sprechen,
- dass pädagogische Fachkräfte, die eine nicht-deutsche Muttersprache haben oder eine Fremdsprache sehr gut beherrschen, diese in den Alltag in immer wiederkehrenden Situationen einbringen und damit zeigen, dass Sprachvielfalt in der Kita erwünscht ist,
- dass Kinder in den freiwilligen Stammgruppenzeiten oder den Kinderkonferenzen Spiele, Lieder und Gedichte von anderen Kindern in ihrer Muttersprache kennenlernen,
- dass sich Kinder mit Deutsch als Zweitsprache nicht in Sprachfördergruppen wiederfinden, sondern im Alltag bewusst sprachlich begleitet werden (alltagsintegrierte Sprachförderung),
- dass Kinder mit Deutsch als Zweitsprache in Sprachstandserhebungsverfahren in der Muttersprache und nicht in der deutschen Sprache betrachtet werden,
- dass den Kindern mit der gebärdenunterstützten Kommunikation ein Angebot gemacht wird, das es ihnen ermöglicht, sich zeitnah zu eigenen Wünschen und Bedürfnissen zu äußern,
- dass die Erwachsenen sich in der Verantwortung sehen, die Äußerungen der Kinder vom ersten Tag an irgendwie zu verstehen, und den Kindern ebenfalls eine Methode an die Hand geben, mit der sie sich äußern können. Zum Beispiel mit Bildkarten.

Selbstwirksam sein

Insbesondere Kinder, die aufgrund eigener Erfahrungen sehr gestresst oder gar traumatisiert sind, brauchen viele Erlebnisse, in denen sie sich wieder selbstermächtigen können. Also Situationen, in denen sie selbstbestimmt wieder Macht über sich, ihren Alltag und damit letztlich ihr Leben erlangen. Darum ist es für Kinder mit Fluchterfahrung ganz besonders wichtig, dass sie von Fachkräften nicht bevormundet oder gar bestraft werden.

Beispiele dafür sind:

- dass die Räume so gestaltet sind, dass die Kinder mit einem Blick erfassen können, was sie hier alles tun können.
- dass die Kinder im Alltag selbst bestimmen, was sie wann und mit wem und wie lange tun.
- dass die Materialien so angeboten werden, dass die Kinder von selbst erfassen, was sie damit tun können. Da, wo es Anleitung braucht, finden die Kinder folierte Bilder, die erklären, wie etwas funktioniert.
- dass die Kinder zur Pflegesituation ausschließlich von Fachkräften ihrer

Wahl begleitet werden. Falls dies nicht möglich ist, und die Kinder sich auf niemand anderen einlassen können, wird eine Bindungsperson angerufen.
- dass die Kinder selbstbestimmt essen und schlafen. Dazu gehört auch, wie lange und wo sie schlafen, was sie essen und trinken und in welcher Reihenfolge sie das tun (auch der Nachtisch kann zuerst gegessen werden).

Mit dem Familiennetzwerk gesehen werden

Familien mit Fluchterfahrung erleben immer wieder Begrenzungen, die verhindern, dass die Kinder ihre Fähigkeiten im kognitiven, sozialen und kulturellen Bereich gut entwickeln können. Dabei spielt Geld nur eine untergeordnete Rolle, viel häufiger liegen die Begrenzungen im fehlenden Zugang zu Bildungschancen wie Bibliotheken, Sportvereinen etc. Die Kita entwickelt deshalb entsprechende Angebote, die hilfreiche Rahmenbedingungen schaffen und damit die Bildungsbiografie unterstützen.

Beispiele dafür sind:
- dass Familien bei Bedarf Bücher in ihrer Muttersprache und Spiele zum häuslichen Gebrauch ausgeliehen werden.
- dass die Zeit, die das Kind in der Einrichtung verbringt, sich am Bedarf der Familie und dem Kindeswohl orientiert.
- dass für Elterngespräche, wenn notwendig, Dolmetscher:innen gesucht werden. Für älteren Geschwister ist das eine überfordernde Situation, evtl. können andere Eltern aus der Kita um Hilfe gebeten werden, wenn diese Kapazitäten haben. Selbstverständlich geht das nur mit dem Einverständnis der Eltern.
- dass die Kita Unterstützung für Alltagsfragen anbietet und gut vernetzt ist, um den Eltern entsprechende Adressen und Ansprechpartner:innen empfehlen zu können.

Individuelle Unterstützung angeboten bekommen

Die Kinder werden vor allem in den ersten Wochen sehr intensiv beobachtet. Die Beobachtungen werden von folgenden Fragen begleitet:
- Wo hält sich das Kind am meisten auf?
- Wo scheint das Kind sich zu entspannen und sich sicher und wohlzufühlen?
- Mit wem nimmt das Kind Kontakt auf?
- Was scheinen sichere und vertraute Handlungen im Kita-Alltag zu sein?
- In welchen Situationen wirkt das Kind unsicher oder verunsichert?
- Mit was und/oder wem kann das Kind sich wieder beruhigen?
- Welche Themen interessieren das Kind?
- Wie kann die Fachkraft das Thema des Kindes unterstützen und welche der beobachteten Faktoren geben ihm dabei Sicherheit?

Nun folgt ein sehr aktives Aufgreifen der individuellen Themen des Kindes, was in der Folge sein Selbst, die Beziehungen und die Selbstbildung stärkt.

Beispiele dafür sind:

- dass Kindern mit einem starken Bewegungsdrang entsprechende Möglichkeiten für vielfältige Bewegung zur Verfügung stehen,
- dass Kinder mit wenig Selbstvertrauen sensibel von der Fachkraft in die Verantwortung für die Gemeinschaft genommen werden (z. B. durch das Angebot, sie zu unterstützen und den Kuchen für heute Mittag mitzubacken usw.), um positive Rückmeldungen zu bekommen und sich als wirkungsvoll und hilfreich zu erleben,
- dass besondere Interessen und Kompetenzen oder auch Begabungen aktiv unterstützt werden,
- dass religiöse Feste in der Einrichtung wahrgenommen und entsprechend in den Jahreskreis aufgenommen und gestaltet werden,
- dass Märchen und Fabeln aus den entsprechenden Ländern allen Kinder angeboten werden,
- dass das eigene Selbst- und Rollenverständnis nicht kritisiert und gleichzeitig unterschiedliche Selbstkonzepte angeboten werden,
- dass Kinder, die ihre traditionelle Rolle im Spiel einmal verlassen, weder getadelt noch aktiv unterstützt werden,
- dass kulturbezogene Interessen begleitet und unterstützt werden,
- dass, wenn eine sprachliche Verzögerung in der Erstsprache vorliegt, diese entsprechend gefördert wird.

Gerechtigkeit erfahren

Gerechtigkeit ist eine wichtige Grundlage unseres gemeinsamen Lebens. Dazu gehört, dass Fachkräfte aktiv Raum schaffen, damit Kinder Partizipation erleben und Fremdheitskompetenz (weiter-)entwickeln können. Dafür sind sie Vorbild und stehen den Kindern für Fragen oder Beschwerden im Kita-Alltag zur Verfügung. Hierbei ist das Bewusstsein dafür wichtig, dass Kinder, die die deutsche Sprache gerade noch lernen, sich auf anderem Wege beschweren (Körpersprache, Verhalten, in ihrer eigenen Sprache usw.).

Findet auf der Ebene der Erwachsenen Diskriminierung gegenüber den Kindern oder ihren Familien statt, wird dies sofort angesprochen und reflektiert. Voraussetzung dafür ist eine gute Feedbackkultur und eine fachliche Auseinandersetzung mit dem Thema »Diskriminierungsbewusstes Handeln«.

Beispiele dafür sind:

- dass Ausgrenzungen mit allen Kinder ohne moralischen Zeigefinger besprochen werden,

- dass der Umgang mit dem Fremden von den pädagogischen Fachkräften aktiv herbeigeführt und feinfühlig begleitet wird,
- dass Fehlerfreundlichkeit sich selbst und anderen gegenüber als Kompetenz bewertet und entsprechend in vielen passenden Situationen weiterentwickelt wird, wodurch mehr Toleranz entsteht,
- dass jedes Material, alle Spiele, die Bücher und die Wandgestaltung der Einrichtung unter dem Blick von Diskriminierung und Stigmatisierung betrachtet und entsprechend aussortiert werden,
- dass der Sozialraum kritisch überprüft und die Ergebnisse gegebenenfalls in Stadtteilforen oder anderen Gremien veröffentlicht werden,
- dass die pädagogischen Fachkräfte regelmäßig ihren Umgang mit den Kindern und ihre Haltungen in externen Supervisionsprozessen reflektieren (vgl. Baum, 2017, S. 26 f.).

trans* Kinder

Praxisbeispiel: Loki ist ein Junge

Loki, 5,8 Jahre alt, wurde als Mädchen geboren. Sein Bezugserzieher Yanis begleitet ihn seitdem er in der Kita ist, also schon fast drei Jahre, und hat eine sehr intensive Beziehung zu ihm, die vor allem von gegenseitigem Vertrauen geprägt ist. Seit dieser Zeit besteht Loki darauf, kurze Haare zu haben, und weigert sich, Kleider, Röcke oder einen Bikini zu tragen. Er sagt, er ist ein Junge. Die meisten seiner Freunde in der Kita sind Jungs. Seit einem halben Jahr nimmt die Familie regelmäßig eine Beratung in Anspruch, um mehr Klarheit über die geschlechtliche Identität von Loki zu finden. Die Eltern überlegen, wie sie Loki in der Schule vorstellen sollen. Als Junge, als divers oder eben dem biologischen Geschlecht entsprechend als Mädchen. Da der Name Loki geschlechtsneutral ist, brauchen sie sich zumindest über den Namen im Moment noch keine Gedanken zu machen. Yanis hat seit zwei Wochen eine neue Kollegin, Margot, bekommen, die mit Lokis Wunsch, als Junge anerkannt zu sein, sehr ignorant und wenig einfühlsam umgeht. Im Mitarbeiterzimmer spricht sie immer wieder Kolleg:innen an und betont, wie blöd die Eltern sind, sich auf solche »Spielchen« von Loki einzulassen. Jetzt würden schon neue Geschlechter erfunden werden. Deshalb bittet Yanis sie um ein Gespräch und bittet auch die Leitung dazu, denn er spürt, dass ihn Margots Verhalten verärgert und er Unterstützung braucht. In dem Gespräch wird ihm von Margot vorgeworfen, dass er eine viel zu enge Beziehung zu Loki habe und er nur deshalb ein Junge sein wolle, weil er werden wolle wie Yanis. Da greift die Leitung ein und verpflichtet Margot, sich in ihrer Vorbereitungszeit mit dem Thema trans* Kinder zu beschäftigen. Sie gibt ihr dafür einige Artikel und Broschüren und fordert sie auf, sich im Internet Erzählungen von betroffenen Kindern anzuschauen. In zwei Wochen wird ein neues Gespräch stattfinden.

Viele Fachkräfte haben bisher wenige Erfahrungen mit trans* Kindern gesammelt. Von daher ist es nicht verwunderlich, dass sie erst einmal irritiert sind. Die Reaktion der Leitung war sehr professionell und sie ist ihrer Rolle damit gerecht geworden. Die Erfahrung zeigt: Gerade die Erzählungen von trans* Kindern sind oft berührend und wecken das Verständnis. Um diversitätsbewusst zu arbeiten, ist eine fachliche Auseinandersetzung mit dem Thema »trans* Kinder« eine wichtige Voraussetzung. Trans* ist die Kurzform für alle Personen, die sich selbst als transgeschlechtlich, transident oder transsexuell bezeichnen, für die also die Geschlechtsidentität nicht mit dem bei der Geburt zugeschriebenen Geschlecht übereinstimmt. Manchmal haben trans* Kinder im Kita-Alter bereits das Gefühl, im falschen Körper zu sein. Sie wissen, dass sie einen geschlechtlichen Körper, also einen männlichen oder einen weiblichen, haben, der jedoch nicht zu dem passt, was sie innerlich fühlen. Ihre erlebte Geschlechtsidentität stimmt also nicht (komplett) mit dem biologischen Körpergeschlecht überein.

Deshalb entscheiden sich manche Jugendliche und Erwachsene (selten bereits Kinder) nach einem oft langwierigen und teilweise psychisch herausfordernden Prozess, in ihrer Geschlechtsidentität zu leben. Wichtig ist die Unterscheidung zwischen Geschlechtsidentität (fühle ich mich einem Geschlecht zugehörig, wenn ja, welchem?) und der sexuellen Orientierung (fühle ich mich sexuell zu jemandem hingezogen? Wenn ja, zu wem und welchem Geschlecht/welchen Geschlechtern?).

Geschlechtsidentität

Wir gehen heute davon aus, dass auch Cis-Männer und Cis-Frauen (cis bedeutet, dass die Geschlechtsidentität mit dem bei der Geburt zugeschriebenen Geschlecht übereinstimmt) sich nicht in derselben Weise als weiblich oder männlich erleben. Vielmehr wird angenommen, dass die Unterschiede (hormonell, sozialisiert, in der Körperstruktur usw.) sehr groß sind und es deshalb eine Vielfalt an Geschlechtsidentitäten gibt. Weitere Informationen hierzu und ein aufschlussreiches Glossar zu den Begrifflichkeiten finden Sie unter: https://queer-lexikon.net

Zu den Ursachen gibt es verschiedene Studien, jedoch lieferte keine von ihnen verlässliche und zufriedenstellende Ergebnisse. Es gibt historische Zeugnisse, die vermuten lassen, dass es in der Menschheitsgeschichte schon immer ein drittes, manchmal sogar viertes Geschlecht gab (vgl. Bundesverband Trans* o. J., S. 7).

Alle Kinder und Jugendlichen experimentieren mit den Themen Gender, Geschlecht, Rollen und Geschlechtsstereotypen. Selbst wir Erwachsenen entwickeln unsere Geschlechtsidentität immer weiter. Denken wir nur einmal an Frauen, die Mütter werden, und Männer, die Väter werden.

Auch wenn Kinder aufgrund von vielen unterschiedlichen Gründen häufig nicht so deutlich sagen, dass sie sich dem anderen oder keinem Geschlecht zugehörig fühlen, ist es notwendig, alle Kinder in dem Prozess der geschlechtlichen Selbstfindung feinfühlig zu unterstützen. Im Kita-Alltag sind immer wieder Jungs zu beobachten, die im Rollenspiel die Mutter sein wollen. Häufig geht es dabei darum, dass Kinder ausprobieren, wie es sich anfühlt, die Mutter zu sein – im Unterschied dazu, der Vater zu sein. Wir Menschen lernen viel über die Unterschiedsbildung und im Nachahmen von unterschiedliche Rollenstereotypen können Kinder am besten erfassen, wie sie den Unterschied erleben. Kinder haben bereits mit zwei Jahren ein erstes Wissen über ihre äußere Geschlechtlichkeit und sie haben auch gelernt, welche Zuschreibungen Männer und Frauen in unserer Gesellschaft haben (diverse Vorbilder gibt es noch selten). Auch das Ungleichgewicht des Status bei Männern und Frauen bleibt den Kindern nicht verborgen. Sie verinnerlichen auf unterschiedlichsten Wegen (Bücher, Verhalten von Erwachsenen, Beobachten, Spielzeug), dass ein weißer Cis-Mann in unserer Gesellschaft immer noch mehr Macht, Einfluss und einen höheren Status hat als alle anderen Menschen in unserem Land. Vor dem Hintergrund von Diversität und Diskriminierung und einer gleichwürdigen Beziehungsgestaltung ist das kritisch zu sehen und es ist eine wichtige Aufgabe von Fachkräften, die Rekonstruktion dieser Geschlechtsstereotypen zu vermeiden. Das bedarf immer wieder der Reflexion im Team und einer fachlichen Beschäftigung mit den entsprechenden Themen. Für Kinder bedeutet das: ausprobieren von unterschiedlichen Rollen des anderen Geschlechts, das Lernen von eigener Rollenvielfalt, die Perspektivenübernahme und die Auseinandersetzung mit dem Thema »Wer bin ich, wer will ich sein?«. Kinder, die ein geschlechtervariantes Verhalten zeigen, sind also immer auf der Suche nach ihrer Identität. Die einen Kinder entdecken dabei, wie viel sie von den klassischen Geschlechterklischees übernehmen wollen, und andere Kinder versuchen neue Wege und entwickeln neue Geschlechtsidentitäten, die mehr oder weniger außerhalb der gängigen

Stereotypen liegen. Da gibt es dann einen Mädchenjungen oder aus Jette wird Jet, weil das geschlechtsneutraler klingt. Und ob trans* oder nicht: Alle Kinder wollen in ihrem Erleben und Anliegen ernst genommen werden.

Das drängende Verlangen, einem anderen Geschlecht anzugehören, wird von Kindern (und anderen Menschen) nicht erfunden (vgl. Kugler, 2018, S. 34). Im Sinne der Gleichwürdigkeit und integritätswahrenden Beziehungsgestaltung sollten die Fachkräfte in der Kita solche Prozesse sensibel und professionell begleiten.

Wie können Fachkräfte Kinder in ihrer geschlechtlichen Identitätsentwicklung unterstützen?

Grundsätzlich ist für das Kind das Wichtigste, dass ihm das Gefühl gegeben wird, dass es genau richtig, so akzeptiert und gemocht wird, wie es ist.

Beispiele dafür können sein:

- dass Geschlechtervielfalt und trans* Lebensweisen sichtbar gemacht werden (z. B. mit dem Bilderbuch »Teddy Tilly« von Jessica Walton [2016] für Kinder ab vier).
- dass in der Beobachtung und Dokumentation die eigene Wahrnehmung respektvoll aufgenommen wird – ohne weitere Zuschreibungen zu machen, da das Kind selbst entscheidet, wann es so weit ist, eine eindeutige Aussage zu machen.
- dass Verhaltensweisen, die nicht der gesellschaftlichen Geschlechternorm »männlich«/»weiblich« entsprechen, wahrgenommen werden. Sie verlangen nicht nach einer bestimmten Behandlung, einer bestimmten Aufmerksamkeit oder danach, dass sie in einem Gespräch von Fachkräften aufgegriffen werden.
- dass die Kinder so angesprochen werden, wie sie das möchten: »Ich bin ein Junge und heiße Jet« oder »Ich spiele einen Jungen, sonst heiße ich Jette«.
- dass nicht nur von Mädchen und Jungen gesprochen wird, sondern Formulieren wie »Wir haben uns gedacht, heute könnten wir Eis einkaufen für alle Mädchen, Jungen und Kinder, die eines mögen« genutzt werden.
- dass die eigene Sprache überprüft wird. Manche Jungs mögen Fußball und manche nicht, bei den Mädchen ist das genauso.
- dass das Material, Spielsachen und Bücher daraufhin überprüft werden, ob sie Rollenklischees verstärken. Anschließen wird gut ausgewählt, welche Materialien weiter benutzt und was ergänzt werden kann, damit geschlechtliche Vielfalt in der Kita vorkommt.
- dass das Material in der Kita allen Kindern zur Verfügung steht und geschlechtsvariantes Verhalten im Spiel akzeptiert ist.

- dass Fachkräfte Rollenvielfalt zeigen und diese unterstützen.
- dass Fachkräfte zugewandt Rollenklischees hinterfragen, die von den Kindern reproduziert werden.

Diskriminierung sollte sofort angesprochen werden: Zuerst wird das betroffene Kind geschützt, anschließend wird im gleichwürdigen Dialog die Idee hinter der Diskriminierung reflektiert. Diskriminierende Aussagen von Kindern sind nicht böse gemeint, vor allem junge Kinder sprechen manchmal nach, was sie gehört haben.

Im Team werden die eigenen Haltungen, das eigene Verständnis von Geschlecht und die eigene geschlechtliche Identität reflektiert. In das sexualpädagogische Konzept wird der Umgang mit Gender, Geschlechtervielfalt und der Umgang mit der Rekonstruktion der Rollenklischees als Thema mitaufgenommen.

Das Team ist ein Vorbild für Familien und Kinder im Umgang mit trans* Identitäten.

Mögliche Reflexionsfragen auf der Ebene von Material und Spiel:
- Gibt es geschlechtstypisches Spielzeug in unserer Kita?
- Wie viel geschlechtsneutrales/-untypisches Spielmaterial gibt es?
- Wozu regt das jeweils mädchen- bzw. jungentypische Spielzeug an (technisches Handeln, einfühlsames, soziales Handeln, räumliches Vorstellungsvermögen, grob- oder feinmotorisches Handeln oder raumgreifendes Verhalten)?
- Bevorzugen die Kinder je nach Geschlecht unterschiedliche Spiele oder Tätigkeiten?
- Werden die Spielinteressen der Kinder aufgegriffen?
- Verstärkt das Spielzeug geschlechtstypisches Handeln?
- Verweigern die Kinder mit Hinweis auf das Geschlecht bestimmte Spiele, Tätigkeiten oder Bereiche?
- Wie werden die Geschlechter in den vorhandenen Kinderbüchern dargestellt?
- Gibt es Bücher, in denen auch Kinder existieren, die sich keinem Geschlecht zugehörig fühlen oder unsicher sind, ob sie ein Junge oder Mädchen sind?
- Gibt es Angebote für Jungen, für Mädchen und für alle Kinder und sind diese von den Kindern bestimmt?

Die Fachkräfte haben auch die Familie im Blick und unterstützen diese, um einen eventuell vorhandenen Leidensdruck zu verringern und gemeinsam Wege zu finden, die zu einem Wohlbefinden auf allen Seiten führen. Bei einem sozialen Wechsel in die andere Geschlechterrolle ist Hilfe und Unterstützung von Fachleuten für alle Beteiligten ratsam.

Hinweis: Zu diesem Thema gibt es zahlreiche hilfreiche Fachliteratur und Bilderbücher. Schauen Sie dazu auf das Padlet, dort finden Sie weitere Informationen.

Hochsensible Kinder

Praxisbeispiel: viel zu laut!

Maybrit, vier Jahre alt, und Minh, fünf Jahre alt, spielen gemeinsam »Zirkus« im Theaterraum. Maybrit nimmt sich den Zylinder und sucht auf dem Kleiderständer den schwarzen Frack. Minh schnappt sich das Clownskostüm, zieht die rote Nase an, setzt sich die Perücke auf und zieht die großen Clownsschuhe an. Dann geht er zielstrebig zum Instrumentenschrank, holt sich die Tröte raus und beginnt, laut zu blasen und mit dem Popo zu wackeln. Faris, fünfeinhalb Jahre alt, kommt dazu, holt sich die Trommel aus dem Schrank und fängt an, auf ihr zu trommeln. Daraufhin bricht Maybrit in Tränen aus, hält sich die Ohren zu, wirft den Zylinder hin und läuft aus dem Raum. Fachkraft Noga hat die Szene beobachtet. Sie läuft hinter dem Mädchen her und findet sie in der Höhle unter der zweiten Ebene. Sie hockt sich davor und sagt: »Das war dir viel zu laut, gell Maybrit? Du magst es nicht, wenn es so laut ist. Kann ich etwas tun, um dir zu helfen?« Sie wartet auf die Reaktion des Mädchens und signalisiert mit ihrer Präsenz, dass sie für Maybrit da ist und sie versteht. Sie weiß, dass Maybrit hochsensibel ist und in bestimmten Situationen im Kita-Alltag besondere Unterstützung, Begleitung und viel Verständnis braucht, weil sie mit ihrem Verhalten zum Ausdruck bringt, dass sie Reize anders verarbeitet als nicht-hochsensible Kinder.

Etwa 29 Prozent der Menschen kommen hochsensibel auf die Welt oder werden im Laufe ihres Lebens hochsensibel (vgl. Konrad, 2019, S. 55). Das bedeutet, dass sie Reize auf andere Art verarbeiten und ihr Nervensystem anders funktioniert. Reize können schlechter gefiltert und ausgeblendet werden, es kommt schneller zu einer Reizüberflutung und Überstimulation. Die feine Wahrnehmung kann dabei auf verschiedenen Sinneskanälen und Ebenen stattfinden. Auch ein empathisches Mitschwingen mit anderen oder ein intensives Beobachten, aber auch eine starke Harmoniebedürftigkeit, große Hilfsbereitschaft und ein ausgeprägter Gerechtigkeitssinn können Besonderheiten von hochsensiblen Menschen sein. In der Regel haben sie ein sehr reiches Innenleben, schon früh eine große Introspektionsfähigkeit und nehmen ihre körperlichen Zustände sehr differenziert wahr. Es gibt sowohl introvertierte als auch extrovertierte hochsensible Menschen. Letztere können sogar auffällig laute, begeisterungsfähige und Spannung liebende Menschen sein, die gar nicht ins Schema »zurückhaltend und ruhig« passen. Sie sind aber ebenso reizoffen und brauchen entsprechende Rückzugsorte. Ein hochsensibler Mensch vereint nicht alle Besonderheiten, jede:r hat eine eigene »Mischung«, die sie oder ihn zum Individuum macht.

So können Kinder zeigen, dass sie hochsensibel sind:

- Melissa riecht schon vor jeder Fachkraft, wenn ein Kind eine frische Windel benötigt, und weist darauf hin.
- Nour kneift die Augen zusammen, wenn das Licht im Gruppenraum angemacht wird.
- Lunis beschwert sich über seinen kratzigen Wollpulli und will ihn ausziehen.
- Joelle möchte nicht eingecremt werden.
- Mathilda möchte, dass die Ostereier gerecht unter allen Kindern aufgeteilt werden, und achtet genau darauf, dass das so geschieht.
- Enya hilft den jüngeren Kindern bei allen möglichen zu erledigenden Dingen, ob diese das wollen oder nicht.
- Soraya findet das Essen immer zu scharf und zu salzig, wenn etwas sauer ist, schüttelt es sie am ganzen Körper.
- Kristin weint mit, wenn zwei Kinder in einem Konflikt sind und eins von ihnen weint.
- Torsten hält sich sehr oft die Ohren zu, vor allem bei Ausflügen in der Nähe von belebten Straßen.

Reizüberflutung

Elaine N. Aron, Autorin und Wissenschaftlerin, beschreibt das Problem der Reizüberflutung für hochsensible Kinder:

> »Oft beklagen sich hochsensible Kinder (HSK) sehr viel – es ist zu heiß, zu kalt, der Stoff ist zu kratzig, das Essen zu scharf, im Zimmer riecht es merkwürdig –, Dinge, die andere Kinder überhaupt nicht registrieren. Oder aber sie spielen lieber für sich, beobachten andere schweigend vom Rand aus, essen nur, was sie kennen oder halten sich vornehmlich nur in einem be-

stimmten Raum, drinnen oder an einem festen Platz draußen auf. [...] Manche HSK bekommen Tobsuchtsanfälle oder Wutausbrüche, wenn etwas sie zu überwältigen droht. Andere versuchen keinen Ärger zu machen, vollkommen gehorsam zu sein, weil sie hoffen, so nicht bemerkt oder gefordert zu werden. [...] Einige überstimulierte HSK laufen ständig gegen die Wand. Sie scheinen am Aufmerksamkeitsdefizitsyndrom (ADS) zu leiden [...]. Manche ›rasten aus‹, werfen sich zu Boden und schreien. Andere werden ganz still und ziehen sich zurück, wenn sie überwältigt sind. Wieder andere bekommen Bauch- oder Kopfschmerzen, eine körperliche Reaktion auf Überforderung und zugleich eine kurzfristige Lösung ihres Problem, denn sie liefert ihnen einen Vorwand, sich auszuruhen. Und schließlich fühlen sich manche HSK [...] als hätten sie alles versucht und geben auf. Sie werden ängstlich, verzagt und verlieren jede Hoffnung.« (Aron, 2012, S. 32 f.)

Abbildung 13: Manche hochsensible Kinder ekeln sich häufig

Wie können Fachkräfte hochsensible Kinder im Alltag unterstützen?

- Die Umgebung und Situation auf mögliche Überreizung (auf allen Sinneskanälen) prüfen und entsprechend gestalten.
- Die Kinder gut beobachten und daraus ableiten, ob sie ein Entstressungsangebot brauchen.

- Kopfhörer, Ruhe- und Rückzugsmöglichkeiten (Tücher, um eine Höhle zu bauen, großer Karton zum zurückziehen o. ä.) bereithalten.
- Bedrängnissituationen sowie Dichtestress vermeiden.
- Ein gutes Gespür dafür entwickeln, wie viel Körperkontakt dem jeweiligen Kind angenehm ist.
- Herausfinden, welche Materialien das Kind ablehnt (taktiles Gefühl von Unangenehm) – Akzeptanz dem gegenüber!
- Erkunden, wie Übergänge für das Kind gestaltet sind und ob es ein individuelles Ritual, um sich darauf einlassen zu können, braucht.
- Kindern Zeit geben: Ein hochsensibles Kind braucht für vieles mehr Zeit, das kann die Eingewöhnung sein, das Einstellen auf Veränderungen, eine Mikrotransition, Reizverarbeitung oder ein »sich trauen, etwas neues auszuprobieren«.
- Die Kinder ermutigen: Ängstlichere, vorsichtigere hochsensible Kinder brauchen vielleicht einen guten Zuspruch der Fachkraft, etwas zu wagen (ggf. in ihrer Begleitung) und aus der eigenen Komfortzone zu gehen. Dies natürlich immer integritätswahrend und gleichwürdig, um ihnen einen »möglichen Blick über den Zaun« zu ermöglichen (vgl. Platte, 2018, S. 55).
- Hilfe in der Emotionsregulation anbieten, wenn das Kind mit Impulsivität reagiert, sowie gleichwürdig als Begleiter:in zur Verfügung stehen.
- Die Körpersprache beziehungsweise Feinzeichen von hochsensiblen Kindern wahrnehmen und entsprechend reagieren, da diese besonders ausgeprägt sein können.
- Die Kinder in ihrem starken Gerechtigkeitssinn und in ihrer Hilfsbereitschaft auch entlasten, indem die oder der Erwachsene die Verantwortung übernimmt und beispielsweise sagt: »Danke, dass du mir immer hilfst, es ist aber auch völlig in Ordnung, wenn du einfach spielen gehst, ich übernehme das gern.«

Bilderbuchtipps für Kinder zum Thema Hochsensibilität

Heine, H.-M./Schulmeyer, H. (2019): Tausendfühler Lars. Eine Geschichte über Hochsensibilität (Bilderbuch). Köln. (https://balance-verlag.de/product/tausendfuehler-lars/)

Platte, V./Hermann, E. (2019): Annabelle das Fuchsmondmädchen. (https://bunte-kinder.de/annabelle-das-fuchsmondmaedchen/)

Organische Ursachen für herausforderndes Verhalten

Nicht unerwähnt bleiben soll, dass es auch physiologische, also organische und medizinische Ursachen für herausforderndes Verhalten geben kann. Zum Beispiel das Fetale Alkoholsyndrom (FAS) hat häufig zur Folge, dass Kinder in ihrem Verhalten zeigen, dass sie mit anderen Voraussetzungen und Dispositionen zur Welt kommen als gesunde Kinder (neben organischen Ursachen werden zum Beispiel Impulskontrollstörungen oder »aggressives« Verhalten beschrieben). Oder recht unbekannte Erkrankungen, wie zum Beispiel PANDAS, ein neuropsychiatrisches Syndrom, was durch eine bestimmte Art von Streptokokken ausgelöst werden kann und unter anderem dem Tourette-Syndrom ähnliche Symptome und auch »aggressives« Verhalten hervorrufen kann. Auch ADHS, ADS, Schwerhörigkeit oder andere Wahrnehmungseinschränkungen, die noch nicht zureichend diagnostiziert wurden, aber auch genetische Dispositionen wie zum Beispiel Trisomie 21 oder weitere organische Ursachen sollten von Fachkräften mitbedacht werden. Immer sind hier Fachleute und Expert:innen hinzuzuziehen. Es gilt, ein »Schubladendenken« zu vermeiden und die bestmöglichen Unterstützungsangebote für alle zu eruieren.

Die Pandemie als mögliche Ursache für herausforderndes Verhalten

In unseren Fortbildungen berichten uns die Teilnehmenden immer wieder davon, dass die sogenannten »Corona-Kinder« sich »anders« verhalten würden. Auf Nachfragen kommt die Antwort: Sie wären nicht so sozialkompetent, hätten eine geringere Frustrationstoleranz, wenig Konfliktlösekompetenz, die Sprache wäre verzögert und die Eingewöhnungen würden teilweise länger dauern. Abgesehen davon, dass der »defizitorientierte« Blick auf die Kinder wenig hilfreich ist, kann die Frage in den Raum gestellt werden, ob dazu geforscht wurde und sich die Beobachtungen belegen lassen.

Tatsächlich kommt die vom Deutschen Jugendinstitut und dem Robert-Koch-Institut durchgeführte Corona-Kita-Studie (Deutsches Jugendinstitut, 2022) unter anderem in ihrem 7. Quartalsbericht zu dem Ergebnis, dass die Zahl der Kinder mit gesteigertem Förderbedarf in der sprachlichen Entwicklung während der Pandemie gestiegen sei (von 35 % im Oktober 2020 auf 53 % im Sommer 2021). Auch im sozial-emotionalen Bereich gaben 62 Prozent der befragten Kita-Leitungen an, dass bei mehr Kindern Förderbedarf bestehen würde als vor der Pandemie. Ebenfalls konnte erhoben werden, dass ein Zusammenhang zwischen dem sozioökonomischen Status der Familien und dem Förderbedarf der Kinder besteht. Die Ergebnisse der Studie zeigten außerdem auf, dass die pandemiebedingten Einschränkungen der Kontakt- und Bewegungsmöglichkeiten sich negativ auf die Qualität der Interaktionen zwischen den Fachkräften und Kindern und auch die Beziehungen der Kinder untereinander ausgewirkt haben. Auch der Kontakt zwischen Kita und Familie war davon betroffen (Deutsches Jugendinstitut, 2022).

Praxisbeispiel: Lilo kommt in die Kita – während der Pandemie

Lilo war zehn Monate alt als die Pandemie im Januar 2020 begann. Sie hat keine Geschwister. Lilos Eltern wollten sie eingewöhnen, wenn sie 12 Monate alt ist. Davor besuchten sie mit Lilo wenige Male eine Eltern-Kind-Gruppe, in der Lilo zwar ab und zu zu einem anderen Säugling gekrabbelt ist, jedoch viel für sich allein exploriert hat – spannend fand sie vor allem das Material.

Während des ersten Lockdowns im März 2020 und den darauffolgende Monaten mit Kontaktbeschränkungen haben Lilos Eltern Homeoffice gemacht. Während ein Elternteil gearbeitet hat, hat sich der andere in ihrer Wachzeit mit Lilo beschäftigt. Die Kita hat der Familie mitgeteilt, dass die Situation so ungewiss ist, dass die Eingewöhnung auf unbestimmte Zeit verschoben wird. Lilo ist ab und zu rausgegangen, sie saß im Kinderwagen und wurde geschoben. Kontakt mit anderen Kindern hatte sie nicht. Im März 2021 ist Lilo zwei Jahre alt. Die Kita hat sich gemeldet: Man könne eine Eingewöhnung unter besonderen Bedingungen versuchen. Lilo fällt die Loslösung von ihrem Elternteil schwer, sie weint viel und klammert sich fest und nimmt kaum Kontakt zu der pädagogischen Fachkraft und den wenigen Kindern der Kohortengruppe auf. Die Eltern entscheiden nach einer Weile, dass sie Lilo noch zu Hause lassen und es später noch einmal mit der Eingewöhnung versuchen wollen.

Lilos Perspektive:

- Ich konnte gar nicht kennenlernen, wie es in Kindergruppen ist.
- Ich konnte nicht kennenlernen, wie es ist, mit anderen Kindern in Interaktion zu sein.
- Ich konnte nicht kennenlernen, wie es ist, mit anderen Erwachsenen zu sein.
- Ich konnte nicht üben, wie es ist, in Konflikte zu geraten und dafür Lösungen zu finden.
- Ich kenne nur die Beziehungssprache meiner Elternteile.
- Ich kennen nur das Spielzeug von zu Hause.
- Ich kenne kaum andere Räume, Gerüche und Geräusche.

- Ich kenne keine anderen Tagesabläufe.
- Ich kenne kein anderes Essen, keine anderen Schlaforte.
- Mir wurden immer wieder Stäbchen in die Nase gesteckt.
- Ich habe irgendwie gespürt, dass meine Eltern Stress haben, konnte das aber nicht einordnen.

Als Lilo drei ist, starten die Eltern erneut mit der Eingewöhnung. Sie dauert vier Wochen. Vorsichtig nimmt Lilo irgendwann das Holzauto von Fachkraft Susi an und schaut auch auf ihrem Schoss gemeinsam mit ihr Bücher an. Die anderen Kinder ignoriert sie und spielt für sich. Als ein Junge sie ausversehen »anrempelt«, ist sie völlig außer sich und weint lange. Immer häufiger zieht sie sich in die Kuschelecke zurück und spricht sehr wenig.

Die Erlebnisse, die ein Kind während der Pandemie hatte, können zu herausforderndem Verhalten führen. Dies im Hinterkopf zu haben, ist für Fachkräfte sicherlich hilfreich. Jedoch wollen wir darauf hinweisen, dass das nicht zu »Schubladendenken« führen darf, sondern nur als *ein* mögliches Erklärungsmodell für den »guten Grund« des Kindes für ein bestimmtes Verhalten dienen kann.

Wie können Fachkräfte Kinder unterstützen, die in der Pandemie eine andere Lebenssituation hatten?

- Die Eingewöhnung orientiert sich nicht nur an der Fachkraft, wie es das Berliner Modell vorsieht. Andere Kinder, der Raum oder ein mit der familiären Bezugsperson erlebter ritueller Ablauf für die erste halbe Stunde (erst frühstücken, dann ein Buch lesen und schließlich im Kreativraum sein) können dem Kind Sicherheit geben.
- Fachkräfte verstehen sich als beziehungsstiftend, indem sie mit dem Kind etwas Attraktives machen, um andere Kinder mit ihm in Kontakt zu bringen. Sprachlich werden die individuellen Bedürfnisse der Kinder von der Fachkraft übersetzt (Lilo nimmt den roten Baustein aus der Hand von Ole, der sofort protestiert – die Fachkraft beschreibt die Situation aus Sicht beider Kinder, ohne sie zu bewerten).
- Kinder bringen Übergangsobjekte von zu Hause mit, welche sie tagsüber immer bei sich haben können.
- Fallbesprechung im Team, in der systemisch geschaut wird: Wie war die Situation des Kindes und seiner Familie während der Pandemie und welche Auswirkungen kann diese auf den Kita-Alltag haben.

- Das Kind systematisch beobachten und mögliche Zusammenhänge herstellen und individuelle Hilfestellungen für das Kind besprechen und ausprobieren.
- Dies alles immer vor dem Hintergrund: Hat das Kind einen Leidensdruck?

Wir Erwachsenen haben zu großen Teilen die Pandemie und die damit verbundenen Einschränkungen gut verarbeitet, das liegt vor allem daran, dass wir auf viele gute Erfahrungen vor Corona zurückgreifen können. Für heute fünfjährige Kinder bedeutet das pandemische Leben jedoch vier Fünftel ihrer Erfahrungen mit der Welt. Deshalb finden wir es wichtig, Kindern Zeit zu lassen, um Erfahrungen mit ihrer Umwelt zu machen, damit sie die ersten vier Lebensjahre »aufholen« können. Das gelingt am besten, wenn Fachkräfte sie einerseits zugewandt und feinfühlig begleiten und ihnen andererseits die Möglichkeiten bieten, immer und immer wieder an die eigenen Grenzen zu gehen, damit die Kinder lernen können, sich und der Welt zu vertrauen.

4 Kindeswohl und Kinderschutz wahren, auch wenn Kinder herausfordernd sind

Eine Geschichte zum Nachdenken

Das Königskind

Es war einmal ein König. In seiner Stadt herrschte große Armut und die Menschen in der Stadt waren sehr verbittert. Eines Tages ließ der König alle Bewohner:innen am Stadtplatz versammeln, um ihnen etwas Wichtiges mitzuteilen. Gespannt und aufgeregt richteten die Menschen ihre Blicke auf den König und waren neugierig auf die wichtige Mitteilung. Der König sprach: »Ich habe heimlich ein Königskind unter eure Kinder gebracht. Behandelt es so gut, wie die Königin als liebende Mutter und ich es als liebender Vater behandeln würden!« Die Stadtbewohner:innen staunten und niemand wusste, wer das Königskind war. Deshalb begannen die Menschen, alle Kinder in der Stadt so zu behandeln, als wäre jedes einzelne von ihnen das Königskind. Es vergingen viele Jahre. Die Kinder wurden zu Erwachsenen und bekamen selbst Kinder. Der mittlerweile alte König beobachtete über die Jahre mit großer Freude die Entwicklung seiner Stadt. Aus der früheren armen und schmutzigen Siedlung wurde eine prachtvolle, weit über die Landesgrenzen bekannte Stadt. Es gab Krankenhäuser, Schulen und eine große Bibliothek … Die Bewohner:innen waren glücklich und zufrieden. (Verfasser:in unbekannt)

Aber warum?

Haben Sie eine Idee? Diese Geschichte könnte eine mögliche Herangehensweise sein, um mit dem eigenen Team in das Thema Kinderschutz einzusteigen. Den meisten Menschen dürfte das Phänomen bekannt sein, dass ein integritätswahrender, gleichwürdiger und respektvoller Umgang mit anderen Menschen sich auf einen selbst auswirkt. Diese Geschichte verdeutlicht dies auf schöne Weise. Der Kinderschutz ist ein sensibles Thema für Fachkräfte, da sie sich schnell angegriffen und falsch verstanden fühlen, wenn ihre Reaktionen auf Kinder nicht sensibel oder gar harsch sind. Denn schließlich sind es die Kinder, die ihnen täglich anvertraut werden, die mit ihrem, für die Fachkraft herausfordernden Verhalten auch andere Kinder in die Verzweiflung treiben können.

Wie bereits mehrfach aufgezeigt, ergibt jedes Verhalten eines Kindes einen Sinn und die Kinder senden uns dadurch eine Botschaft! Herausforderndes Verhalten ruft bei Fachkräften bisweilen Unverständnis hervor und sie argumentieren damit, dass Kinder für bestimmte Verhaltensweisen doch »Konsequenzen« erfahren müssten.

Nicht selten versteckt sich hinter einer sogenannten Konsequenz letztlich doch eine Bestrafung.

Hier gilt es, »logische Konsequenz« und »Bestrafung« auseinanderzuhalten. Wie die Autorin Kathrin Hohmann (2022) in ihrem Buch »Augenhöhe statt Strafen« beschreibt, ist eine logische Konsequenz zum Beispiel der Hinweis auf die logische Folge einer Handlung. Zum Beispiel, wenn eine Fachkraft zu einem Kind sagt: »Wenn du die Matschhose nicht anziehen möchtest, ist es ok, es kann sein, dass du dann draußen im Sand nass wirst.« Um eine Bestrafung handelt es sich, wenn Fachkräfte zum Beispiel »Wenn-dann-Sätze« mit Formulierungen wie »Wenn du jetzt keine Matschhose anziehst, dann darfst du nicht raus/nicht in den Sand« oder »Wenn du das nicht aufisst, bekommst du keinen Nachtisch« verwenden. Bestrafung ist gewaltvolles Handeln und unzulässig.

Gewaltfreie Erziehung bedeutet, dass Fachkräfte Kinder nicht bestrafen dürfen

Praxisbeispiel: Carlo und das Zuckerfest

In einer Praxisberatung erzählt die pädagogische Fachkraft Frau Kroschnitz, dass sie heute von dem 4,7 Jahre alten Carlo gebissen worden sei. Sie ist empört und sehr aufgebracht. Es ist ihr ein Anliegen, darüber zu sprechen, welche Konsequenz Carlo nun bekommt. Dabei ist für die Supervisorin zwischen den Zeilen das Wort »Bestrafung« zu hören. Sie bittet die Teilnehmenden, sich entweder in das Kind, in die Fachkraft oder in eine:n Beobachter:in einzufühlen. Frau Kroschnitz wird gebeten, die Geschichte noch einmal zu erzählen, und zwar vom Zeitpunkt ungefähr eine halbe Stunde vor dem Biss bis zehn Minuten danach. Frau Kroschnitz berichtet, dass sie den Morgenkreis für heute geplant hatte. Sie rief um 09.15 Uhr alle Kinder zusammen und begann mit ihnen über das Zuckerfest zu sprechen, das heute stattfinde.

Nach wenigen Minuten fingen die Kinder an, sich miteinander zu beschäftigen, und hörten nicht mehr zu. Am Anfang versuchte Frau Kroschnitz, die Unruhe zu ignorieren. Als Carlo jedoch anfing, im Kreis zu tanzen, und immer wieder das Wort Zuckerfest intonierte, verlor sie die Fassung. Sie setzte Carlo mit einem kräftigen Druck gegen die Schultern zurück auf seinen Stuhl und drohte ihm an, dass er vor die Tür müsse, wenn er nicht sitzen bliebe. Carlo sah sie fassungslos an und verschränkte seine Arme vor der Brust. Nach wenigen Sekunden stand er wieder auf, warf seinen Stuhl um und verließ durch die so entstandene Lücke den Kreis. Da lief Frau Kroschnitz hinter ihm her und sagte: »Ich habe es dir gesagt, du kommst in den Flur, wenn du nicht ruhig bist.« Sie packte ihn an den Schultern und Carlo wehrte sich heftig. Frau Kroschnitz hielt Carlo fest und schob ihn mithilfe ihres gesamten Körpers Richtung Zimmertür. In dieser Situation biss Carlo zu. Vor Schreck ließ Frau Kroschnitz ihn los. Pia, ihre Praktikantin, sagte unsicher: »Du kannst gern mal eine Pause machen, ich mache hier weiter.« Frau Kroschnitz nickte und ging zur Leitung, um ihrer Empörung Luft zu machen. Diese verwies auf die am Abend stattfindende Praxisberatung mit der Supervisorin. Damit endet die Erzählung. Die Supervisorin bittet nun das Team, ihre Resonanz aus der Rolle, mit der sie sich identifizierten, zu äußern. Folgende Aussagen wurden dabei gemacht:

Aus der Perspektive der Fachkraft:
- »Echt, da habe ich mir so viel Mühe mit der Vorbereitung dieses Morgenkreises gegeben und die Kinder interessiert es nicht!«
- »Ja genau, aber warum interessiert es sie nicht? Das habe ich gar nicht verstanden.«
- »Also im Nachhinein denke ich, die Kinder mussten ja nur zuhören, es gab nichts zu sehen, nichts zum Anfassen, es war vielleicht einfach gut gemeint, aber schlecht – also aus Sicht der Kinder – gemacht.«
- »Das stimmt, aber ich finde auch, dass Carlo sich ganz schön frech verhalten hat.«

Aus der Perspektive des Kindes:
- »Zuckerfest, da denke ich doch sofort an leckere Süßigkeiten, wo waren die, das hätte mich mehr gefesselt, zu sehen und vor allem zu schmecken, was es zum Zuckerfest alles zu Essen gibt.«
- »Ich fand das eine tolle Idee von mir, das Zuckerfest endlich mal zu feiern und zu tanzen, anstatt nur darüber zu labern. Als Kind habe ich mich ganz unverstanden gefühlt, wieso muss ich mir so eine langweilige Geschichte anhören, wenn es mich gar nicht interessiert.«

- »Genau so ging es mir auch und ich hätte auch gebissen, so machtvoll wie die Fachkraft mit mir umgegangen ist.«

Aus der Perspektive des:der Beobachter:in:
- »Ich bin über die Dynamik echt erschrocken. Es ging ja ab, als wäre da schon den ganzen Tag Dynamit im Raum.«
- »Ich habe gedacht, hinterher sind wir immer klüger, vermutlich würde das die Fachkraft so nicht mehr tun.«
- »Also ich traue mich das kaum zu sagen, aber die Fachkraft war echt ignorant gegenüber der Bedürfnisse der Kinder.«
- »Gut, dass du das sagst, ich finde sogar: Das war ein klares kindeswohlgefährdendes Verhalten, was einfach nicht vorkommen darf. Gerade ein Kind mit Gewalt aus dem Raum zu schieben, das finde ich richtige körperliche Gewalt.«

Wie ist diese Situation nun zu bewerten? Es handelt sich ganz klar um ein kindeswohlgefährdendes Verhalten:
1. Das Kind auf den Stuhl zu drücken, ist körperliche Gewalt.
2. Dem Kind mit dem Ausschluss aus der Gruppe zu drohen, ist seelische Gewalt.
3. Das Kind aus der Gemeinschaft auszuschließen, ist grundsätzlich nicht zulässig.
4. Das Kind mit dem eigenen Körper aus dem Zimmer zu schieben, ist körperliche Gewalt.

Wenn das Kindeswohl immer Vorrang hat, bedeutet das in solch einer Situation, dass die Fachkraft die Verhältnismäßigkeit ihres Handelns überprüfen muss. Sie muss sich die Frage stellen: Was gefährdet das Kindeswohl mehr, Carlo vor die Türe zu setzen oder den Morgenkreis zu beenden und nur mit den interessierten Kindern weiterzumachen? Die Leitung, welche an der Supervision teilnimmt, wird von der Supervisorin informiert, dass dies eine Situation ist, über die der Träger informiert werden sollte. Der Träger entscheidet dann, ob er eine Meldung beim Landesjugendamt macht (nach § 47 Nr. 2 KJHG). Zu Recht fragen Fachkräfte in solchen Situationen: »Ja, müssen wir uns den jetzt alles gefallen lassen?« Nein, müssen sie nicht. Aber in allen Situationen, die in der Kita passieren, hat das Kindeswohl immer Vorrang (vgl. Maywald, 2011, S. 9). Es geht darum, die Situationen pädagogisch zu gestalten. Die pädagogischen Interventionen so zu setzen, dass die Kinderrechte, die Würde und das

Wohl des Kindes gewahrt bleiben. Was wäre in dieser Situation, im Sinne des Kindeswohls, eine angemessene Intervention gewesen? An mehreren Stellen hätte die Fachkraft anders reagieren können (und müssen):

1. Als die Kinder unruhig wurden, hätte die Fachkraft nachfragen können, ob sie lieber etwas anderes machen wollen, und den Kindern, die das Thema interessiert, anbieten, sich später mit ihnen zusammenzusetzen.
2. Als Carlo zu tanzen anfing, hätte die Fachkraft es mit Humor nehmen und sein Handeln verbalisieren können; »Oh Carlo, ich sehe, du bist schon am Feiern. Das finde ich eine gute Idee, magst du dich nochmals hinsetzen und mich erst einmal weitererzählen lassen, damit du noch mehr über das Zuckerfest erfährst?« Wenn Carlo signalisiert hätte, dass er nicht möchte, hätte die Fachkraft ihn bitten können, sich schon mal woanders für das Fest »warmzutanzen«. Alternativ könnten alle miteinander eine Runde im Kreis tanzen, dabei das Wort »Zuckerfest« rufend. Anschließend kann im Sitzen nochmals weiter zugehört werden.
3. Nachdem es passiert ist und die Fachkraft Carlo auf den Stuhl gedrückt hat, hätte die Fachkraft sich besinnen und sich dann bei Carlo entschuldigen müssen. Spätestens als Carlo seinen Stuhl umgeworfen hat, damit er aus dem Kreis kommt, war klar, dass er sich verletzt fühlte. Ob er sich beschämt fühlte oder es ihm körperlich wehgetan hat, ist dabei erst einmal egal. Das könnte die Fachkraft ihn später fragen. Der Versuch, ihn aus dem Zimmer zu schieben, war für Carlo sicher ein zweiter Übergriff, der seine Integrität stark verletzt hat.
4. Es stellt sich immer grundsätzlich die Frage, ob es sinnvoll ist, Kindern verbindliche Angebote zu machen. Wenn Kinder keine Lust auf den Morgenkreis haben, ist es ihr Recht, nicht teilzunehmen.
5. Auch nach dem Biss hätte die Fachkraft sich entschuldigen können. Beispielsweise so: »Das war nicht in Ordnung von mir, dich aus dem Raum schieben zu wollen. Mir tut es leid, dass ich das getan habe, und dein Biss hat mir wirklich wehgetan.«

Wenn wir Erwachsenen in uns hineinspüren, dann wissen wir eigentlich, dass wir Kinder nur dann zwingen, etwas zu tun oder sie bestrafen wollen, wenn wir uns völlig hilflos fühlen. Dieses hilflose Gefühl dürfen wir alle haben, aber nicht ausleben. Kinder bringen uns manchmal dazu, uns hilflos zu fühlen, weil sie eben nicht das machen, was wir uns vorgestellt haben, wir enttäuscht sind oder uns die Unruhe oder die Lautstärke in eine innere Spannung bringt. Ein hilfreicher Leitsatz für alle Kolleg:innen, die auf diese Art handelnde Kolleg:innen verstehen wollen, könnte sein: In dem Moment, in dem eine Fachkraft zu einem Kind sagt »*Wenn* du nicht …, *dann* passiert …« steht sie mit dem Rücken zur Wand. Denn wenn das Kind jetzt »Nein« sagt, ist sie nicht mehr handlungsfähig, weil sie das angekündigte »dann« nicht umsetzen darf.

Strafendes Verhalten, was nicht erlaubt ist:
- Kindern drohen, beispielsweise: »Wenn du das machst, dann passiert etwas schlimmes.«
- Kinder aus der Gruppe ausschließen.
- Kinder von der Teilnahme an einer Aktivität ausschließen.
- Kindern etwas wegnehmen, was ihnen gehört, dazu gehören auch die Materialien in der Kita oder Übergangsobjekte, Schnuller etc.
- Den Nachtisch wegnehmen.
- Kinder in einen Raum einschließen.
- Kinder körperlich festhalten (»Du bleibst jetzt da«).
- Den Körper des Kindes manipulativ bewegen, wie zum Beispiel den Kopf zu sich drehen (»Du schaust mich an, wenn ich mit dir rede«).
- Kinder auf einen (Straf-)Stuhl setzen.
- Im (Morgen-)Kreis vor den anwesenden Kindern wiederholen, was ein einzelnes Kind Schlimmes getan hat.
- Andere Kinder ermutigen, das Kind zurückzuhauen.
- Und weitere Handlungen, Aussagen etc., die Kinder beschämen, ihre Integrität verletzen, sie beleidigen, Zwang ausüben (»Du setzt sich jetzt hier hin«) oder Erpressung darstellen (»Wenn du nicht sofort aufhörst«).

Positiv gesprochen: Das Verhalten der Fachkräfte muss unterstützend, gleichwürdig und integritätswahrend sein.

Rechtliche und gesetzliche Grundlagen des Kinderschutzes

1. Das Kind hat ein Selbstbestimmungsrecht in allen es selbst betreffenden Belangen.
   - § 1626 Abs. 2 BGB: Mitsprache von Kindern an allen sie betreffenden Entscheidungen.
   - § 8 SGB VIII: Kinder und Jugendliche sind ihrem Entwicklungsstand entsprechend an allen sie betreffenden Entscheidungen der öffentlichen Jugendhilfe zu beteiligen.
   - § 45 Abs. 2 Nr. 4 SGB VIII: systematische Installation von Partizipationsverfahren, welchen Kindern das Recht auf Beschwerde und Mitsprache in allen Ihnen betreffenden Belangen zuschreibt, Erstellen eines Schutzkonzeptes.

2. Das Kind hat ein Recht auf körperliche Unversehrtheit und eine gewaltfreie Erziehung.
   - § 1631 Abs. 2 BGB: Das Recht auf eine gewaltfreie Erziehung.
   - § 1 Abs. 3 SGB VIII: Junge Menschen sind in ihrer individuellen und sozialen Entwicklung zu fördern und vor Gefahren für ihr Wohl zu schützen.
   - § 79a SGB VIII: Qualitätsmerkmale für die Sicherung der Rechte von Kindern in Einrichtungen und ihrem Schutz vor Gewalt sind festzuschreiben, anzuwenden, weiterzuentwickeln und regelmäßig zu überprüfen.
3. Kinder sind Träger eigener Rechte von Geburt an (§ 1 BGB).

Die Kinderrechte der Vereinten Nationen wurden 1992 von Deutschland ratifiziert und sind seitdem verbindlich. Deutschland befindet sich dabei auf einem guten Weg und die Novellierung des § 8 im KJHG (Kinder- und Jugendhilfegesetz) war ein weiterer Schritt, den Kinderrechten mehr Bedeutung zu geben. Die wesentlichsten Rechte der Kinder sind:

1. Das Recht auf Gleichbehandlung.
2. Das Diskriminierungsverbot.
3. Das Recht auf ein selbstbestimmtes Leben und eine persönliche Entwicklung.
4. Respekt vor der Meinung und dem Willen des Kindes (vgl. Baum, 2023, S. 5).

Was können Fachkräfte tun, wenn Kinder herausforderndes Verhalten zeigen und zum Beispiel andere Kinder verletzen?

Die Rechte der Kinder immer gut umzusetzen, ist gerade dann nicht leicht, wenn Fachkräfte sich von Kindern herausgefordert fühlen. Dann ist es gut, wenn Fachkräfte im gleichwürdigen Dialog geübt sind, weil die Perspektivübernahme für die Bedürfnisse des Kindes eingeübt werden konnte.

Praxisbeispiel: das rote Tuch

Bob, 5,1 Jahre alt, ist ein Kind, das sehr schnell aus der Fassung gerät. Die Fachkräfte im Team sind immer angespannt, wenn er in ihren Funktionsraum kommt, da es häufig und oft für sie unvorhersehbar zu »aggressivem« Verhalten von Bob kommt. Zu seinem Schutz hat er im Büro der Leitung, die er sehr mag, ein kleines Zelt bekommen, weil er oft gefragt hat, ob er im Büro eine Pause machen kann. Jetzt kann er sich, wenn er mag, in das Zelt zurückziehen, wenn es ihm zu viel wird. Heute ist er in der Bewegungsbaustelle. Gemeinsam mit Yara, 3,1 Jahre alt, legt er Seidentücher im Raum aus. Moja, die Fachkraft, die den Bauraum betreut, beobachtet die beiden immer wieder, in der Hoffnung, schnell eingreifen zu können, wenn es schwierig werden sollte. Irgendwann beginnen die Kinder, an einem roten Tuch zu ziehen und sich gegenseitig zu beschimpfen. Bereits im nächsten Moment schlägt Bob heftig auf Yara ein. Moja geht zu den beiden hin und hält ihre Hand zwischen die Kinder und sagt deutlich das Wort »Stopp!«. Als Bob aufhört zu schlagen und sich ihr zuwendet und auch Yara sich schluchzend an sie lehnt, beschreibt sie, was sie gesehen hat. Dabei wird deutlich, dass beide Kinder das rote Tuch haben wollen, und nachdem Moja ihnen die anderen roten Tücher gezeigt hat, wird deutlich: Es muss genau dieses Tuch sein. Daraufhin holt Moja alle roten Tücher und schildert nochmals die Situation, dass es viele rote Tücher gibt und die Kinder beide dieses eine Tuch haben wollen. Sie fragt die Kinder: »Was sollen wir nun tun?« Yara und Bob bleiben dabei, beide Kinder bestehen darauf, dieses eine Tuch zu haben. Nun beginnt Bob wieder an dem Tuch zu ziehen und seine Körperhaltung wirkt verkrampft. Deshalb fragt Moja: »Soll ich euch einen Vorschlag machen?« Beide Kinder nicken und Moja bittet die Kinder, ihr das rote Tuch zu geben, um das sie gestritten haben. Sie sagt: »Ich mache euch nun einen Vorschlag, hier sind alle roten Tücher, die wir haben, sie sehen alle gleich aus. Trotzdem ist es dieses Tuch, was ihr beide haben wollt. Wir können folgendes machen: Ich nehme jetzt alle Tücher in eine Hand und jeder von euch zieht ein Tuch heraus. Das könnte das besondere Tuch sein oder ein anderes, jedenfalls ist es jeweils das Tuch, das dem gehört, der es herausgezogen hat. Jeder von euch hat dann sein ganz eigenes Tuch, mit dem ihr weiterarbeiten könnt, einverstanden?« Die Kinder nicken, ziehen sich ein rotes Tuch und kehren in ihre Tätigkeit zurück.

Moja ist in diesem Beispiel an keiner Stelle auf das »aggressive« Verhalten von Bob eingegangen, sondern hat sich ganz auf das eigentliche Thema, die Gefühle, Wünsche und die Bedürfnisse konzentriert. Damit hat sie beide Kinder in ihrem Wunsch, das Tuch zu bekommen, ernst genommen. Die Strategien der beiden Kinder (Yara zieht am Tuch, Bob schlägt) waren unterschiedlich, der Wunsch (dieses rote Tuch zu haben) aber der gleiche. Wichtig ist auch, zu sehen, dass viele Kinder in dieser Situation Ideen gehabt hätten, wie sie ihren Konflikt lösen können (z. B. sich mit dem Tuch abzuwechseln). Kindern, die herausgefordert sind, leicht erregbar und bisher noch wenig Frustrationstoleranz entwickeln konnten, gelingt das manchmal nicht. In solchen Fällen ist es notwendig, dass Fachkräfte Ideen vorschlagen. Die Entscheidung, ob sie den Vorschlag annehmen, sollte aber bei den Kindern liegen (vgl Baum, 2023a, Folder 3). Und auch das gelingt nicht immer. Es gibt Kinder, die in einer solchen Situation keine Distanz mehr zu ihrem Wunsch, mit diesem Tuch zu spielen, bekommen können. Sie sind sozusagen ganz dieser Wunsch. Das Bedürfnis nach Selbstwirksamkeit und Autonomie ist so groß, dass Bob im Beispiel von seinen (vermutenden) Gefühlen wie Ärger, Frust und Enttäuschung überwältigt werden würde. Auch das ist eine Dilemmasituation, weil die Fachkraft, egal was sie als Vorschlag anbietet, einem oder vielleicht auch beiden Kindern den Wunsch versagt. Dafür ist es notwendig, im Team klare Absprachen zu haben, die das Kindeswohl nicht gefährden. So könnte Moja zu beiden Kindern in einem solchen Fall sagen: »Das tut mir leid, dass wir gar keine Lösung finden können. Bob, ich möchte nicht, dass du Yara noch einmal haust. Ich weiß, es fällt dir sehr schwer, das Tuch nun loszulassen, und ich bitte dich trotzdem darum. Auch dich, Yara, bitte ich nun, das Tuch loszulassen, auch wenn du das eigentlich nicht möchtest. Im Moment bekommen wir keine Lösung hin, außer, dass wir nun dieses Tuch zur Seite legen und ihr beide mit anderen Tüchern weiterarbeitet.«

Moja hätte noch zwei weitere Strategien verfolgen können:

1. Tanzend auf die Kinder zugehen und dabei zu einer selbst erfundenen Melodie singen: »Du willst das Tuch und du willst das Tuch, wir alle wollen das eine Tuch.«
2. Bob Kontakt im Sinne von »Magst du dich mal zu mir setzen und ein bisschen Zeit mit mir verbringen?« anbieten.

Bob weiß, dass Hauen keine hilfreiche Strategie ist, er kann es jedoch nicht steuern. Es überkommt ihn, wenn er innerlich in Not gerät. Er weiß, dass Moja heute oder morgen mit ihm über sein Hauen sprechen wird. Dann kann er ihr sogar genau erklären, was in ihm vorgegangen ist, und trotzdem ist ihm eine Verhaltensänderung im Moment nicht möglich. Angst hat er nicht vor dem Gespräch, denn er weiß, dass Moja ihn unterstützt und seine Interessen und Nöte ernst nimmt. Für die Fachkräfte bedeutet das, den Blick immer wieder auf Bob zu richten und zu überlegen, wie es ihm geht (siehe ▶ **Kapitel 2.4, pädagogische Pause**). Und ihn zu fragen, was ihm gerade gut tun würde, sowie gemeinsam mit ihm Strategien zu besprechen, die er alternativ zum Hauen nutzen kann. Das setzt voraus, dass es den Fachkräften gelingt, zu akzeptieren, dass Bob für den Moment so ist, wie er ist. Diesem Team ist es gelungen, eine gleichwürdige und fachlich professionelle Umgangsweise mit einem herausgeforderten Kind zu erarbeiten. Es hat sich in der Auseinandersetzung und

Reflexion des Prozesses darauf geeinigt, nicht mehr mit Bob zu schimpfen und ihn – auch auf der Basis des Kinderschutzes – nicht mehr zu bestrafen, wenn er andere Kinder haut. Das Team möchte Bob so gut und oft es geht in seinen Bedürfnissen und Wünschen unterstützen. Dazu gehört auch, ihm das Zelt im Büro anzubieten (nicht ihn hinzuschicken!). Das verändert die Situation für Bob an vielen Stellen:

- Er wird nicht mehr vor den anderen Kindern bloßgestellt und damit zum »Buhmann« gemacht.
- Er hat einen sicheren Ort in der Kita.
- Er erlebt sehr häufig, dass seine Wünsche und Bedürfnisse gesehen werden und er bei der Umsetzung alternativer Herangehensweisen unterstützt wird.
- Damit wird er in seiner Person bestärkt, weil ihm signalisiert wird, dass seine Wünsche und Bedürfnisse richtig und wichtig sind. Er erlebt die Subbotschaft: »Du bist in Ordnung, wie du bist, auch wenn du im Moment noch übst, hilfreichere Strategien zu erproben, mit denen du deine Wünsche und Bedürfnisse zum Ausdruck bringen kannst.«
- In den Gesprächen mit ihm über das Hauen wird er nicht getadelt, sondern es wird mit ihm nach Handlungsalternativen gesucht. Ein immer wiederkehrendes Angebot dabei ist, sich Hilfe bei einer Fachkraft zu suchen.
- Vor allem aber ist die Handlungsweise des Teams gleichwürdig und integritätswahrend.

In der Kooperation mit den Eltern arbeitet das Team daran, diese dafür zu sensibilisieren, dass Bob diagnostisch untersucht wird.

Nicht in jedem Fall hilft eine Diagnose bei der Strategie für die Beziehungsgestaltung und den Umgang mit dem Kind, aber oft. Zudem ist es mit einer offiziellen Diagnose möglich, eine Inklusionskraft zu bekommen, die das Team entlasten kann. Für Eltern ist es oft nicht einfach, damit konfrontiert zu werden, dass das eigene Kind eine Besonderheit oder gar eine »Einschränkung« hat. Der Kinderschutz ist jedoch eindeutig: Dem Kind eine professionelle Diagnose zu verwehren und die damit verbundene Unterstützung zu verhindern, ist bei Kindern mit einer Behinderung oder Kindern, die von Behinderung bedroht sind, eine Form der Kindeswohlgefährdung. Das bedeutet für die Bezugsfachkraft, im engen Kontakt zu den Eltern zu sein und zu versuchen, mit ihnen in einer guten Kooperation zu bleiben, gerade dann, wenn das Kind herausfordernd ist. Es bedeutet, zu signalisieren, dass es um das Kind geht, was von den Fachkräften gemocht wird und um dessen Wohl sie sich Gedanken machen. Nur im Notfall und bei nachhaltiger Weigerung der Eltern ist es notwendig, diese darüber zu informieren, dass bei einer anhaltenden Verweigerung entsprechender

Untersuchungen das Kreisjugendamt eingeschaltet werden muss. Grundsätzlich braucht die Kita keine Einwilligung der Eltern, um eine Meldung beim Jugendamt zu machen. Trotzdem ist es für die weitere Kooperation wichtig, die Eltern vorab zu informieren, es sei denn, die Gefährdung des Kindes nimmt damit zu.

Wie können Kinder, deren herausforderndes Verhalten sich durch »Aggression« ausdrückt, unterstützt werden?

- Durch die bereits erwähnte pädagogische Pause der Fachkraft, um durch die Beobachtung frühzeitig zu erkennen, wenn Kinder Unterstützung brauchen.
- Durch viel Selbstbestimmung im Kita-Alltag.
- Durch eine verlässliche Beziehung, die gerade, wenn es schwierig ist, trägt.
- Durch die Subbotschaft an das Kind: Du bist hier richtig und du bist willkommen.
- Durch klare Rückmeldung: Dieses Verhalten ist hier nicht gewollt *und* ich helfe dir, neue Strategien zu entwickeln, ohne dich zu beschämen.
- Durch Verständnis dafür, dass Entwicklung Zeit braucht.
- Durch die Möglichkeit für Bewegung oder Rückzug.
- Durch das Angebot, mit der Fachkraft etwas für die Gruppe zu tun (z. B. Planschbecken aufpumpen, Kuchen aufschneiden oder auch die Kissen für die Kinder, die an dem Stammgruppenkreis teilnehmen wollen, hinzulegen ...).

Kinderschutz im häuslichen Bereich

Praxisbeispiel: Bobs Familie

Bob aus dem Beispiel oben lebt mit seiner Mutter und seinen fünf Geschwistern in einem Mehrfamilienhaus. Sein Vater lebt in einer anderen Familie und hat wenig Kontakt zu Bob. Immer wieder verabredet er sich mit Bob und lässt dann den Termin ohne Ankündigung platzen. Bobs Geschwister haben verschiedene Väter, mit denen sich die Beziehungen sehr unterschiedlich gestalten. Der neue Freund von Bobs Mutter lebt seit einem halben Jahr mit in der Wohnung. Das Team hat den Verdacht, dass er die Mutter, aber auch Bob schlägt. Kinder wie Bob sind manchmal durch ihr Zuhause so herausgefordert, dass sie in der Kita keine Reserven mehr haben, um in die Kooperation mit anderen Kindern und den Fachkräften zu gehen. Es gilt dann, zu prüfen, ob im häuslichen Bereich eine Kindeswohlgefährdung vorliegt. Empfehlenswert ist, bei jeder Besprechung zu einem Kind oder vor einem Entwicklungsgespräch im Team grundsätzlich die Frage zu stellen, ob eine Kindeswohlgefährdung vorliegen kann. Wenn dies mit »Ja« von einer Fachkraft beantwortet wird, dann empfehlen wir, die KiWo Skala (Kinderwohlskala) zu benutzen (https://www.kvjs.de/fileadmin/dateien/jugend/Kinderschutz/1.4.1.4_Kopiervorlagen_KiWo-Skala_Kita.pdf, Zugriff am 25.03.2024).

Kindeswohlgefährdungen im häuslichen Umfeld können sein:
- keine angemessene Kleidung,
- mangelndes oder einseitiges Essen,
- jegliche Formen von (sexualisierter) Gewalt,
- Vernachlässigung in jeglicher Form,
- Verweigerung von medizinischen oder therapeutischen Hilfen,
- Verweigerung emotionaler Unterstützung.

Kindeswohlgefährdendes Verhalten und auch sexualisierte Gewalt finden wir in allen Arten von Familien und in allen beruflichen Gruppen von Eltern, Verwandten und Menschen aus dem Sozialraum. Eine Häufung kann jedoch in prekären Familiensituationen, bei hochstrittigen Paaren und bei Bindungspersonen, die psychisch krank oder drogenabhängig sind, festgestellt werden. Die meisten Familien sind bereit, sich unterstützen zu lassen, und nehmen Hilfe an. Beratungsstellen, Familienhelfer:innen oder auch Programme der frühen Hilfen bieten Möglichkeiten, die Familien zu unterstützen. Kann die Gefährdung der Kinder nicht abgewendet werden, muss die Kita das Jugendamt darüber informieren (Garantenstellung).

Die Kita ist ein sicherer Ort. Das bedeutet, dass Kinder von Fachkräften geschützt werden müssen, wenn Bindungspersonen die Kinder in ihrer Anwesenheit körperlich oder psychisch nicht angemessen behandeln.

Praxisbeispiel: das Gitterbett

Leonie, 2,7 Jahre alt, geht seit fast 15 Monaten in die Krippe. Ihre Bezugsfachkraft Melanie fühlt sich von ihr häufig herausgefordert, weil Leonie nicht zu hören scheint, wenn ihr etwas gesagt wird. Aus ihrer Sicht ist Leonie ein störrisches, eigenwilliges und hyperaktives Mädchen. Heute findet Melanie es besonders anstrengend. Leonie spielt Piratin und rennt, hüpft die ganze Zeit durch den Raum und fordert die anderen Kinder auf, mit ihr zu kämpfen. Im Morgenkreis wollte sie schon nicht mitmachen und hat ständig »gestört«, beim Frühstück hat sie angefangen, andere Kinder mit Essen zu bewerfen, und jetzt nach dem Mittagessen braucht Melanie endlich einmal etwas Ruhe. Da ihre Kollegin Petra in der Pause ist, entscheidet Melanie, dass Leonie heute schlafen soll, obwohl sie das eigentlich nicht mehr möchte. Sie nimmt sie also mit in den Schlafraum und legt sie gegen ihren Willen in ein Kinderetagenbett mit Gitter, das sie schließt, sodass Leonie nicht allein aus dem Bett heraus kann. Leonie brüllt daraufhin eine halbe Stunde, bis sie vor Erschöpfung einschläft. Als Petra aus der Pause wiederkommt, wundert sie sich darüber, dass Leonie schläft. Später am Nachmittag berichtet ihr Leonie, dass Melanie sie in dem Bett eingeschlossen hat. Daraufhin informiert Petra ihre Leitung, die den Träger anruft. Melanie wird am nächsten Morgen zu einem Personalgespräch eingeladen und vorerst beurlaubt. Beim Landesjugendamt wird noch am selben Tag eine Meldung gemacht. Auch die Eltern werden informiert und es wird ihnen geraten, bei der Polizei eine Anzeige zu erstatten.

Immer wieder hören wir in der Presse von Fachkräften, die Gewalt gegenüber Kindern ausüben, und in den letzten Jahren sind die Meldungen bei den Landesjugendämtern enorm gestiegen. Offene und verdeckte Formen der Gewalt sind Teil der Lebenswirklichkeit in Kitas. Astrid Boll und Regina Remsperger-Kehm (2021) beschreiben in einer Studie, dass rund zwanzig Prozent der befragten Leitungskräfte häufig grenzverletzendes Verhalten bei Kolleg:innen beobachten. Die Resultate der qualitativen Studie seien »erschreckend«, so Regina Remsperger-Kehm in einem Interview (Hochschule Koblenz, 2021).

Immerhin – so die Studie – entschuldigt sich die Hälfte der Fachkräfte bei den Kindern. Dies und die steigende Anzahl von Meldungen könnte bedeuten, dass das Bewusstsein wächst (vgl. Baum, 2023b, S. 6).

Schauen wir noch einmal in das Praxisbeispiel. Melanie ist eine Fachkraft, die davon ausgeht, dass Kinder folgen müssen. Sie arbeitet nach der Drei-W-Pädagogik (vgl. Baum, 2020, S. 5). Das bedeutet, sie sagt den Kindern, *was* sie machen sollen, *wann* sie es machen sollen und *wie* sie es machen sollen. Hier ist Melanie mit großer Wahrscheinlichkeit von ihren Beziehungserfahrungen, ihren Glaubenssätzen und ihren Werten geprägt, die sie im Laufe ihrer Biografie entwickelt hat und vielleicht nicht in dem Maße reflektieren konnte, wie es für eine qualitativ gute pädagogische Arbeit notwendig wäre. Sie scheint im »alten Bild vom Kind und in der Gehorsamskultur« unterwegs zu sein.

Diese sehr adultistischen Vorgehensweisen begegnen uns häufig in Kitas, in denen es eine Meldung beim Landesjugendamt nach Paragraf 47 Abs. 1 Nr. 2 KJHG (Kindeswohlgefährdung) gab. Diese Auffassung von Pädagogik und das damit verbundene Verhalten der Fachkraft bergen eine Gefahr: In dem Moment, wenn das »Nein« des Kindes (z. B. gegen ein Angebot der Erwachsenen) nicht akzeptiert wird, muss die Fachkraft auf eine Drohung zurückgreifen. Da sie davon ausgeht, es besser zu wissen, und sich nicht anders zu helfen weiß, benutzt sie möglicherweise die Androhung einer Strafe und formuliert die typischen »Wenn du nicht das tust, dann passiert folgendes«-Formulierungen. Wenn das Kind sich weiter verweigert und die Fachkraft ihre Drohung wahr macht (dann passiert folgendes), ist sie schnell in einem kindeswohlgefährdenden Verhalten, weil sie sich durchsetzen will (**siehe ▶ Kapitel 3.4, Adultismus**). Gegen den Willen des Kindes zu handeln, ist grundsätzlich in Kitas nicht erlaubt, es sei denn, das Kind ist akut gefährdet, sich oder andere körperlich zu schädigen. Dies ist zum Beispiel der Fall, wenn es auf eine befahrene Straße rennen will oder ein Kind von der Rusche stoßen möchte, um selbst rutschen zu können. Es gibt noch einen zweiten Aspekt, der in Melanies Verhalten zu hinterfragen ist: Melanie stellt ihr eigenes Bedürfnis (ich will jetzt mal Ruhe haben) über das Bedürfnis von Leonie (ich will nicht schlafen). Auch das ist eine Form von Adultismus und es ist eine Verletzung ihres Auftrages, Kindern bedürfnisorientiert, gleichwürdig und integritätswahrend zu begegnen. Dazu gehört auch: Wenn das Bedürfnisse des Kindes ein anderes ist als das der Fachkraft, muss es immer eine, auf der Basis von fachlichen und professionellen Aspekten erfolgte Abwägung geben, wie die beiden Bedürfnisse entweder miteinander verbunden werden können (z. B. im Dialog mit dem Kind) oder wie die Fachkraft für sich sorgen kann (z. B. Hilfe bei einer Kollegin holen), *ohne* dass sie das Bedürfnis des Kindes ignoriert oder ihm zuwiderhandelt. Die Fachkraft hat auch den Auftrag, dafür zu sorgen, dass die Kita ein sicherer Ort für Kinder ist. Deshalb haben Petra, die Leitung und der Träger genau richtig gehandelt.

Was ist ein kindeswohlgefährdendes Verhalten von Fachkräften?

Kindesmisshandlung

Sexualisierte Gewalt: Kinder küssen oder sexualisiert oder gegen ihren Willen streicheln, zu körperlicher Nähe zwingen, sexuelle Stimulation von Kindern oder die Aufforderung, sexuelle Handlungen bei anderen durchzuführen, Kinder nackt und in aufreizenden Posen fotografieren.

Körperliche/Physische Gewalt: festhalten, festbinden, wegschubsen, ziehen, schlagen, treten, einsperren, aussperren, vergiften, Unterkühlung oder Überhitzung aussetzen, jede Form von Zwang (Essen, Schlafen ...).

Emotionale/Psychische/Seelische Gewalt: anschreien, beschämen, beleidigen, entwerten, diskriminieren, ausschließen, isolieren, drohen, Angst machen, überfordern, unterfordern, ablehnen, erpressen.

Vernachlässigung und/oder Unterlassung: psychische/seelische Vernachlässigung, ignorieren, Gefahren nicht abwenden, Gespräch/Zuwendung/Trost/Hilfe verweigern, keine Anregungen bieten, bei Übergriffen durch andere Erwachsene oder Kinder nicht eingreifen.

Körperliche Vernachlässigung: fehlende Körperhygiene, Mangel von Essen und Trinken, nicht angemessene Kleidung, fehlende medizinische Unterstützung, Sonneschutz verweigern.

Verletzung der Aufsichtspflicht: Kinder gefährlichen Situationen aussetzen, nicht eingreifen bei Gefahren, Kinder in unangemessenen Situationen allein lassen oder sie zu lange allein lassen, Sicherheitsvorkehrungen verweigern, Kinder vergessen.

Wenn also Fachkräfte mit Kindern so umgehen, wie sie dies auch anderen Erwachsenen zugestehen, ist die Kita ein sicherer Ort für Kinder (Baum, 2024, S. 13).

5 Was fordert pädagogische Fachkräfte heraus?

Wir haben in den vorangegangenen Kapiteln beschrieben, was Kinder herausfordert und welche Dinge zu herausforderndem Verhalten führen können. Immer wieder wurde auch die Perspektive der Fachkräfte mitbedacht, jedoch ging es primär um die Kinder. In diesem Kapitel wollen wir deshalb Aspekte beleuchten, die aus unserer Sicht auf Fachkraft-Ebene relevant sind. Dabei können wir nur auf einige eingehen. Dass pädagogische Fachkräfte in der jetzigen Zeit mit den aktuellen Rahmenbedingungen mehr als belastet sind, ist nichts Neues. Es wird vom »Kita-Kollaps« gesprochen und der »Kita-Nostand« wurde ausgerufen. Doch was hilft das den Fachkräften? Personal kann nicht hergezaubert werden und die Rahmenbedingungen lassen sich nicht von jetzt auf gleich verändern. In unseren Augen ist es legitim und für die Seelenhygiene auch wichtig, wenn in unseren Fortbildungen oder Supervisionen auch mal »gejammert« werden kann und man sich – bei Bedarf – auch mal ausgiebig »auskotzen« darf. Im nächsten Schritt geht es jedoch darum, zu schauen: *Was können und wollen wir trotzdem tun?* Um aus der Handlungsunfähigkeit oder Ohnmacht zu kommen, ist es hilfreich, wenn Fachleute von extern dabei unterstützen, und vieles läuft über die Selbstreflexion und das Arbeiten an der Haltung, aber natürlich auch daran, was konkret an kleinsten Schritten im Alltag schon geändert werden *kann.*

Praxistipp

Ja, aber – was geht *doch?* Hängen Sie in der Dienstbesprechung ein Flipchart-Papier an die Stellwand. Zeichnen Sie einen Strich in die Mitte von oben nach unten, sodass zwei Spalten entstehen. Links oben schreiben Sie den Satz »Ja, aber …« auf und rechts oben den Satz »Was geht doch?«. Jedes mal, wenn in der Dienstbesprechung bei einer Überlegung ein »Ja, aber das geht nicht, weil …« geäußert wird, schreiben Sie diese Bedenken in die Spalte links und überlegen gleich im Anschluss gemeinsam, was eben doch geht, und notieren es in der rechten Spalte.

Im Kapitel über Bedürfnisorientierung (▶ Kapitel 3) konnten Sie lesen, dass es dabei auch um die Bedürfnisse, Wünsche und Gefühle von uns Erwachsenen geht. Dies jedoch vor dem Hintergrund eines fachlichen und professionellen Verständnisses. Um die damit einhergehenden Aspekte »Glaubenssätze reflektieren«, »die eigene Integrität und Grenze wahren« und »Resilienz« soll es im Folgenden gehen.

5.1 Glaubenssätze reflektieren

Praxisbeispiel: »Ihr wollt mich wohl provozieren!«

Der Erzieher Giovanni ist mit einigen Kindern im Außengelände der Kita. Als es Zeit ist, wieder reinzugehen, versteckt sich eine Kindergruppe im Weidenhäuschen und reagiert nicht auf Giovannis Aufforderungen, jetzt sofort reinzukommen. Giovanni sagt laut: »Ihr wollt mich wohl provozieren! Das läuft nicht, wenn ihr jetzt nicht kommt, könnt ihr morgen nicht mit raus!« Giovanni hat vielleicht den allgemeinen negativen Glaubenssatz über Kinder verinnerlicht, dass diese mit ihrem Verhalten provozieren wollen. Er begibt sich dadurch in einen Machtkampf, indem er auf die Strategie der Androhung einer Strafe zurückgreift. Eventuell hat Giovanni als Kind die Erfahrung gemacht, dass er ebenfalls von Erwachsenen solche Sätze gehört oder adultistisches Verhalten erlebt hat, was mit starken Ohnmachts- und Hilflosigkeitsgefühlen seinerseits verbunden war. Wenn er nun in einer Situation ist, in der Kinder sich so verhalten, dass sie seiner Aufforderung nicht nachkommen, wird das Gefühl möglicherweise in ihm angetriggert, er kommt in Stress, der Glaubenssatz wird aktiviert und Giovanni reagiert entsprechend dieser verinnerlichten Muster und Erfahrungen.

»Ich bin zu dumm, ich verstehe das nicht« oder »ich bin trotzdem schön, auch wenn ich eine krumme Nase habe«, aber auch »Kinder provozieren mit ihrem Verhalten«: Diese drei beispielhaften, völlig verschiedenen Glaubenssätze können sich in Erwachsenen als prägende Überzeugung verankert haben.

Als Glaubenssätze können innere Überzeugungen, Interpretationen und Verallgemeinerungen verstanden werden, die sich aus (Kindheits-)Erfahrungen entwickelt haben und sich als innerer Dialog bemerkbar machen. Es kann sogar von Glaubenssystemen gesprochen werden, da jeder Mensch eine Vielzahl von Glaubenssätzen in sich trägt. Pädagogische Fachkräfte, die täglich mit Kindern in Kontakt sind und Beziehungen mitgestalten, sind aufgefordert und eingeladen, sich mit dem eigenen inneren Kind und den Erfahrungen aus der eigenen Kindheit reflektierend auseinanderzusetzen. Das Zusammensein mit Kindern im beruflichen Kontext erhöht die Wahrscheinlichkeit für pädagogische Fachkräfte, über die Kinder als Spiegel mit dem eigenen inneren Kind und den biografischen Erfahrungen – mit den schönen, aber auch den verletzenden – in Kontakt zu kommen. Werden diese Anteile nicht reflektiert, kann es passieren, dass Übertragungen stattfinden, wir uns selbst in den Kindern sehen und dadurch die wahrhaftigen Persönlichkeiten übersehen Die meisten Glaubenssätze entstehen in den ersten sechs Lebensjahren. Kinder übernehmen Überzeugungen über sich selbst unbewusst von ihren Bindungs- und Bezugspersonen und verinnerlichen auch Grundannahmen über das Miteinander von Menschen und sogar darüber, wie die Welt ist. Glaubenssätze entstehen vor allem durch Erfahrungen, die ein Kind gemacht hat. Dies können Sätze von Erwachsenen sein, wie beispielsweise: »Deine Schrift kann man nicht lesen.« Der daraus resultierende Glaubenssatz könnte lauten: »Ich schreibe unordentlich« (und entschuldige mich bis ins Erwachsenenalter hinein dafür). Ein anderes Beispiel kann eine Handlung einer Bezugsperson, wie beispielsweise das Abnehmen einer Tätigkeit, die das Kind nicht auf Anhieb allein bewältigen konnte, sein. Daraus resultiert möglicherweise der Glaubenssatz: »Ich kann das nicht allein.« Aus unbedachten Äußerungen von Erwachsenen wie zum Beispiel »Du krächzt, wenn du singst« kann sogar die Schlussfolgerung »Ich bin unmusikalisch« abgeleitet werden.

Die meisten Menschen tragen negative und positive Glaubenssätze in sich. Positive Glaubenssätze können die eigenen Potenziale stärken und sind motivierend, wohltuend und aufbauend. Dahingehend wirken negative Glaubenssätze hemmend, blockierend sowie ausbremsend und lösen ungute Gefühle aus, denn sie bestimmen maßgeblich, wie eine Person sich selbst und die Welt wahrnimmt und interpretiert. In der Kindertagesbetreuung treffen also Fachkräfte mit einem Rucksack voller Glaubenssätze auf Kinder, die sich genau in dieser sensiblen, formbaren Phase befinden, in der sich Glaubenssätze entwickeln. Da Fachkräfte wichtige Beziehungspersonen für die Kinder sind, nehmen sie zwangsläufig Einfluss auf die zukünftigen Glaubenssysteme der Kinder und haben von daher die Verantwortung, zu reflektieren, welche Botschaften sie direkt und indirekt an die Kinder senden und was diese wiederum für neue mögliche Glaubenssätze beim Kind prägen könnten. Glaubenssätze können sich aus unerfüllten Grundbedürfnissen (wie z. B. Bindung und Nähe erfahren, Autonomie und Kontrolle erleben, Lustbefriedigung und Unlustvermeidung, Anerkennung erfahren und Selbstwertgefühl aufbauen können) heraus entwickeln. Wer sich auf die Suche nach seinen eigenen negativen Glaubenssätzen macht, kommt unweigerlich mit seinen inneren verletzten Anteilen in Kontakt. Diese schmerzlichen Erfahrungen werden oftmals zurückgedrängt und abgespalten und können durch äußere Trigger zum Vorschein kommen. Das kann ein Kind in der Gruppe sein, was eine Fachkraft konfrontiert, wodurch sie überraschend heftig auf sein Verhalten reagiert. Die Bandbreite der Reaktionen reicht von Wut und Ärger, aber auch Angst bis hin zu großem Mitleid. Die Fachkraft wiederholt in diesem Moment ggf. unreflektiert die damit in der Kindheit verbundenen Gefühle und wird im Umgang mit dem Kind, den Kolleg:innen und den Eltern handlungsunfähig. Deshalb gilt es, die negativen Glaubenssätze zu reflektieren. Die Affirmation (Umdeutung) »Das Kind vor mir ist nicht das Kind in mir!« ist sehr hilfreich (vgl. Cantzler/Wedewardt, 2022, S. 117 f.).

Glaubenssätze passen zum eigenen Grundbedürfnis

Eine hilfreiche Übersicht bietet das Buch von Anja Cantzler und Lea Wedewardt, was sich mit biografischer Selbstreflexion beschäftigt:

Tabelle 1: Grundbedürfnisse und Glaubenssätze (nach Cantzler/Wedewardt, 2022, in Anlehnung an Stahl, 2017, S. 84 f.)

Kategorie Grundbedürfnis	Mögliche negative Glaubenssätze
Mangel an Beziehung und Nähe	- Ich falle zur Last! - Ich bin nicht wichtig! - Ich bin unerwünscht! - Ich bin allein! - Alles muss ich allein schaffen! - Ich muss auf deine Gefühle Rücksicht nehmen! - Nähe ist mit Schmerz verbunden!
Mangel an Autonomie	- Ich muss lieb sein! - Ich muss alle Erwartungen erfüllen! - Ich darf keinen Willen haben! - Ich muss perfekt sein! - Ich darf mich nicht lösen! - Ich muss es allein schaffen! - Ich muss mich um dich kümmern! - Abgrenzung ist mit Gefahr verbunden!

Mangel an Selbstwert	- Ich genüge nicht! - Ich bin nichts wert! - Ich bin schlecht! - Ich kann nichts! - Ich bin dumm!
Mangelnde Balance zwischen Lustgewinn und Unlustvermeidung	- Ich darf keine Pause machen! - Ich muss alles geben! - Ich darf keine Schwäche zeigen! - Ich kann alles haben! - Alle müssen sich nach mir richten! - Erst die Arbeit, dann das Vergnügen!
Verallgemeinernde Glaubenssätze	- Frauen sind schwach! - Männer sind böse! - Vertrauen ist gut, Kontrolle ist besser! - Von nichts kommt nichts! - Das geht sowieso schief! - Alle sind gegen mich! - Reden bringt sowieso nichts!
Verallgemeinernde Glaubenssätze über Kinder	- Kinder sind manipulativ! - Das macht es nur, um mich zu ärgern! - Das Kind will einen Machtkampf eingehen! - Es will mich herausfordern! - Das Kind provoziert mich mit seinem Verhalten! - Kinder müssen hören!

Cantzler und Wedewardt schlagen folgende Reflexionsfragen vor:
- In welchen Situationen ging es mir als Kind nicht gut?
- Welche Grundbedürfnisse waren dann nicht erfüllt?
- Wie sind meine Bedürfnisse heute erfüllt?
- Welche negativen Glaubenssätze beschäftigen mich immer wieder?

5.2 Die eigene Integrität wahren

Praxisbeispiel: das letzte Waffelstück

Erzieher Jules hat zum Frühstück selbstgemachte Waffeln mitgebracht. »Ich habe gestern das erste Mal Waffeln gebacken, das hat mir richtig Spaß gemacht«, erzählt er den Kindern, die mit ihm beim Frühstück sitzen. »Ich habe ein Waffeleisen von meiner WG-Mitbewohnerin ausgeliehen. Die erste ist mir verbrannt, aber dann wurde es von Waffel zu Waffel besser. Ich habe fünf Stück dabei, damit ihr alle ein Stückchen probieren könnt, wenn ihr wollt.« Die Kinder nehmen das Angebot gern an, Jules kam selbst noch gar nicht zum Frühstücken. Der fünfjährige Frederick verputzt gerade ein Waffelstück und greift nach dem letzten Stück auf Jules Teller, da sagt dieser: »Warte bitte, Frederick, ich sehe, dass dir meine Waffeln sehr gut schmecken. Du willst das letzte Stückchen gern noch haben *und* ich möchte es gern selbst essen, denn ich kam noch gar nicht dazu, auch eine Waffel zu frühstücken! Hast du noch was in deiner Versperbox, falls du noch Hunger hast?« Frederick sagt lachend: »Die Waffeln waren halt so leckerer« und widmet sich dann seinem eigenen mitgebrachten Brot in der Dose.

Jules ist es gelungen, gleichwürdig seine eigene Integrität zu wahren und für sich zu sorgen. Er hat Frederick nicht beschämt und ihn nicht »verkehrt gemacht«. Er hat in einer Ich-Botschaft in warmer, persönlicher Sprache und mit dem Wort »und« zum Ausdruck gebracht, was er gern möchte. Er hat Fredericks Wunsch benannt und seinen eigenen daneben gestellt und dann Verantwortung für sich übernommen. Da er die Beziehung zu dem Jungen nicht beschädigt hat, reagiert dieser auch nicht gekränkt, sondern widmet sich einfach, nachdem er noch eine positive Rückmeldung zur Waffel gegeben hat, seiner Vesperbox.

Wenn es uns gut geht, geht es den Kindern gut! Nicole Wilhelm beschreibt es ungefähr so: Wichtig ist, dass die Kinder erleben, dass wir uns selbst ernst nehmen. Oft tun wir alles, damit es den Kindern gut geht, das ist auch sehr gut, aber wir sind mindestens genauso wichtig. Es gehört zu einer gleichwürdigen Gemeinschaft dazu, dass wir uns auch mit Selbstfürsorge begegnen und gut mit uns umgehen (vgl. Wilhelm, 2019, S. 124 f.).

Das mit der Grenze

Nora Imlau, Autorin, Bloggerin und Mutter von vier Kindern, hat in ihrem Buch »Meine Grenze ist dein Halt« (2022) beschrieben, dass wir für geografische und politische Grenzen denselben Begriff wie für Grenzziehungen im Umgang mit Kindern verwenden.

> »Dies zeigt, dass das Wahren und Verteidigen von Grenzen in unserer Gesellschaft von jeher mit Machtdemonstrationen und Gewalt verknüpft ist. Dass es ohne Härte nicht geht, ist eine Überzeugung, die sich über Genera-

tionen tief in unser Wesen eingebrannt hat. Und genau dieses Erbe macht es uns heute so schwer, neu über Grenzen nachzudenken.« (Imlau, 2022, S. 18)

Wir kennen Grenzen, die weh tun, die hart sind, die »konsequent« sein sollen, die begrenzen, eingrenzen, ausgrenzen, die auf Abschreckung, Kooperation und Angst aufbauen. Wir haben kein inneres Bild und kein Rollenmodell für eine liebevolle, warme, weiche Grenze – das kennen wir nicht. Dabei sind Grenzen etwas urmenschliches, dass jede:r von uns braucht, um gut leben zu können. Jedoch müssen wir erst wieder lernen, Grenzen losgelöst von der langen Geschichte gewaltvoller Grenzverteidigung zu sehen, und neue Wege finden, sie zu zeigen und zu wahren, ohne dabei die alten autoritären Muster zu reproduzieren (vgl. Imlau, 2022, S. 19).

Persönliche Grenzen

- Jessica mag es nicht, wenn mehrere Kinder auf einmal etwas von ihr wollen, dann möchte sie sich einfach nur die Ohren zuhalten.
- Mikaele kann es kaum aushalten, wenn die Kinder den Instrumentenkoffer holen und alle auf einmal mit den Instrumenten spielen.
- Kilian kann es nicht leiden, wenn andere Menschen viel Parfüm auftragen.
- Anna-Louisa muss fast würgen, wenn es Fisch zum Mittagessen gibt. Sie muss sich sehr zusammenreißen, um nicht den Raum zu verlassen.
- Florina muss sich beherrschen, wenn Familie Schmidt wieder mit der Forderung kommt, dass in der Kita endlich mehr Bildungsangebote stattfinden sollten.
- Bettina mag es nicht, wenn Kinder ihre Haare berühren.
- Silvan mag keine klebrigen Kinderhände in seinem Gesicht.
- Fritzi kann es schwer aushalten, wenn Kinder »petzen«.
- Dagmar mag es nicht, wenn die Kinder alles liegen lassen und nicht mithelfen, aufzuräumen.

Jeder Mensch hat höchst individuelle persönliche Grenzen, sowohl im Umgang mit Kindern als auch auf der Erwachsenenebene bis hin zu Gesellschaft und Lebensstil, Werten und Einstellungen. Nora Imlau schreibt: »Unsere Grenzen machen uns zu uns selbst« (Imlau, 2022, S. 23). Diese Grenzen sind verschieden und von unseren Bedürfnissen und Prägungen, von Glauben und Moral oder auch von Traumata und anderen schlimmen Erfahrungen geprägt. Erinnern Sie sich an das Bild vom Haus mit dem Gartenzaun? Alle unsere Grenzen sind in diesem Haus und im Gartenzaun symbolisiert und machen unser Haus so individuell. Und je nachdem, mit welchen Menschen ich es zu tun habe, lasse ich sie näher an mich heran (in mein Haus) und zeige ihnen auf der Basis von Vertrauen meine Grenze oder lasse sie eben nicht weit an mein Haus heran, weil noch keine tragfähige Beziehung da ist. So kann es sein, dass Silvan, wenn er selbst ein Kind bekommt, es aushalten kann, wenn dieses ihm mit klebrigen Fingern ins Gesicht fasst, oder dass Kilian, wenn er sich verliebt, den Parfümgeruch des oder der Partner:in sehr wohl aushalten kann. Die eigene Grenze, den eigenen Gartenzaun spüren und wahren zu lernen, ist keine Selbstverständlichkeit, da wir es eventuell nie gelernt haben. Hatten wir erwachsene Vorbilder, die es uns im positiven Sinne vorgelebt haben?

Nora Imlau gibt hier einen hilfreichen Einblick:

> »Wir können unsere eigenen Grenzen SPÜREN und die Grenzen der anderen WAHRNEHMEN. Wir können ihre und unsere Grenzen RESPEKTIEREN. Wir können auf Grenzen VERTRAUEN. Wir können unsere Grenze WAHREN und sie SELBSTBEWUSST VERTRETEN. Wir können unsere Grenze SCHÜTZEN. Und wir können sie auch mal BEWUSST ÜBERSCHREITEN. Wir können Grenzen MARKIEREN und Grenzen NEU VERHANDELN.« (Imlau, 2022, S. 42)

Mit diesem Blick auf Grenzen bekommt das »Grenzen setzen« einen neuen Charakter. Es geht nicht mehr um das Ausüben von Macht, um das bestätigen alter Glaubenssätze wie »Kinder brauchen Grenzen« oder »Kinder brauchen Konsequenzen« (und kein Widerspruch wird geduldet), was höchst adultistisch ist. Wir müssen Grenzen nicht »setzen«, denn sie sind schon da, schreibt Nora Imlau (2022). Wir müssen wieder lernen, sie zu spüren, zu sehen und zu zeigen! Und es ist egal, wie alt mein Gegenüber dabei ist. Dann sind wir in der Gleichwürdigkeit!

Unterscheidung von persönlichen und individuellen Grenzen

Zu den persönlichen Grenzen gehören alle Grenzen, die etwas mit mir zu tun haben, die den eigenen Gartenzaun repräsentieren und die mich an einen Punkt bringen, wo ich mich nicht wohlfühle und merke, so möchte und kann ich das nicht. Persönliche Grenzen geben eine Auskunft über mich: Dafür stehe ich, das sind meine Bedürfnisse, Wünsche, Gefühle, das ist mir wichtig, das möchte ich nicht, das halte ich nicht aus, das finde ich gut! Die persönliche Grenze sorgt dafür, dass ich meine Integrität wahren und schützen kann.

Universelle Grenzen sind allgemeingültig, damit das Zusammenleben in einer Gesellschaft funktioniert. Ein Beispiel dafür sind die Straßenverkehrsregeln. Universelle Grenzen sind natürlich auch kultur- und gesellschaftsabhängig.

Pädagogische Fachkräfte sind eingeladen, das Thema »meine persönlichen Grenzen« zu reflektieren und sich damit auseinanderzusetzen. Um unsere persönlichen Grenzen spüren und wahren zu können, empfiehlt Nora Imlau, in Stress- und Konfliktsituationen die Perspektive zu wechseln und die »Bedürfnisbrille« aufzusetzen und sich zu fragen: Was ist hier gerade wirklich das Problem? Welches Bedürfnis ist nicht befriedigt und wessen Bedürfnis erwirkt im Moment den höchsten Leidensdruck? Diesem wenden wir uns dann zuerst zu.

Kindern unsere Grenzen zu zeigen, ist in erster Linie dafür gut, dass sie erleben, dass wir für uns selbst sorgen, und nicht dafür, sie auszugrenzen. Das entlastet sie, denn sonst kann es geschehen, dass sie Verantwortung für die Beziehung übernehmen, was nicht ihre Aufgabe ist (der Fachbegriff dafür lautet Parentifizierung). Wir dürfen also »Nein« und »Stopp« und »Ich will das nicht« sagen, wenn wir zu keiner Zeit unsere Verantwortung für die gleichwürdige Beziehung aus den Augen verlieren. Wir dürfen Grenzen aufzeigen und dabei freundlich und liebevoll sein und begleiten und trösten. Der Familientherapeut Matthias Voelchert sagte einmal sinngemäß: Die Frage ist: Frustriert ein Nein oder schadet es? Wenn es frustriert, kann ich den Frust gemeinsam mit dem Kind aushalten (vgl. Grah, 2022).

> »Unsere persönliche Grenze zu spüren und zu wahren schützt uns und stärkt unser Selbstwertgefühl. Denn mit jeder Grenzziehung zeigen wir nicht nur unserem Gegenüber, sondern auch uns selbst: Ich bin es wert, dass man auf mich und meine Bedürfnisse acht gibt. Deshalb ist es so wichtig, dass das Recht, Grenzen aufzuzeigen, für alle Menschen gilt – die Kleinen und die Großen.« (Imlau, 2022, S. 71)

Praxistipp

Starten Sie eine Dienstbesprechung mit einem Austausch zu zweit mit folgenden Reflexionsfragen:

- Was sind meine persönlichen Grenzen? Was bringt mich an meine Grenze?
- Welche körperlichen Reaktionen spüre ich in solchen Momenten?
- Wie zeige ich, wenn meine Grenze übertreten oder ignoriert wird? (Körpersprache, verbal)
- Gelingt es mir, in diesen Situationen für mich zu sorgen?

- Wenn ja: Wie mache ich das?
- Was könnte mir helfen, wenn ich es nicht schaffe, für meine Grenze zu sorgen?
- Welche Bedürfnisse könnten in diesem Moment in einem Mangel sein?
- Mit welchen Formulierungen könnte ich der oder dem anderen gegenüber integritätswahrend für mich sorgen?

Praxisbeispiel: Grenzen gegenüber Eltern wahren

Kita-Leitung Elisa hat gerade das Schild »Kindersprechstunde« an ihre Bürotür gehängt. Die Kinder in der Kita Regenbogen wissen, dass sie jetzt mit ihren Anliegen zu ihr kommen können und sie weder ans Telefon noch mit den anderen Erwachsenen ins Gespräch geht. Der fünfjährige Thilo kommt ins Büro und beginnt: »Elisa, ich will nicht, dass Ahmad immer die Schleichtiere alle mit auf die zweite Ebene nimmt, ich brauche auch welche …«. In diesem Moment kommt Leylas Mutter ins Büro gestürmt und sagt: »Frau Brauer, also so geht das nicht, schon wieder sind die Hausschuhe von Leyla nicht im Fach gewesen …« Elisa steht auf, geht einen Schritt auf die Mutter zu und sagt: »Frau Zehner, ich sehe, Sie sind gerade empört, jedoch bin ich hier gerade im Rahmen der Kindersprechstunde in einem Gespräch mit Thilo. Dieses möchte ich jetzt weiterführen und bitte Sie deshalb, später nochmal auf mich zuzukommen, wenn die Kindersprechstunde vorbei ist. Das ist um 11:00 Uhr. Sie können dann gern anrufen und wir besprechen Ihr Anliegen, von dem ich merke, dass es Ihnen wichtig ist, was ich verstehen kann.« Sie wendet sich Thilo zu und sagt: »Habe ich dich richtig verstanden, dass du auch Schleichtiere zum Spielen brauchst?«

Was für eine Subbotschaft wird in diesem Moment bei Thilo ankommen? »Mein Anliegen ist wichtig, ich bin wichtig, ich werde ernst genommen, mir wird zugehört.« Bei Frau Zehner wird im besten Fall ankommen: »Sie sieht, dass ich empört bin, sie will mir auch zuhören, aber nicht jetzt. Sie sagt deutlich, was sie jetzt möchte, nämlich mit dem Kind weitersprechen. Ich habe eine Handlungsoption, um 11 Uhr anzurufen.« Elisa hat ihre Grenze gezeigt und ist für ihr Bedürfnis, nämlich der Kindersprechstunde den Raum zu geben, den sie kriegen soll, eingestanden. Sie hat Frau Zehner klar, deutlich und freundlich mitgeteilt, was sie möchte und was sie nicht möchte. Sie hat Verantwortung übernommen.

Abbildung 14: Eine »Kindersprechstunde« (evangelische Kita Helmstadt)

5.3 Interview mit Gerhard Fleischer: Resilienz bei pädagogischen Fachkräften

Was bedeutet Resilienz im Kontext herausgeforderter Kinder?

Das Thema Resilienz im Zusammenhang mit herausgeforderten Kindern sollte aus meiner Sicht mindestens auf zwei Ebenen betrachtet werden: Einmal geht es um die Fachkraft selbst, die herausgeforderte Kindern in ihrer professionellen Rolle begleitet, und zum anderen geht es um die herausgeforderten Kinder und wie diese in ihrer Resilienz gestärkt werden können.

Auf der Ebene der Fachkraft ist es erfahrungsgemäß so, dass herausgeforderte Kinder bei den pädagogischen Fachkräften in unterschiedlicher Intensität Stress auslösen. Es gibt in der Regel bereits Situationen, die die pädagogische Fachkraft mit dem herausgeforderten Kind erlebt hat, die für die Fachkraft selbst herausfordernd oder gar überfordernd waren. Wenn damit noch Versagensängste oder Ohnmachtsgefühle einhergingen, können diese bei ersten Anzeichen einer neuen herausfordernden Szene reaktiviert werden. Dann begegnet eine gestresste Fachkraft einem gestressten Kind. Unter Stress ist der Kompetenzzugang häufig neurobiologisch verstellt, weil die Situation etwas Bedrohliches hat und das Gehirn im Notfallmodus läuft. Man könnte sagen, dass sich zwei Menschen gegenüberstehen, die sich gegenseitig als Bedrohung erleben und darauf angewiesen sind, entweder selbst deeskalierende Maßnahmen zu ergreifen, oder die Unterstützung von außen brauchen. Das ist eine denkbar ungünstige Voraussetzung, um adäquat auf die Situation und das Kind zu reagieren. Eine Fachkraft mit gut ausgebildeter Resilienz kann wesentlich gelassener mit herausgeforderten Kindern umgehen. Sie hat einen besseren Zugang zu ihren Kompetenzen und kann auch im Nachhinein angemessen reflektieren, um dadurch für weitere Situationen weiter dazu zu lernen. Und sie ist für das Kind und beobachtende Kinder ein hilfreiches Modell für einen guten Umgang mit herausforderndem Verhalten. Allein durch die Körpersignale (Art des Blickes, der Atmung, die Art der Bewegung) strahlt sie dann eher Gelassenheit aus. Zumindest wird aber durch die pädagogische Fachkraft nicht noch mehr Stress in die Situation eingebracht. Sie kann abschätzen, was das Kind in dieser Situation am meisten braucht und was sie dazu beitragen kann, dass das Kind dies auch bekommt. Dies hat sowohl einen Wissens- als auch einen Übungsaspekt. Wissen über den Hintergrund herausgeforderter Kinder und Übung auf der Interventionsebene, was wann für dieses Kind hilfreich sein kann. Sie weiß zum Beispiel, wie sie das Kind ansprechen kann, mit welcher Stimme etc. – oder wen sie unter anderem auch dazu holen kann. Und welche Angebote sie dem Kind in dieser Situation machen kann.

Auf einer zweiten Ebene geht es um das herausgeforderte Kind selbst. Macht das Kind gute Beziehungserfahrungen mit einer einfühlsamen Fachkraft, die seine Bedürfnisse wahrnimmt und diese angemessen beantwortet, kann es dies wahrnehmen und ein positives Selbstbild entwickeln. Erlebt sich das Kind selbstwirksam und entwickelt dadurch ein Vertrauen, dass es Situationen selbst beeinflussen und meistern kann, werden seine Reaktionen in der Folge sozial kompetenter sein. So können herausfordernde Situationen für das Kind besser bewältigbar werden.

Wie kann die Fachkraft ihre eigene Resilienz stärken?

Man geht inzwischen davon aus, dass die Stärkung eigener Resilienz ein Weg ist, der Zeit und Ausdauer braucht. Zum Beispiel ein Seminar zur Selbstfürsorge zu besuchen, ist sicher ein guter Anfang, wenn in der Folge Zeit und Energie darauf verwendet wird, das Gelernte weiter umzusetzen und einzuüben. Fachkräfte, die diesen Weg des nachhaltigen Einübens gegangen sind, bestätigen, wie lohnend es ist, wenn die Stärkung der eigenen Resilienz und vor allem ein liebevoller Umgang mit sich selbst eine selbstverständliche Praxis im Alltag geworden sind. Inwieweit dies gelingt, lässt sich zum Beispiel gut an der Qualität der inneren Dialoge feststellen. Insbesondere wenn etwas nicht gelingt. Höre ich dann eine Stimme in mir, die sagt: »Okay, so ist es gekommen, du hast dein Bestes gegeben und es ist dennoch nicht so gelungen, wie du es gern gehabt hättest. Das kann passieren. Vielleicht kannst du diese Erfahrung sogar für andere Situationen nutzen.« Oder höre ich im inneren Dialog: »Das war wirklich schlecht, was du hier abgeliefert hast, du musst dich mehr zusammenreißen, wenn das gelingen soll! Das ist typisch für dich!«

Ein liebevolles positives Bild von mir selbst sorgt dafür, dass ich mir auch in schwierigen Situationen (zum Beispiel mit herausgeforderten Kindern) nicht noch mehr Stress durch innere Abwertung bereite.

In Reflexionsprozessen zur eigenen pädagogische Arbeit gehört vor allem auch dazu, wahrzunehmen, welche Kompetenzen ich entwickelt habe und auch im Alltag einsetze. Eine Empfehlung lautet, sich im Tagesrückblick vor allem zu fragen: Was ist mir heute gelungen?

Ein weiteres wichtiges Element von persönlicher Resilienz ist die Balance zwischen dem »Ausgeben« von Energie und dem »Auftanken«. Dies gilt nicht nur in der oft zitierten Work-Life-Balance, also Freizeit und Arbeit, sondern auch für die Arbeit selbst. Sorge ich für genügend kleine Pausen? Dies kann auch ein Blick durchs Fenster zum blauen Himmel sein, der mich wieder ein bisschen entspannter macht. Wie gestalte ich die regulären Pausen? Neben dem Essen kann ich auch gut noch eine kleine Entspannungsübung machen. Ich kann aber auch mit dem Handy in sozialen Netzwerken unterwegs sein, was mich eher weiter anstrengen kann als entspannen.

Für das eigene Wohlbefinden kann es hilfreich sein, mehrmals am Tag das eigene Handeln zu überprüfen und kontextbezogen angemessene Ziele zu setzen. Es geht darum, festzustellen, was aktuell mit den vorhandenen Ressourcen noch geleistet werden kann. Das Festhalten an Zielen in der pädagogischen Arbeit, die vom Tag zuvor stammen, aber heute nicht mehr passend sind, sorgt schnell für Überforderung.

Gibt es speziell für Stresssituationen im Alltag Strategien, wie die Fachkraft sich entspannen kann?

So allgemein lässt sich diese Frage nicht beantworten. Welche Situationen pädagogische Fachkräfte als Stress auslösend erleben, ist sehr individuell. Das bedeutet, dass jede Fachkraft für sich selbst herausfinden muss, welche Situationen für sie besonders belastend oder Stress auslösend sind. Ist dies geschehen, so ist es von besonderer Bedeutung, in einer Art Früherkennung herauszufinden, wann die Stressreaktion beginnt. Zu diesem Zeitpunkt ist es viel eher möglich, das anlaufende Muster zu unterbrechen. Erste Signale sind häufig im Körper wahrzunehmen: Der Puls beschleunigt sich, Verspannungen im Körper sind zu spüren. Deshalb gilt auch die Körperebene als eine wichtige Ebene im Stressgeschehen, weil sie leichter willentlich zu beeinflussen ist. Unterstützende Maßnahmen können sein: bewusstes Atmen mit einem deutlich längeren Ausatmen, den Kontakt der Füße mit dem Boden spüren oder das sogenannte Herzatmen, bei dem man sich vorstellt, durch das Herz ein und auszuatmen. Daneben ist es ratsam, sich eine der vielen Entspannungstechniken anzueignen: autogenes Training, Eutonie, Achtsamkeitsübungen. Diese gilt es regelmäßig zu üben. Im Bedarfsfall gelingt es dadurch relativ schnell, in einen eher entspannten Körperzustand zu kommen, der sich dann weiter auf die psychische Ebene ausdehnen kann.

Auch einen Ablauf dafür zu haben, wie schwierige Situation angegangen werden können, kann hilfreich sein. Eine nützliche erste Frage hierfür ist: Bin ich aktuell in der Verfassung, dass ich die Situation gut gestalten kann? Wird das mit einem klaren »Nein« beantwortet, weil ich selbst gerade im Stress bin, wäre es ratsam, eine Kollegin oder einen Kollegen hinzuzuziehen, der/die eine günstigere innere Situation besitzt. Dann kann eine Art kurze »innere Sammlung« stattfinden. Hilfreich ist es, noch einmal gut durchzuatmen, um sich dann erst dem herausgeforderten Kind zuzuwenden. Im Weiteren einen Zugang zum Kind zu finden, vielleicht in einen Dialog zu kommen, Bedürfnisse zu erfragen oder zu erspüren. Und schließlich mit dem Kind herauszufinden, was ihm gut tun kann. Auch beim Kind gilt das Prinzip der Früherkennung. Wenn ich wahrnehme, wann ein Kind in innere Spannung und Stress gerät, kann ich frühzeitig ein deeskalierendes Angebot finden (z. B. dem Kind einen Rückzug zur Erholung anbieten). Für das Kind ist dies eine echte Chance, langfristig sich selbst besser kennenzulernen und die eigenen Bedürfnisse besser zu spüren und zu verstehen. Das ist für uns Menschen immer der erste Schritt, um herausfordernde Situationen gut zu meistern: Bedürfnisse und Gefühle wahrzunehmen und sie richtig zu deuten. Erst wenn dies den Kindern gelingt, können sie sich darin üben, einen guten Umgang damit zu finden.

Gerhard Fleischer ist diplomierter Sozialpädagoge, Supervisor und qualifiziert unter anderem seit vielen Jahren zum Resilienzcoach.
www.fleischer-gerhard.de

Eine App, die Entspannungsübungen anbietet, verlinken wir auf dem Padlet.

Abbildung 15: Baum im Sturm (KI-generierte Abbildung)

6 Zusammenarbeit mit Eltern und Familien

»Kinder können nicht losgelöst von ihren Vätern, Müttern und Familiensystemen betrachtet werden. Von Geburt an erleben Kinder unterschiedliche Erziehungsstile und -ziele und kommen bereits mit einer Vielfalt an Vorerfahrungen in institutionelle Betreuungssettings. Neben unterschiedlichen Bindungs- und Beziehungserfahrungen bringen bereits junge Kinder die Erfahrung mit, in welcher Weise ihre Bedürfnisse gesehen und befriedigt, wie sorgsam sie gepflegt und versorgt wurden, welchen Erwartungen sie ausgesetzt waren und ob sie Kontakt zu anderen Kindern hatten. Diese frühkindlichen Erfahrungen haben Einfluss auf ihre Biografie und Entwicklung. Zu diesen frühen familiär geprägten Erfahrungen kommen später Erfahrungen in Tagespflege, Krippe und Kita hinzu.

Mit Eltern vertrauensvoll Hand in Hand zu kooperieren, wirkt sich positiv auf alle an der Erziehung, Betreuung und Bildung eines Kindes beteiligten Akteure, insbesondere jedoch auf die Entwicklung des Kindes aus. Im geteilten Betreuungsfeld (Familie und Kita) ist es wichtig, sich stets vor Augen zu führen, dass das familiäre Umfeld die erste Lebenswelt eines jeden Kindes ist und die Einrichtung ergänzend hinzukommt.« (Schneider, 2023, S. 74)

6.1 Die systemische Sichtweise

Menschen leben in sozialen Zusammenhängen. Man kann jede Gruppe, auch eine Familie, als ein System aus Beziehungen, Einflüssen und Abhängigkeiten verstehen.

Wir alle gehören einer Vielzahl von Systemen an, seien es die Familie oder die Arbeitskolleg:innen oder auch der Sportverein oder Chor. Mit diesen Systemen stehen wir in einer Wechselbeziehung und die Systeme untereinander ebenfalls. Jede Familie, mit der wir es in der Kita zu tun haben, stellt also ein System von Beziehungen und Umständen dar, in dem alle aufeinander angewiesen sind und jede:r von jeder und jedem abhängig ist und Einfluss nimmt. Diese Sichtweise, die von der amerikanischen Familientherapeutin und Psychologin Virginia Satir begründet wurde, löst das einfache Ursache-Wirkung-Denken auf, denn eine Vielzahl von Faktoren beeinflusst Interaktionen, Handlungen, Reaktionen und Verhalten. Jedes System ist Veränderungen ausgesetzt, die es bewältigen muss – wie beispielsweise einem einschneidenden Erlebnis innerhalb einer Familie. Alle Beteiligten eines Systems versuchen immer, sich so zu verhalten, dass das System im Gleichgewicht bleibt, denn ein Ungleichgewicht ist verunsichernd und bedrohlich. Jedes Verhalten erfolgt in der positiven Absicht, die eigene Familie zu schützen, auch wenn es für Außenstehende unverständlich ist. Systeme haben viele Funktionen. Zwei davon sind: Sie bieten Sicherheit und Zugehörigkeit und sie vermitteln Werte, Orientierung und Entwicklungsmöglichkeiten (vgl. Klein/Vogt, 2008; Vogt, 2017).

Annahmen der systemischen Sichtweise

»Alles hängt mit allem zusammen; jede Handlung betrifft jeden. Das Verhalten der einzelnen Person erklärt sich nicht nur aus ihr selbst heraus, sondern auch aus ihrer Stellung im System. Es werden nicht nur der Einzelne und seine Verhaltensweisen wahrgenommen und bewertet, sondern auch die Wechselwirkungen mit den anderen und den Einflüssen von außen. Das bedeutet auch, dass der Einzelne nicht nur selbst agiert und entscheidet, sondern auch reagiert und andere entscheiden lässt.

Die Familienmitglieder sind stets damit beschäftigt, Nähe und Distanz zueinander zu regulieren. Bedürfnisse nach Intimität, Nähe, Distanz, das Wechselspiel von Autonomie und Abhängigkeit sowie Macht und Einfluss der Familienmitglieder werden fortwährend geregelt, bestätigt, infrage gestellt usw.

Das System will im Gleichgewicht der Einflussfaktoren bleiben. Jedes Familienmitglied hat ein elementares Interesse an seiner Sicherheit. Muss das System auf Anforderungen reagieren, führt dies zu Verhaltensänderungen bei allen Mitgliedern des Systems und alle sind darauf gerichtet, die nötige Sicherheit wieder herzustellen.

Jeder hat für sein Verhalten subjektiv gute Gründe und positive Absichten im Sinne des Gleichgewichts. Er tut für sich und das Gleichgewicht das Beste, das er in einer gegebenen Situation aus seiner Perspektive gerade tun kann. Diese Aussagen und Handlungen können angemessen (funktional, konstruktiv) oder nicht angemessen (dysfunktional, destruktiv) sein. Auch wenn andere Familienmitglieder oder Außenstehende sein Verhalten ablehnen, verurteilen oder gar nicht verstehen, kann man davon ausgehen, dass jemand subjektiv das tut, was ihm aktuell sinnvoll erscheint oder als Handlungsoption zur Verfügung steht.

Jeder im System zieht aus seinem Verhalten einen Vorteil und einen Nachteil. Sein Verhalten nützt ihm im Sinne seiner Bedürfnisse und Interessen. Dafür verzichtet er aber auch auf etwas. Dies muss ihm nicht bewusst sein.

Die Mitglieder des Systems sind Experten für dessen Gleichgewicht. Sie wissen am besten, wie welche Äußerungen, Handlungen und Interventionen intern und von außen wirken können.

Veränderungen sind nur möglich, wenn das System sie aushalten (damit belastet werden) kann und die Mitglieder sie wollen. Interventionen von außen können beeinflussen, aber nicht bestimmen, was geschieht.« (Vogt, 2021)

Familie Wizorek systemisch betrachtet – ein fiktives Praxisbeispiel

Familie Wizorek lebt in einem Wohnviertel mit Mehrfamilienhäusern in einer Vier-Zimmer-Wohnung. Die Familie besteht aus dem Vater Sascha, berufstätig als Physiotherapeut, der Mutter Susanne, im Moment in Elternzeit, ihrer Tochter Aileen, sieben Jahre alt und Erstklässlerin, und dem Sohn Juri, eineinhalb Jahre alt. Susanne möchte wieder ihrem Beruf als Ärztin nachgehen, deswegen soll Juri in die Krippe aufgenommen werden. Sascha steht dieser Entscheidung skeptisch gegenüber, denn er ist der Meinung, dass ein Kind länger bei seiner Mutter zu Hause sein sollte. Bei Aileen hat das Paar dies ebenfalls so gehandhabt. Doch Sascha fügt sich dem Wunsch seiner Frau. Allerdings hängt nun der Haussegen etwas schief.

In der Krippe baut die Bezugserzieherin Jule schnell eine gute Beziehung zu Juri auf. Schon nach einigen Tagen bleibt er für kurze Zeit allein in der Gruppe. Die Eingewöhnung verläuft gut und neigt sich langsam dem Ende zu. Susanne ist erleichtert. Doch eines Morgens ist Jule nicht da. Die Kita-Leitung kommt zu Susanne und teilt ihr mit, dass Jule ein Beschäftigungsverbot erhalten hat. Für Juri und Susanne bricht eine Welt zusammen. Susanne macht sich Sorgen, ob sie den abgesprochenen Termin für den Wiedereinstieg in ihren Beruf schafft, denn die Eingewöhnung scheint sich nach hinten zu verschieben. Der neue Bezugserzieher Tom versucht, einen Zugang zu Juri zu finden, aber beide haben es damit zunächst etwas schwer. Zu Hause zeigt Juri deutlich, dass ihm die Situation etwas ausmacht. Er schläft nicht mehr gut ein, verweigert Nahrung und ist weinerlicher und anhänglicher. Susanne klagt bei ihrem Mann, doch dieser zeigt Unverständnis. Außerdem ist er beruflich gerade sehr eingebunden und im Stress, was bei ihm zu sehr mürrischen und ruppigen Verhaltensweisen führt. Darüber hinaus macht er seiner Frau erneut Vorwürfe, dass sie schon wieder arbeiten möchte, sie hätte doch noch eine Weile in Elternzeit bleiben können und er hätte ja gleich daran gezweifelt, dass es eine gute Idee wäre, Juri so früh eine Tageseinrichtung besuchen zu lassen. Es kommt immer häufiger zu Streitigkeiten zwischen dem Ehepaar, auch vor den Kindern. Darauf reagiert Aileen nun ihrerseits: Sie bleibt häufig in ihrem Zimmer, spricht weniger und weint manchmal abends im Bett. Manchmal nässt sie sogar ein. Juri möchte nach einiger Zeit morgens nicht mehr in die Kita, macht sich in der Garderobe steif und klammert sich an das Bein seiner Mutter. Diese ist mittlerweile völlig verzweifelt und ratlos. Gleichzeitig beschäftigt es Tom sehr stark, dass es ihm bis jetzt nicht gelungen ist, eine Beziehung zu Juri aufzubauen. Er überlegt sich, ob ein Übergangsobjekt, was er Juri morgens anbieten könnte, die Situation verbessern würde. Und die Kita-Leitung ist sehr herausgefordert, eine geeignete Schwangerschaftsvertretung für Jule zu finden, da der Stellenmarkt angespannt ist. Sie schließt sich mit den anderen Leitungskolleg:innen kurz und kämpft beim Träger dafür, dass eine Springerkraft eingestellt wird.

An diesem Beispiel wird deutlich, wie alle Beteiligten der beiden Systeme (Familie Wizorek und das Team der Krippe) herausgefordert sind und ein Interesse daran haben, dass ihr System im Gleichgewicht bleibt. Alle zeigen dies durch unterschiedliches Verhalten. Die Kita-Leitung und Tom suchen nach konstruktiven Lösungen, das Ehepaar und die Kinder äußern zunächst einmal auf verschiedene Weise ihren Unmut. Jede:r tut für das Gleichgewicht das Beste, was er oder sie gerade im Moment tun kann (vgl. Schneider, 2022).

Eine Familie und ihr System verstehen

Um das System einer neuen Familie, die in die Kita kommt, von Anfang an besser verstehen zu können, bietet es sich an, bereits im Aufnahme- oder Erstgespräch oder während der Eingewöhnungsgespräche entsprechende Fragen zu stellen. Grundlage dafür ist eine gute Beziehung, die es zunächst aufzubauen gilt. Die Fragen können sowohl den Verlauf der Schwangerschaft als auch die Geburt, die Zeit danach, aber auch den Tagesablauf der Familie am Wochenende oder die Gestaltung des Nachmittags oder Abends, nachdem das Kind aus der Kita abgeholt wurde, umfassen. Formulieren Sie die Fragen offen, da es sich teilweise um sehr intime Inhalte handelt und die Erziehungspersonen sich frei fühlen müssen, darauf zu antworten.

Praxistipp

Wenn Sie ein Gespräch mit Erziehungspersonen vorbereiten, stellen Sie sich einen leeren Stuhl hin. Dieser steht für »die systemische Sichtweise«. Setzen Sie sich immer wieder auf diesen Stuhl und denken mit der »systemischen Brille« über mögliche Fragen, Gedanken, Probleme, Herausforderungen, Schwierigkeiten, Kompetenzen und Ressourcen der Familie nach. Lassen Sie die Gedanken und Erkenntnisse, die Sie dabei erhalten, in die Vorbereitung ihres Gesprächs einfließen.

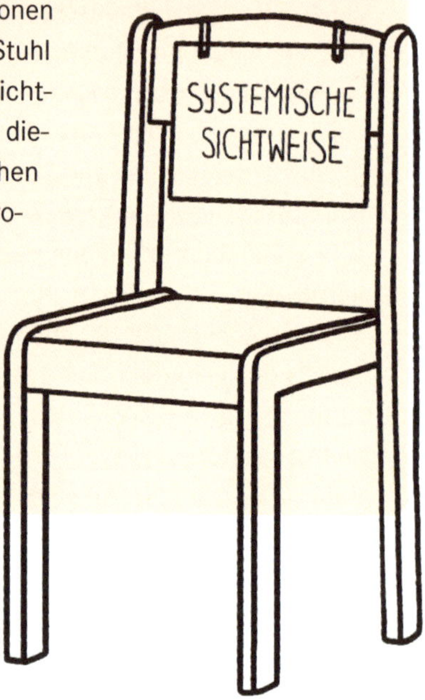

Abbildung 16: Auf dem »systemischen Stuhl« die Perspektive wechseln

Downloadtipp: Den Familienrucksack – ein Dokument mit vertiefenden Inhalten zu diesem Thema – finden Sie auf dem Padlet.

6.2 Was fordert Eltern heute heraus?

Eltern und Erziehungspersonen sind heute mit vielfältigen Herausforderungen konfrontiert. Nur wenn wir um ihre Ängste, Sorgen und Nöte wissen, können wir ihre Bedürfnisse, Wünsche und Erwartungen verstehen und darauf wohlwollend reagieren.

Die Wissenschaftlerinnen und Mitarbeiterinnen des Deutschen Jugendinstituts in München, Dr. phil. Christine Entleitner-Phleps und Dr. phil. Eva-Verena Wendt (2022), beschreiben vier wichtige Herausforderungen.

Vier beispielhafte Herausforderungen für Eltern

1. Trennung/Scheidung: Das Erleben einer Trennung oder Scheidung ist für minderjährige Kinder in Deutschland keine Seltenheit. Der Schritt ist (auch wenn er einvernehmlich ist) für alle Beteiligten eine emotionale und praktische Umwälzung. Zum Beispiel zieht ein Elternteil aus, der Hausstand wird aufgelöst, Besitztümer werden aufgeteilt. Was Eltern aber wirklich umtreibt, sind folgende Fragen: Wie ist das mit dem Umgangsrecht, Sorgerecht, der Betreuungszeit, dem Unterhalt? Da immer mehr Väter aktiv am Leben der Kinder beteiligt bleiben wollen, werden auch die Betreuungsmodelle vielfältiger: Es bestehen Wechselmodelle (beide Eltern annähernd hälftig), Residenzmodelle (Kind lebt die meiste Zeit bei einem Elternteil) und Modelle, wo das Kind nur noch bei einem Elternteil lebt und sich der andere komplett zurückzieht und den Kontakt abbricht. Sobald beide Elternteile involviert sind, erhöht sich automatisch der Kommunikations- und Abstimmungsbedarf und es wird ein Mindestmaß an Kommunikationsbereitschaft zu Gunsten des Kindes vorausgesetzt. Das ist aber besonders häufig schwer einzulösen, insbesondere, wenn die Trennung konfliktreich verlaufen ist und emotionale Verletzungen noch nicht verarbeitet worden sind

2. Soziale Elternschaft/Patchworkfamilien: Eine neue Partnerschaft und damit das Patchworkfamilien-Dasein sind in vielerlei Hinsicht herausfordernd: Das Familienleben muss neu organisiert werden – sowohl mit dem neuen sozialen Elternteil, aber auch mit dem getrennt lebenden Elternteil. Vor allem bei finanziellen, aber auch bei Erziehungsfragen gibt es viel zu klären. Der Zusammenarbeit in der Erziehung (»Co-Parenting«) kommt in Patchworkfamilien eine besondere Bedeutung zu. Im besten Fall kooperieren alle, im schlechtesten fallen sie sich gegenseitig in den Rücken, untergraben die Autorität der und des anderen und streiten sich. Dreh- und Angelpunkt für die Kinder sind die leiblichen Eltern, in der Regel die Mütter. Trotzdem sind die Anforderungen und die Erwartungen an den sozialen Elternteil häufig nicht ausreichend geklärt, was wiederum zu Unsicherheiten führen kann: Was darf ich als sozialer Elternteil selbstständig entscheiden? Mit welchem Elternteil muss ich mich bei welchen Themen abstimmen? Auch bei gleichgeschlechtlichen Paaren, bei Adoption und bei Pflegefamilien übernimmt mindestens ein Elternteil die soziale Elternschaft. Bei diesen Familienformen ist sie jedoch in der Regel bewusst gemeinsam gewählt.

3. Vereinbarkeit von Familie und Beruf: Die Geburt eines Kindes ist meistens auch ein wichtiger Einschnitt in die Erwerbsbiografie. Das betrifft im überwiegenden Maße die Mütter. Auch wenn politisch Anreize geschaffen wurden, um beiden Elternteilen gleichermaßen nach der Geburt des Kindes eine Auszeit von der Erwerbsarbeit zu ermöglichen, übernimmt doch meistens noch die leibliche Mutter den Löwenanteil der Elternzeit und kehrt häufig danach nur in Teilzeit oder gar nicht in den Beruf zurück. Väter geben – auch aus finanziellen Gründen – ihre Vollzeit-Erwerbsarbeit nur selten auf. Gleichzeitig erbringen die Mütter noch den Hauptanteil der Kinderbetreuung und der Hausarbeit. In einer Partnerschaft kommt es deswegen nicht selten zu Diskussionen über die Verteilung von Erwerbs-, Sorge- und Hausarbeit. Es besteht außerdem folgendes Dilemma: Väter wünschen sich mehr Zeit für die Familie, das steht aber im Gegensatz zu der immer noch vorherrschenden Vorstellung des vollzeitarbeitenden, familienernährenden Vaters. Frauen würden gern wieder mehr arbeiten, realisieren den Wunsch aber seltener (auch wegen der dadurch entstehenden Betreuungslücken). Das Bild der allzeit verfügbaren Mutter ist immer noch vorherrschend.

4. Gesteigerte Anforderungen: Eltern verbringen heute deutlich mehr Zeit mit ihren Kindern, trotzdem steigt die Erwerbsbeteiligung vor allem von Müttern stetig an und die Kinder verbringen mehr Zeit in Institutionen und strukturierten Freizeitangeboten. Dennoch ist die Zufriedenheit mit der Zeit, die Eltern mit ihren Kindern verbringen, gesunken. Eltern haben auch das Gefühl, ihre Kinder nicht ausreichend fördern zu können, weil ihnen die Zeit fehlt. Das Ideal, die Bedürfnisse des Kindes im Sinne einer kindzentrierten Erziehung in den Mittelpunkt zu stellen, führt im Umkehrschluss zur Verunsicherung, wie das umgesetzt werden kann. Teilweise zeigen die Eltern ein extrem überbehütendes Erziehungsverhalten, was die Selbstständigkeitsentwicklung der Kinder behindert. Weitere Unsicherheiten entstehen durch den Druck, Kindern die besten Bildungschancen ermöglichen zu müssen, sowie die Herausforderungen, die durch die heutzutage vielfältig verfügbaren Medien entstehen (z. B. Smartphones mit Apps, Fernsehen on demand, Spielekonsolen, Onlinespiele, soziale Netzwerke etc.).

Unsere Empfehlungen, wie Fachkräfte mit den Herausforderungen der Eltern umgehen können

- Sammeln Sie Informationen über die Familiensituation der einzelnen Kinder.
- Versetzen Sie sich in die familiäre Situation der Kinder.
- Überlegen Sie, wie viel Unterstützung das jeweilige Kind von der Kita für eine gute Entwicklung braucht. Was können familienergänzende Impulse für das Kind sein?

- Schauen Sie genau hin, welche Eltern Sie vor sich haben. Was sind die Themen der Eltern in Bezug auf ihre Kinder, welche Herausforderungen gibt es in der Familie?
- Welche Erwartungen und Wünsche haben die Bezugspersonen an die Kita und wie gehen die Fachkräfte damit um?
- Welche Erwartungen und Wünsche haben Sie als Kita-Team an die Bezugspersonen und wie werden diese kommuniziert?

Die Zusammenarbeit mit Familien gelingt dann gut, wenn das Engagement auf beiden Seiten da ist und alle Beteiligten wissen, was von ihnen erwartet wird (vgl. Entleitner-Phleps/Wendt, 2022).

Gleichwürdig Beziehungen mit Kindern zu gestalten, ist die eine Seite, diese aber auch mit Erziehungspersonen zu pflegen, ist ebenso eine Aufgabe für Fachkräfte. Durch eine dialogische Zusammenarbeit, die vonseiten der Fachkraft immer auch das System der Familie einbezieht und mitbedenkt, kann eine integritätswahrende und gleichwürdige Beziehung auch mit Müttern und Vätern gelingen.

7 Was wäre wenn … Eine Schlussbemerkung

Was wäre, wenn alle Menschen gleichwürdige, integritätswahrende Beziehungen gestalten, wenn sie in Resonanz miteinander gehen und empathisch miteinander umgehen würden? Zu welchen Erwachsenen würden sich die Kinder von heute entwickeln, die so groß werden könnten? Wie würde der Kita-Alltag sich verändern? Wie würde sich das auf die seelische Entwicklung der Kinder und der Erwachsenen auswirken, die gemeinsam so viele Stunden miteinander verbringen? Wie würden sich auch die Erwachsenen verändern, die auf diese Art Begegnungen, Erlebnisse und Erfahrungen machen dürften, die vielleicht viel Neues und auch viel Schönes beinhalten? Was für eine Gesellschaft könnte das sein, wenn dieser Wunschtraum auch nur ein kleines bisschen wahr werden würde?

Wir möchten dieses Buch mit einem Zitat von Pippi Langstrumpf aus der Feder Astrid Lindgrens schließen: »Wie soll ich das wissen, wenn ich es noch nie versucht habe?« (Lindgren, 1989). Sie, liebe Leser:innen, können ein kleines Stückchen dazu beitragen und mit Mut anfangen, es auszuprobieren!

8 Unser Dank

Unser Dank gilt den Menschen, die uns im Laufe der letzten Jahre die Möglichkeit gegeben haben, unsere Beziehungsgestaltung mit Kindern (und generell mit Menschen) zu reflektieren und Gleichwürdigkeit gerade in Situationen einzuüben, die schwierig sind. Dazu gehören auch Seminarteilnehmer:innen und Supervisand:innen, die mit ihren wertvollen Praxiserfahrungen und Fragen unsere eigene Weiterentwicklung stetig fördern und fordern. Es ist ein Prozess, in dem wir viele Lerngeschenke bekommen haben und weiter bekommen.

Ein vorurteilsbewusster, achtsamer, integritätswahrender und gleichwürdiger Umgang mit Menschen, deren Verhalten uns fremd ist, uns kränkt oder verletzt, ist eine Herausforderung, die in jeder neuen Situation bewältigt werden will. Das Lernen daran wird nicht enden. Danken dafür möchten wir an dieser Stelle den jüngsten Impulsgebenden in diesem Prozess, unseren Nichten und Neffen, Großnichten und Enkeln. Sie schenken uns Zeit für wunderbare Gelegenheiten, in gleichwürdiger Beziehung wertvolle Erfahrungen zu teilen, und diese zu genießen.

Vor allem Nicole Wilhelm hat uns dazu inspiriert, uns mit dem Thema Gleichwürdigkeit im Zusammenhang mit herausgeforderten Kindern zu beschäftigen. An sie geht ein besonderer Dank, auch für das Interview in diesem Buch. Bedeutsam war für uns der Aspekt, dass wir selbst am meisten gewinnen, wenn wir mit unserem Gegenüber einen integritätswahrenden Umgang pflegen.

Danke sagen wollen wir Kornelia Schneider für ihre wertvollen Rückmeldungen zu unserem Manuskript, sie hat uns nochmals auf wichtige Inhalte aufmerksam und damit das Buch besser gemacht. Auch Em Brett hat für das Kapitel trans* Kinder einen wichtigen Beitrag geleistet. Danke für die Zeit!

Ein herzliches Dankeschön geht auch an Gerhard Fleischer, dessen Interview dieses Buch bereichert.

Danken möchten wir vor allem Ihnen *liebe Leserinnen und Leser.* Mit herausgeforderten Kindern den Alltag zu gestalten, ist nicht einfach, und wir freuen uns über jede Fachkraft, die es sich zur Aufgabe macht, in gleichwürdiger und integritätswahrender Beziehung mit Kindern zu sein. Wir hoffen sehr, dass Sie in diesem Buch sinnstiftende Aspekte finden konnten, die Ihnen die Arbeit leichter machen. Allein, dass Sie dieses Buch in die Hand genommen haben, zeigt, wie sehr auch Ihnen das Wohl der Kinder am Herzen liegt.

Lassen Sie uns die Kita zu einem sicheren Wohlfühlort für Kinder machen!

Helia Schneider und Heike Baum im März 2024

9 Literatur

Aron, S. (2012): Das Hochsensible Kind: Wie Sie auf die besonderen Schwächen und Bedürfnisse Ihres Kindes eingehen. München.

Bauer, J. (2019): Wie wir werden, wer wir sind. Die Entstehung des menschlichen Selbst durch Resonanz. München.

Bauer, J. (2021): Das empathische Gen. Humanität, das Gute und die Bestimmung des Menschen. Freiburg.

Baum, H. (2017): Vielfalt gestalten. Flüchtlingskinder in der KiTa. Freiburg.

Baum, H. (2020): Ist unsere Krippe ein sicherer Ort für junge Kinder? In: Botzum, E. (Hg.): Betreuung von Kleinstkindern. Qualität von Anfang an in Krippe, Kindergarten und Kita. Ergänzungslieferung 27, Kinderschutz. Kronach.

Baum, H. (2022a): Schaust du noch oder schützt du schon? In: Kita aktuell – Spezial, 1/2022, S. 21–23.

Baum, H. (2022b): Schlaf Kindlein schlaf. In: TPS Praxismappe, 3/2022, Folder 6.

Baum, H. (2023a): Streit als Lernfeuerwerk. In: TPS Praxismappe, 2/2023.

Baum, H. (2023b): Gleichwürdigkeit in der Frühpädagogik – ein hoher Anspruch in täglicher Gefahr. In: Bauer, A./Fröse, M./Seigies, J. (Hg.): Verborgene und unbewusste Dynamiken in Organisationen (S. 699–715). Gießen.

Baum, H. (2024): Unsere Einrichtung ist ein sicherer Ort für Kinder! In: Kita heute. Das Leitungsheft, 1/2024, S. 12–13.

Bensel, J./Haug-Schnabel, G. (2017): Grundlagen der Entwicklungspsychologie. Die ersten 10 Lebensjahre. Freiburg.

Boll, A./Remsperger-Kehm, R. (2021): Schaut nicht weg! Zum Umgang mit verletzendem Verhalten in der Kita. GEW Broschüre. Frankfurt am Main. https://www.gew.de/fileadmin/media/publikationen/hv/Kita/Kita_Verschiedenes/20210928-verletzendes-verhalten-web.pdf (Zugriff am 24.03.2024).

Bundesverband Trans* (o. J.): Trans* ganz einfach. Im Job, in der Familie, auf Klassenfahrten – Praxisnahe Infos für Angehörige, Freund_innen und Fachkräfte. Berlin.

Cantzler, A. (2023): Schätze finden, statt Fehler suchen. Herausforderndes Verhalten verstehen in KiTa, Krippe und Kindertagespflege. Freiburg.

Cantzler, A./Wedewardt, L. (2022): Sich seiner Selbst bewusst sein. Biografische Selbstreflexion. Freiburg.

Deutsches Jugendinstitut (2022): 7. Quartalsbericht der Corona-KiTa-Studie. https://www.dji.de/veroeffentlichungen/aktuelles/news/article/7-quartalsbericht-der-corona-kita-studie.html (Zugriff am 26.03.2024).

Dreyer, R. (2022): Bildung durch Beteiligung. Partizipatorische Didaktik in einer Kultur des Lernens. In: frühe Kindheit, 4/2022, S. 28–33.

Dudenredaktion (o. J.): »Adultismus« auf Duden online. https://www.duden.de/rechtschreibung/Adultismus (Zugriff am 21.02.2024).
Engelsmann, P. (2022): Das letzte Wörterbuch. In: TPS, 9/22, S. 4–7.
Entleitner-Phleps, C./Wendt, V. (2022): Was treibt Sie um? In: TPS Praxismappe, 2/2022, Folder 1.
Gutknecht, D. (2013): Kleiner Wechsel, große Wirkung. Übergänge im Krippenalltag sensibel gestalten. In: Entdeckungskiste, 1/2013, S. 34–35.
Gutknecht, D./Kramer, M. (2018): Mikrotransitionen in der Kinderkrippe. Übergänge im Tagesablauf achtsam gestalten. Freiburg.
Häußler, A. (2016): Der TEACCH-Ansatz zur Förderung von Menschen mit Autismus. Basel.
Hellmich, A./Teigeler, P. (1992): Montessori-, Freinet-, Waldorfpädagogik. Konzeption und aktuelle Praxis. Weinheim/Basel.
Henneberg, R./Klein, L./Schäfer, G. (2011): Das Lernen der Kinder begleiten. Bildung – Beziehung – Dialog. Seelze.
Higashida, N. (2014): Warum ich euch nicht in die Augen schauen kann. Reinbek.
Hochschule Koblenz (2021): Verletzendes Verhalten in Kitas: Neue Studie zu Auswirkungen überschrittener Belastungsgrenzen pädagogischer Fachkräfte. https://www.sozial.de/verletzendes-verhalten-in-kitas-neue-studie-zu-auswirkungen-ueberschrittener-belastungsgrenzen-paedagogischer-fachkraefte.html (Zugriff am 25.03.2024).
Hohmann, K. (2022): Augenhöhe statt Strafen. Beziehungsstark in Kita, Krippe und Kindertagespflege. Freiburg.
Imlau, N. (2022): Meine Grenze ist dein Halt. Weinheim/Basel.
Juul, J. (2009): Grenzen, Nähe, Respekt. Auf dem Weg zur kompetenten Eltern-Kind-Beziehung. Reinbek bei Hamburg.
Klein, L./Vogt, H. (2008): Eltern in der KiTa. Schwierigkeiten meistern – Kommunikation entwickeln. Seelze.
Konrad, S. (2019): »Es ist keine Krankheit«. Sandra Konrad im Gespräch. In: Psychologie heute compact, 57/2019, S. 54–58.
Kramer, M./Gutknecht, D. (2016): Schlafen in der Kinderkrippe. Achtsame und konkrete Gestaltungsmöglichkeiten. Freiburg.
Kugler, T. (2018): Julian ist Julia. In: Kindergarten heute, 48 (5), S. 34–39.
Lindgren, A. (1989): Pippi geht an Bord. Hamburg.
Maywald, J. (2011): Kinderschutz in Kindertageseinrichtungen. https://www.kita-fachtexte.de/de/fachtexte-finden/kinderschutz-in-kindertageseinrichtungen (Zugriff am 04.09.2023).
Maywald, J. (2019): Gewalt durch pädagogische Fachkräfte verhindern. Freiburg.
Metzger, M. (2022): Gib mir Mut zum Brückenbauen. In: TPS, 9/2022, S. 42–45.
nifbe (Hg.) (2022): Jedes Verhalten hat einen Sinn. Herausfordernden Kindern in der KiTa begegnen. Freiburg.
Nottelmann, G. (2023): Träger sind bei der Lärmprävention in der Verantwortung. In: kindergarten heute, 8/2023, S. 26–28.
Perepa, P. (2016): Autismus im Kleinkindalter. Paderborn.
Pergande, B. (2022): Partizipation von Kindern im KiTa-Alltag. In: frühe Kindheit, 4/2022, S. 16.
Platte, V. (2018): Hochsensible Kinder. Erkennen, verstehen und begleiten. In: klein&groß, 5/2018, S. 54–57.
Renz-Polster, H. (2017): Die geheime Macht. Ein Blick ins Kleingedruckte von menschlichen (Ver-)bindungen. In: TPS Spezial, 8/2017, S. 6–11.
Renz-Polster, H. (2022): Kinder verstehen. Born to be wild. Wie die Evolution unsere Kinder prägt. München.
Rosenberg, M. B. (2012): Konflikte lösen durch Gewaltfreie Kommunikation. Ein Gespräch mit Gabriele Seils. Freiburg.
Sasse, H. (2023): Konflikte lösen. Schwierige Situationen im Kita-Alltag meistern. Freiburg.

Schneider, H. (2020): Warum der Time-Out eine bedenkliche Methode ist. In: KiTa aktuell, 9/2020, S. 210–213.
Schneider, H. (2022): Systembedingt. In: TPS Praxismappe für die KiTa, 2/2022, S. 3.
Schneider, H. (2023): Krawall in der Krippe. In: TPS, 5/2023, S. 16–20.
Schneider, H./Franz, M. (Hg.) (2023): Wickeln, Händewaschen, Windelfrei. Beziehungsvolle Pflege in Krippe und KiTa. Stuttgart.
Schneider, K./Wüstenberg, W. (2021): Ich-Du-Wir. Wie Kinder in den ersten drei Lebensjahren ihre Beziehungen miteinander gestalten: Erkenntnisse aus Forschung und Praxis. Berlin.
Vogt, H. (2017): Was ist der systemische Ansatz? TPS Systemische Pädagogik, 6/2017, S. 11–12.
Vogt, H. (2021): Arbeitspapier des Autoren für Fortbildung und Beratung: »Merkmale der systemischen Sichtweise«.
Vollmer, K. (2022): Fachwörterbuch für Erzieherinnen und pädagogische Fachkräfte. Freiburg.
Walton, J./Macpherson, D. A. (2016): Teddy Tilly. Frankfurt a. M.
Wedewardt, L. (2022): Wörterzauber statt Sprachgewalt. Achtsam sprechen in KiTa, Krippe und Kindertagespflege. Freiburg.
Wedewardt, L./Hohmann, K. (2021): Kinder achtsam und bedürfnisorientiert begleiten in Krippe, KiTa und Kindertagespflege. Freiburg.
Weiß, W. (2021): Eine normale Reaktion auf eine unnormale Situation. In: TPS, 9/2021, S. 14–20.
Wilhelm, N. (2019): Miteinander leben. Für eine Familienkultur des Miteinanders. Windberg.
Wilhelm, N. (2022): Herausgeforderte Kinder. Was Kinder mit ihrem Verhalten sagen. Windberg.

DVDs

Baum, H./Maywald J. (2023): Sicher aufwachsen. Kaufungen.
Brisch, K (2013): Die fremde Situation nach Mary Ainsworth. München.
Costa, J. (2015): Flüchtlingskinder: In erster Linie Kinder! Kaufungen.
Grah, J. (2022): mitKINDERNfühlen. Der Online-Kongress für Eltern und pädagogische Fachkräfte. Gespräch mit Nicole Wilhelm. Düsseldorf.
Thon, S. (2021): Bildungsschätze in der Kindertagesbetreuung. Kaufungen.
nifbe (2016): Das Prinzip der Lernwerkstatt. Dokumentation. Osnabrück.
Spitzer, M. (2007): Erfolgreich lernen in Kindergarten und Schule. Müllheim.